思想政治教育研究文库

新时代创新教育案例赏析
——基于教学经验

丁群芳　主编

光明日报出版社

图书在版编目（CIP）数据

新时代创新教育案例赏析：基于教学经验 / 丁群芳主编． -- 北京：光明日报出版社，2024.6． -- ISBN 978－7－5194－8055－4

Ⅰ．G630

中国国家版本馆 CIP 数据核字第 2024QB4955 号

新时代创新教育案例赏析：基于教学经验
XINSHIDAI CHUANGXIN JIAOYU ANLI SHANGXI：JIYU JIAOXUE JINGYAN

主　　编：丁群芳	
责任编辑：刘兴华	责任校对：宋　悦　贾　丹
封面设计：中联华文	责任印制：曹　净

出版发行：光明日报出版社

地　　址：北京市西城区永安路 106 号，100050

电　　话：010-63169890（咨询），010-63131930（邮购）

传　　真：010-63131930

网　　址：http：//book.gmw.cn

E － mail：gmrbcbs@ gmw.cn

法律顾问：北京市兰台律师事务所龚柳方律师

印　　刷：三河市华东印刷有限公司

装　　订：三河市华东印刷有限公司

本书如有破损、缺页、装订错误，请与本社联系调换，电话：010-63131930

开　　本：170mm×240mm	
字　　数：303 千字	印　　张：18.5
版　　次：2024 年 6 月第 1 版	印　　次：2024 年 6 月第 1 次印刷
书　　号：ISBN 978－7－5194－8055－4	
定　　价：98.00 元	

版权所有　　翻印必究

编委会

主　任：袁雪峰　欧阳群明
副主任：祝　宇　赵庆军
委　员：丁　艳　丁群芳　王文武　付海军　兰仲爱　刘大华
　　　　孙国强　李安迪　李雨露　李官印　李敏芳　李朝霞
　　　　吴美球　张玉红　陈　炀　陈梦九　陈　俊　林　琼
　　　　欧阳群明　罗振意　周余庆　周炎新　赵庆军　胡凤英
　　　　祝　宇　袁雪峰　袁雪辉　耿长征　陶沫芷　龚　劲
　　　　彭乐新　彭旭红　温朝隆　缪　艳

主　编：丁群芳
副主编：丁　艳　李敏芳
校　对：张玉红　袁雪辉

序

"满眼生机转化钧,天工人巧日争新"。由丁群芳老师主编的《新时代创新教育案例赏析——基于教学经验》一书即将付梓。这本书凝聚着丁群芳老师大半生的心血,彰显了丁老师大教育的智慧,可庆可贺。幸蒙丁老师之托,欣然拙笔作序。

《新时代创新教育案例赏析——基于教学经验》主要收集了丁群芳老师从事教育教学工作、开展科技实践活动的成功经验、独特做法和实践成果。该书既有现代教育所具有的理论高度,又具有文理学科相互交融的知识广度,既饱含了教育情结,又散发了乡土芬芳。

在《实验教师的 C_3H_3 素养》一文中,丁群芳老师科学阐释了实验教师必须具备"清醒的头脑、灵巧的双手、洁净的习惯"这三个基本素养。他提出:"要充分利用实验教学这一不可或缺的教学资源促进学生全面发展";在《给物理教学添点语文味》《乡土地理在初中地理教学中的应用》《浅析初中生物生活化教学策略》等文章中,丁群芳老师不拘一格的教育方式得以充分展现,在打造生态化、高效化、开放式课堂上广泛探索,拓展了实验教学的内涵与外延;《基于核心素养下的小学语文古诗词教学探究》,为新时代培养和提升小学生核心素养做出了有益尝试;《赓续孝友家风,厚植爱国情怀》,弘扬真善美,传递正能量,让立德树人渗透到了教育各环节、全过程……一篇文章就是一颗闪耀的明珠,在教育的天空熠熠生辉。

科技创新教育是培养中小学生科学思维、创新意识、动手创造能力的重要平台。实现实验教学、科技实践活动和劳动教育的有效融合,多途径全方位促进学生发展,是丁群芳老师的坚强信念、执着追求和不懈努力。炎炎夏日里,丁群芳老师和他的师生实践团队顶着烈日,跋涉在张谷英镇的河流山川,调查分析水质和污染状况;凛冽北风中,丁群芳老师带领他的师生实践活动团队，为张谷英集镇数千棵风景树刷灰保暖。张谷英镇的山山水水、一草一木，都是丁群芳老师眼中开展科技实践活动的宝贵资源。2008年至2022年，由丁群芳老师带领的一批又一批的科技实践活动团队，共荣获了国家、省、市科技创新成果786项，其中国家级就达到了47项之多。"小窗口，认识大世界；小调查，发现大事实；小实验，懂得大道理；小活动，拓展大思维"。丁群芳老师用自己坚定的信念、执着的追求、严谨的示范，在张谷英中小学生的心中，播下了勤于思考、勇于实践、敢于创新的种子，这无疑会对广大学生的成长、成才乃至人生成就，起到至关重要的作用，为全面推进科技创新赋能助力。

"创新是民族进步的灵魂""创新是民族和国家发展的不竭动力"。新的时代呼唤创新，新的时代更为创新提供了前所未有的机遇。作为经济社会发展基石的教育事业，教育教学改革、教育创新势在必行，大有可为，我们期待着更多的丁群芳式的教师如雨后春笋般涌现。

现代诗人艾青在《我爱这土地》诗中最后写道："为什么我的眼里常含泪水，因为我对这土地爱得深沉。"丁群芳老师用自己深厚的教育情怀和不懈的事业追求，生动诠释了他对张谷英这片土地、对崇高教育事业深沉热烈的爱。我为岳阳县有丁群芳这样视事业如生命的老师而感动；我为丁群芳老师十几年如一日坚持不懈、勇于探究创新所取得的丰硕成果而欢喜；我为有丁群芳老师这样的良师益友而荣幸。

期待《新时代创新教育案例赏析——基于教学经验》这本书给广大教育工作者以更多启迪，更大鼓舞。期待岳阳县的教学改革、教育创新姹紫嫣红，教育事业得到更高质量更高水平的发展。

是为序。

袁雪峰
2023年7月12日
（作者系岳阳县教育体育局党委副书记、常务副局长）

目 录
CONTENTS

学科教学

实验教师的 C_3H_3 素养 ………………………………………… 3

给物理教学添点语文味 ………………………………………… 8

多管齐下，让学生在有效的教学情境中学习 ……………………… 11

基于核心素养下的小学语文古诗词教学探究 ……………………… 13

乡土地理在初中地理教学中的应用 ……………………………… 19

训练学生思维要注意方法的指导 ………………………………… 23

创新教学设计，提高小学数学课堂教学有效性 …………………… 25

关于初中生物教学与互联网相联系的思考 ………………………… 30

浅析初中生物生活化教学策略 …………………………………… 34

《捞铁牛》中的详写和略写 ……………………………………… 38

基于核心素养的初中语文写作教学策略分析 ……………………… 40

信息技术在物理教学中的应用浅析 ……………………………… 44

浅谈小学数学教学中运算能力的培养助推深度学习 ……………… 47

经验分享

如何确立科技实践活动主题 ……………………………………… 53

如何指导学生开展科技实践活动 ………………………………… 56

创新活动模式，积极开展综合实践活动 ………………………… 61

充分挖掘本土资源，创新开展综合实践活动 ·················· 66
英特尔®未来教育引导综合实践活动走向成功 ·················· 73
综合实践活动课程的管理和评价 ································ 79
利用网络教研平台　促进教师专业成长 ························ 82

科技实践活动案例

家乡河流水质及污染情况调查报告 ······························ 89
"从花开始，认识本地植物"科技实践活动方案 ·················· 95
"管好自己的嘴　防止病从口入" ······························ 105
浅议"垃圾是放错了地方的资源" ································ 112
"三调芭蕉扇"综合实践活动方案设计 ·························· 115
探究传统游戏，玩转"双减"课间 ······························ 120
开展节粮活动，我们收获满满 ·································· 130
十个"一"活动，玩转交通标识 ································ 134

创新成果案例

"高压射流式批量切削旧砖附着物"清理机 ···················· 141
张谷英镇土壤肥力特性及改良研究 ······························ 148

创意成果案例

污水智能分离排放洗菜盆 ·· 163

科幻绘画案例

中华号能量储备器 ·· 173

电脑绘画案例

爸爸去哪儿？·· 177

课堂教学

"从水之旅谈起"复习课 …………………………………………… 181
用《数学广角》来开展"综合实践"活动 ……………………… 189

综合实践活动课程实施

农村生活实践 …………………………………………………… 197
研究性学习活动的基本方法 …………………………………… 209

课题研究

"'节水在我身边'科学调查体验活动的实践研究"文献综述 ……… 225
《城乡中小学开展"节水在我身边"科学调查体验活动的
实践研究》研究报告 …………………………………………… 230

汉语言文字

管窥汉字特殊构字现象 ………………………………………… 251

德育活动案例

赓续孝友家风,厚植家国情怀 ………………………………… 259

班主任工作经验

班主任工作的"情"与"勤" ………………………………… 267

远程教育

远程教育给教育教学带来的活力 ……………………………… 273
远程教育的春风吹绿了新一轮课改 …………………………… 276

后 记 …………………………………………………………… 280

01

学科教学

实验教师的 C_3H_3 素养

丁群芳

我国著名化学家卢嘉锡曾把科学家的素质归纳为 C_3H_3 "三元素"，即 Clear Head（清醒的头脑）、Clever Hands（灵巧的双手）、Clean Habit（洁净的习惯）。这"三元素"正是我们在当前新课改浪潮中培养学生科学素质的基本要求，也是我们实验教师应该具备的科学素养。

一、Clear Head——清醒的头脑

（一）一个头脑清醒的实验教师必须有全新的教育理念和课程观

实验教师应坚持以邓小平"教育要面向现代化，面向世界，面向未来"的思想为指导，全面贯彻国家的教育方针，以提高国民素质为宗旨，以培养学生的创新精神和实践能力为重点，促进学生身心健康发展，培养良好品德，满足每位学生终身发展的需要，培养学生终身学习的愿望和能力，充分利用实验教学这一课程资源。实验教师在进行实验教学的过程中必须注重学生的全面发展，贯彻新课程的核心理念——"一切为了每位学生的发展"。

（二）一个头脑清醒的实验教师必须坚持实验教学是提高受教育者能力的重要途径的原则

"实验是科学知识的来源，智慧是实验的女儿。"实验教学是理论教学的继续、补充、扩展和深化，它能提高学生的兴趣。"兴趣是最好的老师"，物理、化学、生物都是以实验为基础的学科，学生在实验中可以把课堂上学到的声、光、电、磁、动力等知识在实验室一一验证；可以用大小不等、高矮不同的瓶瓶罐罐，用赤黑黄绿白蓝紫的化学药品做出千变万化的化学实验；可以观测到许许多多的生物标本、模型、装片等，体会到生命的力量。这就是学校实验教学的神奇力量，更神奇的是实验活动是知识转化能力的沃土，学生通过自己提出问题、猜想和假设，制订计划与设计实验，选择和组装实验器材，进行实际操作，观察现象，测量数据，分析问题，排除故障，整理数据，撰写实验报告等一系列实践活动，提高了学生的观察能力、操作能力、思维能力、创造能力、写作能力、组织能力和分析、解决问题的能力。

（三）头脑清醒的实验教师要有终身学习的态度和与时俱进的进取精神

实验教师要努力提高自己的知识水平，开展实验教学研究和教学仪器的研制，加强实验室资源的开发和利用。一是应根据课程标准不断增加和更新仪器设备，确保安排足够的学生进行实验和演示；二是应根据教学内容配备足够的学具，以满足学生探究活动的需要；三是应开放实验室，让每位学生都动手，发挥实验室资源的效应；四是应为师生利用身边物品（廉价的材料）进行实验提供便利，应该鼓励师生大胆进行小实验、小制作和小发明。此外，实验教师还要有安全防范意识。在实验过程中，教师要采取有效的措施，确保人身安全和设备安全，保护好国家的财物和集体财产，按规定做好"三废"处理工作，预防意外事故发生。

二、Clever Hands——灵巧的双手

灵巧的双手是一个实验教师科学素养的表现，它要求实验教师要有较强的动手实践能力和精湛的实验技术。

（一）掌握仪器的性能、使用规则，会用，并能做一般的维护、维修，做好防尘、防潮、防锈、防变形、防腐蚀、防虫、防火、防震等工作

（1）防尘。仪器上有灰尘，不仅有碍清洁和美观，更重要的是会影响仪器设备的性能，缩短仪器设备的使用寿命。光学仪器黏附灰尘会影响透光率，要入柜保存，挂窗帘，勤拖地板，勤搞卫生，减少空气中的含尘量。放大镜、照相机、投影仪等镜头上沾有灰尘或污点时，不能用手或粗布抹擦，要用镜头纸或丝绸蘸少许无水酒精（95%）擦拭。

（2）防潮。仪器设备受潮容易生霉或生锈，显微镜容易受潮，要放入木箱，加干燥剂；在做静电实验时，玻璃棒（附丝绸）、橡胶棒（附毛皮）要曝晒，否则实验现象不明显。

（3）防锈。用天平称量粗盐（托盘内放滤纸）配制溶液后，要用纸擦干保存，做完实验后的铁架台一般要擦拭干净。

（4）防变形。学生用完天平后，横梁要复位，要垫上垫圈，以免损坏刀

口。手摇交直流发动机用后要将皮带取下,以免时间长了皮带松弛。

(5) 防腐蚀。电源盒、收录机、万用电表里用的电池,时间久了药液会渗出,腐蚀机内零件。因此,如一段时间不用,要取出电池存放。

(6) 防虫。生物干制标本要经常检查,以防虫蛀。

(7) 防火。使用明火时,要做到专人管理,做到人走火灭;使用易燃物时,要绝对避免明火或远离明火;使用酒精灯时,灯内酒精容量不要超过容积的2/3,燃烧过程中不得添加酒精,不用倾斜方法点燃酒精灯,不用吹气方法熄灭酒精灯。

(8) 防震。高档仪器设备在使用时不能随意搬动,光学玻璃仪器要轻拿轻放,防止跌落和破损。

同时,实验教师还必须能排除仪器的故障,修复损坏的仪器,更新改造原有的仪器设备。

(二) 有较强的实验操作能力,不仅要求会做本学科中所有的演示实验和分组实验,还要求达到熟练、准确、规范的程度

做好所教学科的演示实验和分组(探究)实验,是实验教师的基本功。任何一个演示实验都要求实验教师精心准备,在进入课堂前都要求试做,检查效果,不要临阵出错。做好演示实验要做到精心示范。在实验教学中,教师的每个细小动作都为学生所注意,教师在实验中要唤起学生的有意注意,消除学生的无意注意。

教师在演示物理和化学现象的过程中,每个动作都要美观、沉着而又准确。任何时候都不能违反这个原则,如果马虎草率,用手去拿砝码和固态物品,用嘴去吹燃着的酒精灯或在开关闭合时就连接用电器,那么这样的实验演示实验就会给学生留下极坏的印象,不利于培养学生严肃认真的科学态度。在演示桌上,任何不用的东西都不应放置。用左手拿的要放在左边,用右手拿的要放在右边,常用的东西要放得近,矮的东西放在高的前面,以便全部用品都容易看得见,容易取用,用过的东西要放回原处。所有这些都应为学生做出榜样。探究实验的开出,要重在培养学生能力,要鼓励学生积极大胆地参与,使学生养成对所做工作进行评估的好习惯,重视探究中的交流和合作。

(三) 实验教师还必须有多方面的实验技术

实验教师的能力是多方面的,它还要求有初步的木工、金工、电工等技能。物理教师要有好的电工知识,要能连接串、并联电路和家庭电路,能指

导学生安全用电。化学教师要有玻璃加工能力和化学试剂的配制能力，要能掌握一些简单的玻璃管切割、弯曲、拉伸和熔接的技巧。实验教师应掌握常用试剂的配制方法，要能够根据实验的要求，配制各种不同浓度（质量比、体积比、PPM）的溶液。生物教师还必须有一定的种植和养殖的技术（或经验），能进行生物标本采集和制作。

（四）实验教师要结合实际，引导学生进行社会实践活动并给予指导

在这方面，我们可以指导学生探究保温瓶装水量与保温效果的关系，探究本地环境中土壤的pH酸碱度、土壤成分及氮、磷、钾化学肥料的搭配施用，探究农村山区竹林中蝗虫的治理，等等。另外，还要引导学生关注科学、技术和社会（STS）的关系。还要在物理教学中结合教学内容向学生介绍物理科学技术的新发展、新成果、新成就（如交通运输方面的磁悬浮列车）；结合教学内容讲解物理与社会行业密切相关的问题（如物态变化在气象中的应用——人工降雨）；结合教学内容让学生参与重大问题的研究（如水的污染及水资源的利用、保护环境和合理利用资源）；结合教学内容引导学生尝试利用物理知识解决一些实际问题（如防治噪声的途径）。

三、Clean Habit——洁净的习惯

爱清洁，讲卫生是一个人优秀的品德，对实验教师尤为重要。

（一）教师要保持个人卫生和遵守个人防护规则

教师应严禁在使用毒物或有可能被毒物污染的实验室内存放食物、饮食或吸烟，要当好学生的楷模。工作时，教师应穿好工作服，戴好护目镜、防毒口罩或面具，禁止用手直接接触毒物。实验时，要创设洁净和安全的实验环境，保证师生人身安全、身体健康，保障实验正常开出。

（二）教师要保证实验室及仪器的洁净度

实验室的含尘量不能过高，如果尘埃过多，其微粒落在仪器设备元器件的表面上，就会影响元器件散热，增加表面的阻值，构成障碍，甚至造成短路或其他潜在危险。因此，经常保持实验室的清洁是非常重要的。

（三）在实验过程中也要保持仪器的清洁、干净

在实验过程中，仪器是否干净，将影响实验。如在做酸、碱、盐的性质实验时，就必须保证玻璃器皿的洁净。干净的玻璃器皿表面能被水均匀湿润，水在器壁上无阻流动，会附着一层极薄的水膜，若局部挂水或有水流拐弯的

现象，则表明不够干净，还需清洗。一般来讲，玻璃器皿上的玷污经长久放置后，就难以洗净，因此，应养成好的习惯，做完实验后，及时清洗。

（四）实验结束后，教师要清理实验室的仪器、药品，打扫实验室的卫生，处理好废水、废气、废渣

污水一般要经过处理后排放，浓度较高的污水在稀释后排放，特殊污水要净化后排放。废气的处理，一般采用通风抽气法，将废气排出室外。废渣要及时处理，相对集中埋入地下，对毒性较大或有放射性的废渣，要远离居民生活区深埋地下，千万不要污染环境，贻害后代。

给物理教学添点语文味

丁群芳

目前，在中学生中流传着这样一句话"代数繁，几何难，物理难于上青天"，形象地说明了学生对物理学习的态度。学生难学、教师难教已成为物理教学中的一种普遍现象。为了让学生学好物理，笔者在物理教学中给知识添加了点"语文味"，教学效果还不错。

一、咬文嚼字，辩词析句，重点讲述物理要点

物理中的概念、定律、原理的文字叙述，言简意赅。对一些物理语句进行咬文嚼字，辩词析句，可以帮助学生理解其要点。

（一）分析字义、字形，加深印象

串联电路的"串"字，是个象形字，其本义是连贯。在教学中，可将电路中的若干个灯泡想象成像冰糖葫芦一样连成一串，学生很容易理解并记住"若干个灯泡顺次连接在一起，再接入电路中，这种连接方式叫作串联"。同样"并"字可结合其字义、字形理解，学生想象若干个灯泡并排的形状，就很容易记住"并联电路"的概念。

（二）辨析词义，区别运用

词语只一字之差，意思却有天壤之别。例如，重力的方向总是竖直向下，不能叙述为垂直向下；而压力的方向才是垂直于受力面，而不是竖直向下。物体吸（放）热，温度升高（降低）了若干摄氏度和升高（降低）到若干摄氏度，一个"了"字和一个"到"字，含义截然不同，结果也大相径庭。

（三）分析句子，加强理解，帮助记忆

有些物理语句中，句序的变化影响着表述的效果。如"物体温度升高，内能一定增加"，这是正确的，但要表述为"物体内能增加，一定是温度升高"就错了，因为对物体做功，物体内能也增加。

分析物理语句中的句子成分，可以帮助我们理解和记忆物理概念。如"一段导体中的电流，跟这段导体两端的电压成正比，跟这段导体的电阻成反比"（欧姆定律），我们要注意，电流的定语是"导体中"，电压的定语是"导体两端"，电阻的定语是"导体"，那么在用公式 $I=\dfrac{U}{R}$ 进行计算时，就可找准同一段电路中的 I、U、R 三个物理量。

二、引用成语，阐释物理原理

成语是一种相沿习用的特殊固定词组，学生喜闻乐见。在教学中，以一些与物理问题相关的成语为载体，分析其中的物理原理，对学习物理是很有裨益的。

立竿见影，是说阳光下竖起竿子，立刻就可看见影子，比喻见效很快。它包含的物理原理是光的直线传播，因为"影子是光的孩子"。同样与光的直线传播有关的成语还有"凿壁偷光""管中窥豹，可见一斑"等。

杯水车薪，是说用一杯水去救一车着火的柴草，比喻力量太小，解决不了什么问题。这是因为尽管水的比热容（C）比较大，但影响物体吸（放）热的因素有比热容、质量（m）、物体的温差变化（Δt），一杯水的质量太小，救火的话是没有多大效果的。

镜花水月、海市蜃楼都比喻虚幻的事物，前者告诉我们平面镜所成的像是虚像，后者告诉我们这是大气由于光线的折射作用而形成的一种自然现象。

三、生活语言凸现物理知识无处不在

汉语言文化博大精深。一些对联、谚语、歇后语中都包含着物理原理。教学时适当引入，可以让学生感受到物理知识就在我们身边。

杯中冰水，水结冰，冰温不降；盘里水冰，冰化水，水温不升。这是一副对联，包含的物理原理是熔化和凝固虽然是两种不同的物态变化，但它们的共性是有固定的熔点（凝固点），温度保持不变。

真金不怕火炼。金的熔点是 1064 ℃，而火焰的温度一般为 800℃，所以金不会被熔化。

猪八戒照镜子——里外不是人。平面镜成的像是等大等距离的虚像，像与物一模一样，猪八戒照镜子能是人吗？

　　物理教学中添加"语文味"，可以激发学生的兴趣，学生觉得物理在生活中有用，能够学以致用。物理教学中融入"语文味"，教师要打破学科限制，做到文理兼备、博学多才，实现由专业人才向全面型人才发展。只有这样，才能真正实现教育的共赢。

多管齐下，让学生在有效的教学情境中学习

丁群芳

教学情景是课堂教学的重要组成要素，创设有价值的教学情景是促进学生学习，提高教学质量的必然要求。一位学者曾经有一个精辟的比喻：将15克盐放在你的面前，无论如何你难以下咽。但当将15克盐放入一碗美味可口的汤中，你早就在享用佳肴时将15克盐全部吸收了。情景之于知识，犹如汤之于盐。盐需溶于汤中，才能被吸收；知识需要融于情景中，才能显示出活力和美感，才能更好地被学生吸收和掌握。那么我们如何在教学过程中创设有效的教学情景，让学生进行有意义的学习呢？

一、勤做实验，激发学生兴趣

"实验是科学知识的来源，智慧是实验的女儿。"实验教学是理论教学的继续、补充、扩展和深化。它能提高学生的兴趣。"兴趣是最好的老师"，物理、化学、生物都是以实验为基础的学科，学生在实验中可以把课堂上学到的声、光、电、磁、动力等知识在实验室一一验证；可以用大小不等、高矮不同的瓶瓶罐罐，用赤黑黄绿白蓝紫的化学药品做出千变万化的化学实验；可以观测到许许多多的生物标本、模型、装片等，体会到生命的力量。

二、演示规范，锻炼学生能力

捷克教育家夸美纽斯（Johann A. Comenius）曾说："一切知识都是从感官开始的。"[1]，"在可能的范围内，一切事物应尽量地放在感官的跟前，一切看得见的东西应尽量放到视官的跟前，一切听得见的东西应尽量地放到听官的跟前。……假如有一个东西能够同时在几个感官上面留下印象，它便应当用

---

[1] 傅任敢. 夸美纽斯对几个重要教育问题的主张[J]. 新课程新学，2024（3）.

几个感官去接触。"演示能创设直观情景。直观可以使抽象的知识具体化、形象化,有助于学生感性认识的形成,并促进理性认识的发展。

三、共同阅读,竞技获取知识的速度

理科教材也有很多文本内容,教师可以同学生一起阅读教材,采取咬文嚼字的方式,来分析字义字形,加深印象,如"串联""并联"中的"串""并"字,物态变化中的"熔化"是吸热过程,与"火"有关,所以是"熔化"而不是"溶化";辨词析句,如能量守恒定律中的"转化"和"转移";分析物理概念语句的表述,比如语序、范围副词、介词词组等,来加强理解,甚至教材阅读完后还可试着写写中心思想来比赛获取知识的速度。

四、玩玩魔术,体验知识的新奇

比如,教学不同液体的沸点时,可玩"油锅中捞钱"的魔术(利用硼酸的沸点低),又如教学红磷或黄磷的属性时,可玩"手指点灯"的魔术,来让学生体验知识的新奇。

五、整合各科资源,联系相关知识,形成系统记忆

比如"串联电路的总电阻,大于任何一个而且是最大的,并联电路的总电阻小于任何一个而且是最小的"就可以与数学中的 $ax^2+bx+c=0$,在 $\Delta>0$ 时的求解形式联系起来,拓展学生知识的横向联系。

六、联系现实生活,体验知识无处不在

这是新课程明显的教学理念,"从生活走向物理,从自然走向物理,从物理走向社会",了解生活和社会中处处有物理,让丰富多彩的物理世界成为学生生活的一部分。

总之,教学情景是多种多样、丰富多彩的。"情景是利用一个熟悉的参考物,帮助学习者将一个要探究的概念与熟悉的经验联系起来,引导它们利用这些经验来解释、说明、形成自己的科学知识。"[1] 我们的目标就是要创设有价值的学习情景,促进学生有意义的学习!

---

[1] 金燕. 探析生物课堂教学情景的创设[J]. 初中生世界:初中教学研究,2015(11):55-56.

基于核心素养下的小学语文古诗词教学探究

李敏芳　丁群芳

摘　要：在当前教育时代背景下，古诗词教学的方式与内容往往与教育体系改革发展方向存在一定的偏差，需要语文教师在实际教学工作中及时进行反思和研究，实现小学生语文学科素养水平的提升。所以，教师必须站在核心素养的高度下，探寻有效的方法，找寻恰当的契机，深化教学，让学生既可以掌握古诗词所表达的思想和内容，还能透过古诗词与作者产生情感共鸣，获取更大的突破。

关键词：小学语文；核心素养；古诗词教学；策略

核心素养导向下的语文古诗词教学应更凸显语言鉴赏、情境感知与文化探寻的特点，使学生既能深刻理解古诗词的内涵意蕴，又能增强文学素养，落实语文审美教育。因此，在学习古诗词的时候，教师需要重视学生的核心素养，巧妙地运用多媒体技术，解读古诗词深层韵味，为学生做学习拓展，等等，这样才能帮助学生理解古诗词的内容和情感，促进学生综合素养的全面发展。

一、古诗词对小学生核心素养的提升作用分析

小学的古诗词内容是基础部分，是为下一阶段学习打基础的，因此小学古诗词的学习是对古诗词的意境和作者要表达的情感等方面进行理解的过程，只有理解了古诗词所表达的内涵，才能对诗词意象进行更深入的研究，通过不断的学习和积累，渐渐学会对古诗词的鉴赏，增强学生驾驭文字的能力，提升学生语文素养。开展古诗词的学习也可以提升学生的审美，我国古诗词的创作大多是重视抒情、写意的，因此教师在带领学生学习古诗词知识的同

时，也可以带领学生体会其中意境。古诗词作者在创作的过程中将自己的情感和理想都包含在了诗词中，所以让学生通过对作者或美好或忧郁情感的体验，培养学生的欣赏能力，从而提升学生审美。

除此以外，还可以提升学生的思维发展水平，教师可以引导学生学习古诗词中的关键词，通过这些关键词建立对诗歌的理解，使学生掌握语言的特色以及规律，让学生对语言的理解能力有所提升，最终提升学生的思维能力。

二、小学学习古诗词教学的核心素养

（一）培养学生想象力

我国古代古诗词文笔优美、意境深远，句句诗意都饱含着作者丰富的感情、丰富的情景意象。所以在学习古诗词时，学生应正确理解古诗词中作者想要表达的含义，只有理解了文章的真正含义，才能探究出诗词表象，从而感受作者的情感。至于诗句的言外之意，需学生自己去联想、感悟、理解。小学作为新的起步阶段，以学习古诗词为出发点，培养小学生想象力，提升审美情趣，这有助于学生不断积累古诗词文学知识。

（二）培养学生创造性思维

古诗词色彩美、场景美、景象美，学生受到了美的熏陶可以充分发挥自己的想象。通过诗中意境描绘，将脑中所想和文中意境相结合，达到"诗中有画，画中有情，情里有诗"的境界，从而培养学生创设性思维，加深对诗意的理解，增加文学知识，促进智力发育。

（三）促进传统文化传承

古诗教学提取了古诗的精华，发扬了我国古老的历史文化特点。小学教育要广泛宣扬人文精神，促进文化创新。教师通过古诗词教育，将诗中所表现的中心思想和哲理传授给学生，这不仅可以提升学生对传统文化的乐趣，提升学生核心素养，还能激发学生的爱国精神，将历史悠久的古诗词文化永久传承。

三、基于核心素养下古诗词的教学策略

（一）介绍古诗词背景，激发学习兴趣

在小学语文教材中的古诗词没有一首是不经过历史沉淀而留存下来的。诗人在进行创作时，常常使用简单的句子，就可以把自己的想法表达出来。所以，教师在进行古诗词教学之前，可以利用这个特征，通过讲故事的方式，

向学生讲述古诗词的历史背景和作者，以此来提高学生的学习热情。例如，教师在解释《己亥杂诗》之前，可以先把这首诗的作者龚自珍的故事介绍给同学们。在学生看来，龚自珍对于自己生活来讲是一个很陌生的人，大多数学生都没有见过他的诗词。所以教师可以向学生讲述龚自珍是清朝的一位大书法家，同时也是一位思想革命的开创者。他所处的时代，正值中国被外国势力入侵，他又极力支持林则徐禁除鸦片，足见其是一名爱国的诗人。本节所要介绍的《己亥杂诗》一共315篇，而今日所学习的只是一篇而已。而"己亥"是中国古代天干地支之一，所以，《己亥杂诗》是一首在己亥年创作而成的作品。这些文章既可以让学生扩大自己的知识面，又可以激起学生的学习热情，使他们对古诗词的理解更加深入。

（二）改进教学方法，深化诗词知识学习

面对新的教育形势，国家出台一系列新的教育教学标准，这要求教师要不断更新教育理念，完善自身的教育方式方法。同时，随着社会科学技术步伐的不断加快，我国现代化教学工具也在不断为教师改进教学方式提供技术支撑，教师运用信息技术开展高效的古诗词课堂教学帮助学生培养文化情感与文化认知。

例如，教师进行小学语文古诗词《凉州词》的教学时，首先，教师可以利用多媒体教学投影仪播放简述《凉州词》的动画片以及一些现代爱国奋斗励志视频。值得注意的是，教师在材料的选取上可以尽量选取内容积极正面并且文化内涵丰富的动画片，这样更有利于学生通过动画片的观看把握与理解文中所要体现的思想情感，以及文章所彰显出的为国奋战的核心文化价值观，深化知识学习。其次，通过视频的观看教师应先向同学提出文章内容的相关问题："同学们，大家看完刚刚的视频有什么感触吗？视频内容和我们将要学习的古诗词有什么联系呢？"这样可以激发学生的主体思维进行文化情感的自我感知，带着问题进入古诗词学习更有利于解决学生心中的疑问与知识难点，有利于运用现代教学工具深化知识学习，在学习古诗词句的同时也能领会主旨内涵。

（三）注重古诗诵读指导，提升学生语言能力

教师要重视对古诗词的诵读指导，在朗读的过程中解决生僻字，把握古诗词的节奏，掌握语调的变化，在读出节奏的基础上，还要理解古诗大意，读出诗人的情感。教师要引导学生鉴赏古诗词的语言应用特点，提升小学生

对语言文字的分析能力。教师可以通过古诗词朗读比赛的方式激发小学生的表演欲望。教师可以先示范读，学生再模仿老师的语调、节奏进行朗读，同时，可以在朗读的时候播放与古诗氛围相同的音乐。

例如，在教王维的《九月九日忆山东兄弟》时，教师先带领学生认识这首诗的生字词：忆、茱萸、倍；组织学生按照本诗的节奏进行朗读活动，在将古诗读得正确、流利的基础上，从诵读中感受这首诗作者的孤独感和思乡之情。教师提问学生：从题目中的哪个字可以体现出作者对亲人的思念？学生思考并回答：忆。教师补充："忆"在这里表示思念的意思。教师要重点引导学生理解"独""异乡""异客""逢""倍""遥知""登高"等词语的含义，逐句带领学生分析，引导学生感受作者对家乡亲人的思念之情。

（四）让学生体会作品美感

在小学语文教学中，古诗词具有其独特之处，所以，教师在教学的过程中，不可像教现代文那样开展教学，而是要认识到其特点。古诗词不仅语言相对简短和精练，其中蕴含的内容还非常丰富，更为突出的是古诗词的语言美感，更是现代文所无法比拟的。所以，教师必须开展深入教学，并且要站在学生的角度，以通俗易懂的方式，让学生理解其中的内涵和思想情感，并且在潜移默化中感悟古诗词的语言魅力，也只有如此，学生才能对古诗词的学习产生兴趣。

举例来讲，教师在对《浪淘沙·九曲黄河万里沙》这一古诗词进行教学的过程中，就可以率先引导学生进行阅读，然后在学生通读并非常熟悉之后，再引领学生深入到故事之中，对一些极具美感和韵味的字词进行解读，确保学生可以从大的方向上对作品建立属于自己的感知，这样学生就可以初步地感知到整首诗所要表达的含义。教师需要将诗词中的重点字词放在重要位置上，进行重点讲解，只有这样，学生才能对古诗的具体含义有一个清楚的认识和理解，对古诗词中文字的美进行进一步的深刻感悟。通过这样的教学，学生全身心投入其中，自身思维能力得到全面发展和提升，可以最大化地培养其核心素养。

（五）注重因材施教，增强教学效率

对于小学阶段的学生而言，该时期学生的身心年龄较小，对于古诗词内容存在一定的理解偏差，同时每名学生由于各自学习水平的不同，对于古诗词的理解也大不相同。对于那些文学功底较为扎实的学生，其能够更快地了解古诗词的含义，而那些思维发展缓慢的学生，则很难理解古诗词中的内涵。为此，传统"大锅菜"式的教学模式很难满足每一名学生的实际学习需求，语文教师需要针对性分析学生的古诗词学习情况，利用因材施教的策略对学生开展古诗词教育引导，以此更好地展现出分层教学价值，这也能够与不同层次学生对古诗词的认知水平相吻合。比如，对于学习能力较弱的学生而言，语文教师可以从简单的古诗词浅层讲解开始，引导学生由浅入深进行学习，更需要对古诗词中的关键字词进行解析，以此加深学生对古诗词内涵的理解，最后以此为基础，以由点带面的方式，使学生对整首古诗词进行全面化理解。

（六）鼓励学生积极联想，提高学生理解水平

教师可以让学生在理解的基础上去朗读，而学生很难理解诗句要阐述的意境，这时教师就可以鼓励学生展开丰富的联想，激活学生的学习思维，让学生在学习古诗词时把自己当作学习的主人，在学生联想的过程中，教师要根据学生的具体想法给予指导，让学生看到自己是否与诗人产生了共鸣，强化学生的学习体验。

例如，在学习《夜书所见》时，教师就可以组织学生根据诗句描绘的场面，尽情展开自己的想象，联想自己如果是诗人，应该会有怎样的感悟，等等。在这之前，教师给学生讲解了诗人的经历以及写这首诗的背景，这样学生能够更好地带入自己是诗人的角色。在此后的联想中，学生也能够根据不同的角度发散思维，找到诗人想表达的内容。在学生的积极联想后，教师组织学生在课上分享自己的学习经验，也就是让学生交流自己联想到的内容，促使学生把所想象到的场面，通过语言表达出来，锻炼学生的语言表达能力，也让学生经历了将诗句翻译成白话文的过程。

（七）结合诗词特征，设计教学活动

开展小学古诗词的教学活动需要教师对古诗词的语文特征有一个明确的了解，面对小学阶段古诗词自身的特殊性，教师一方面需要认识到古诗词相较于学生的日常用语有着明显的差异，会促使学生产生一定的疏离感；另一方面需要认识到古诗词课文往往是合辙押韵、朗朗上口的，在此基础上去思考什么样的教学活动才能体现出诗词自身的文学魅力。

例如，在小学阶段进行《塞下曲·月黑雁飞高》一课的教学时，学生需要的不仅仅是对诗词的直白理解，还需要对本课进行一个鲜活的认识，帮助学生认识到诗词发生的历史背景与学习意义。对本课的主要教学内容进行提炼，围绕一个诗词特点设计出鲜活的教学活动。对此教师可以从学生日常学习生活的场景入手，比如可以组织朗读比赛、边塞诗为主题的诗词收集。一

方面是贴近小学生的认知水平具有信息上的鲜活优势，另一方面是帮助学生建立正确的语文观念更具有教育意义。以此来帮助学生理解作者在文中表达的情感，引导学生学习相关的古诗词知识。

（八）培养发散思维，增强文化修养渗透

学生学习最重要的是要培养其自主思考的习惯，在学习中进行反思才能更有利于加强知识的学习。在古诗词教学反思的过程中，学生会找到自身的问题并通过合理的方法解决问题，这样的整体过程会提高学生对古诗词的文化感知，从而提高学生在古诗词学习中的文化获得感。

例如，教师在开展小学古诗词《题西林壁》的教学时，首先，在开始进入课堂之前，教师可以让学生自主学习并思考主题，让学生带着思考性的学习心理开展古诗词学习。其次，教师在开展教学中应将关键词句作为启发思考的问题让学生进行文化反思。例如，教师讲到"横看成岭侧成峰"时，可以抛出问题"请同学们思考一下看同一座山，为什么会出现不同的景象？是什么原因导致的呢？它与后文有没有联系呢？稍后请同学们来发言"。这种课堂反思的教学可以引导学生发散自己的思维，根据所学知识加强对古诗词的学习思考，从而有利于学生感知与体会《题西林壁》中的文化内涵与哲学主旨。

四、结语

综上所述，古诗词教学有利于丰富学生的文化底蕴，提高他们的语言积累，发展他们的综合能力。除了能有效地开阔学生对语文知识的视野，还能很好地培养小学生语文核心素养，引导学生树立正确的世界观、人生观和价值观，进一步加强学生对古诗词的审美观以及增加学生对中国古代文化的理解能力，从而增加学生的自豪感和凝聚力。

参考文献：

[1] 成燕. 探析核心素养背景下的小学语文古诗词教学策略 [J]. 读与写, 2021, 18 (24).

[2] 王筱. 语文核心素养的小学高段阅读教学研究 [J]. 文学少年, 2020 (4).

[3] 徐丽. 核心素养视域下小学语文古诗词教学的策略分析 [J]. 教育界, 2022 (3).

乡土地理在初中地理教学中的应用

周炎新

摘　要：作为初中阶段重要的课程之一，地理对于学生学习和了解自然规律等具有重要的作用。初中地理教学涉及一些较为抽象的概念，给学生的日常学习带来了一定的难度。为解决这一问题，教师可以在地理教学过程中适当地应用乡土地理，通过较为熟悉的家乡地理环境和特点进一步贴近学生的生活，提供课外实践的良好空间，让抽象的地理概念和知识变得更加生动和形象，使学生更加深入地学习地理知识，丰富知识的储量。

关键词：初中；地理教学；乡土地理

乡土地理指的是本乡本土的地理知识和概念等，其包含的地理知识和问题可以作为开展初中地理教学的重要资源，通过具体化和形象化的教学形式，激发学生对初中地理知识学习的兴趣。对乡土地理的良好应用能够让学生更好地理解地理课程中涉及的抽象概念，拉近初中地理与学生实际生活的距离，并改变传统教学观念中初中地理教学不受重视的现状。同时，还可以加强学生将地理知识与实践能力相结合的能力，有效提高初中地理教学的质量。随着人们观念的更新和发展，乡土地理教学已经成为初中地理教学中一种越来越受欢迎的教学方式。了解乡土地理教学的特点，才能更好地规划其在初中地理教学中的应用，充分发挥乡土地理教学在初中地理教学中的优势和作用。

一、乡土地理教学的主要特点

乡土地理与学生的实际生活密切联系着，能够在极大程度上拉近初中地理知识与学生之间的关系。作为一种生动形象的教学形式，乡土地理教学具有自身的特点，可以有效提高初中地理教学的质量和效率。

（一）乡土地理教学内容的地域性

为了让学生更好地利用乡土地理学习和理解初中地理知识，乡土地理教学选用的教学内容应该是与学生所处的地理环境有关，特别是学生所熟悉的家乡环境。如岳阳县张谷英镇位于岳阳县东部，属新墙河上游地区，位于东经113°26′10″~113°37′20″，北纬28°57′30″~29°5′20″，海拔110~650米，属低山、中低山山地地貌。其他如河流、水系、动植物资源、气候特征等，这些都是学生饶有兴趣的知识点。当然，不同地区的初中地理教学应用的乡土地理知识也不尽相同，乡土地理教学存在地域性的特点。不同地域的乡土地理教学体现着不同的地理特色，也应体现出不同地区初中地理教学的不同侧重点。

（二）乡土地理教学方式的互动性

在初中地理教学中应用乡土地理教学，能够更有效地吸引学生参与到地理知识的学习中去，引导学生主动认真地观察自身的生活环境，并主动了解和探究地理文化，发挥其主观能动性。同时，学生在了解到周围的地理环境后，也会有兴趣与当地的居民就该区域的地理知识进行交流和了解，或者形成讨论、研究的课题，成立课题小组，加强同学、教师之间的互动交流，从而提高初中地理教学的质量和效果。这几年，我校结合我镇的自然、社会、人文特点进行了相关动植物资源、河流水系、全国文物保护单位——张谷英村古建筑群旅游资源、张谷英村的孝友文化传承等相关综合实践活动，收效甚好。

（三）乡土地理教学目标上的服务性

通常，乡土地理教学与当地区域的自然地理环境、人文风情等紧密相关，因此，在地理教学中引入乡土地理教学，能够更有针对性地体现出该区域的社会发展状况和需求。乡土地理教学在一定程度上引导着学生去了解自己生活的环境，并结合家乡的地理环境深入研究乡土地理环境，鼓励学生为家乡的发展提出相关的建议。如我校引导学生开展"家乡河流水质及污染情况调查"综合实践活动，学生提出的一些相关建议，就被本地党委政府采纳。

二、加强乡土地理在初中地理教学中应用的相关策略

乡土地理的有效应用能够将初中地理教学中的抽象概念变得更加形象化和具体化，同时也有助于改变初中地理教学在传统教学观念中不受重视的现状，因此，需要结合初中地理教学的目标和计划，从学生学习的需求出发，制定合理的应用措施，将乡土地理教学渗入初中地理教学的过程中。

（一）通过乡土地理知识激发学生的地理学习兴趣

初中地理对于学生来说是全新的课程，一些地理知识也较为抽象和复杂，学生需要具备较高的抽象思维能力，才可以较好地掌握。因此，应当利用学生对乡土地理的熟悉度，激发学生对地理学习的兴趣。乡土地理与学生的成长和生活环境联系密切，能够让学生更容易接受地理知识的学习，调动学生学习地理的积极性和主动性。与此同时，学生会更加乐于收集相关地理资料，锻炼独立思考和探究的能力，对初中地理的了解更为深入和广泛。

（二）通过乡土地理知识提升学生的创新实践能力

与初中地理课程相同，乡土地理知识也包含了不同地区的自然地理和人文地理，可以引导学生更深入地研究学习家乡的地理环境。教师可以结合本地的地理资源状况，如水力资源、土壤资源、矿产资源等，让学生拓宽视野，指导学生进一步加深对地理课程的学习，让学生主动参与到对家乡各种地理资源的探索和研究中，从而通过乡土地理知识提升学生的创新实践能力。

（三）通过乡土地理知识强化环境教育

随着新课改的有效实施，乡土地理知识在初中地理教学中的渗透越来越多，乡土地理知识逐渐成为初中地理教学的载体，地理教师应该充分利用好这些学生熟悉的地理环境来对学生进行环境方面的教育工作，要带领他们深入到生活中去，让他们进行探究性的实践活动，引领初中生在学习乡土地理的过程中，充分意识到地理环境保护的重要性与必要性，让他们更好地感受到周围的地理环境，并通过环境教育实践活动来更好地保护地理环境。

（四）通过乡土地理知识强化德育工作

传统的初中地理教学过程中，学生常常觉得地理知识与实际生活的联系较少，在生活中的应用也不多，学习的兴趣也不大，不会花费较多的精力去学习地理知识。针对这种情况，教师可以融合当地的地理环境进行讲解，让学生对家乡的人文环境、地理环境有清晰的了解，在学习与自身生活相关的内容时，能够让学生感受到家乡的风土人情、家乡的美丽。每个学生对家乡都会存在着一种特殊的情感，对于家乡发生的变化也会格外关注，因此，将乡土地理融入初中地理教学，能够在一定程度上激发学生的积极性。

三、结语

总之,以乡土地理作为学习的载体,能让学生感受到地理学习的神奇魅力,通过一些实践的学习,激发学生热爱家乡、建设家乡的情感。

参考文献：

[1] 彭晴. 乡土地理教学法在初中地理教学中的应用研究[J]. 西部素质教育, 2015, 1 (3).

[2] 汪进平. 乡土地理在初中地理教学中的有效运用[J]. 学周刊（中旬）, 2016 (3).

[3] 陈雪梅. 乡土地理在初中地理教学中的运用探析[J]. 才智, 2014 (17).

训练学生思维要注意方法的指导

丁群芳　张玉红

近日翻看一本广东世界图书出版公司2012年出版的《中国聪明孩子爱玩的思维游戏》，其中"数学迷宫"一板块中有若干个趣味数学题。有一个题目是"狱卒发粥"，其题说一个狱卒负责看守众多的囚犯，吃饭分粥时，他负责安排囚犯的座位，入座的规则如下：（1）每张桌子所坐的人数必须是奇数；（2）每张桌子上所坐的囚犯人数要相同。在囚犯入座后，他发现每张桌子坐9人，就会多出8人；每张桌子坐7人，就会多出6人；每张桌子坐5人，就会多出4人；每张桌子坐3人，就会多出2人；但每张桌子坐11人时，就没有人多出来了。请问一共有多少个囚犯。

答案是2519名囚犯。然后说这2519人每3人一桌需839张桌子，多余2个人；每5人一桌需503张桌子，多余4个人；每7人一桌需359张桌子，多余6个人；每9人一桌需229张桌子，多余8个人；而每11个人一桌时，229张桌子刚好坐尽，没有余数。

我认为这个题目只告诉了学生（读者）答案，而没有告诉学生答案是如何得出的，也就是只知其然而不知其所以然，应该加以说明，给予学生思维方法的指导。

其实这个题目还是挺容易的，就是"求几个数的最小公倍数"和"能被11整除的数的特征"两个问题的整合。原题中的囚犯有一个特征，就是每张桌子分别3人坐、5人坐、7人坐、9人坐，多出来的人，都是比这张桌子坐的人数要少1。如果把这些囚犯的人数加1人，那就按3人、5人、7人、9人坐都刚好坐好，这个数就是3、5、7、9的公倍数，而［3，5，7，9］=315，这时只要在315的倍数中，再减去1，并且还要这个数能被11整除，那这个数就是答案。

原题中的 2519 符合要求。2520 是 315 的 8 倍，将其减去 1 是 2519，且 2519 中个位上的数字"9"与百位上的数字"5"的和是 14，十位上的数字"1"与千位上的数字"2"的和是 3，14－3＝11，刚好是 11 的倍数，所以 2519 符合要求，因此原书上的答案就是 2519。能被 11 整除的数的特征是把一个数由右边向左边数，将奇位上的数字与偶位上的数字分别加起来，再求它们的差，如果这个差是 11 的倍数（包括 0），那么，原来这个数就一定能被 11 整除。

要说明的是，符合原题条件的数还有很多，它们还有 5984、9449、12914、16379、19844……只不过 2519 是最小的而已，也可能是一个看守所囚犯的数字。但作为一个思维训练题，还是要严谨，所以说最少有多少人。

这个题目，如果训练学生，放在 Excel 电子表格中，可以很快求得答案（见表 1）。

表 1　求 3、5、7、9 公倍数少 1 且能被 11 整除的数的过程表

	A	B	C	D	E	F
1	315	8	2520	2519	229	
2	315	19	5985	5984	544	
3	315	30	9450	9449	859	
4	315	41	12915	12914	1174	

A1 中输 3、5、7、9 的最小公倍数 315，B1 中输自然数 1、2、3、…，C1 中设置"＝A1＊B1"，D1 中设置"＝C1－1"，E1 中设置"＝D1/11"，E 列中数字是整数的都符合要求。F 列可以拓展为 13 人坐，或其他条件。

总之，就某一个数学问题，训练学生有多种方法，但无论哪种，只要取得实效就行。

创新教学设计，提高小学数学课堂教学有效性

吴美球　丁　艳

摘　要：新课程教学改革对小学数学课堂教学有效性提出了更高的要求。小学数学要在有限的课堂教学时间内，激发小学生的学习积极性与主动性，最大限度地获取数学知识和相关技能，并对小学生的数学学科核心素养进行培养。基于此，本文在分析当前小学数学教学问题的前提下，对如何提高小学数学课堂教学有效性的有关问题进行了分析和探究，以期为新课程改革背景下小学数学课堂教学的有效组织提供一定的参考。

关键词：小学数学；课堂教学；有效性；教学设计

课堂教学有效性是指在一定的时间和空间内高效地完成教学目标，让学生能够掌握有关知识，获得相应的技能。小学数学作为一门重要的基础性学科，提高其课堂教学有效性，既是新课程改革对小学数学教学提出的重要要求，同时也是体现小学数学教学价值，为小学生未来学习和发展奠定良好基础的必然要求。要明确当前影响小学数学课堂教学有效性的主要因素，采取针对性的措施来提升小学数学课堂教学的有效性。

一、当前小学数学课堂教学过程中存在的主要问题

（一）课堂教学的目标不够明确

明确教学目标是小学数学课堂教学开展的主要依据和重要基础。每一位教师在课堂教学之前都会制订教学计划，而这个教学计划是围绕着教学目标来制订的，所以说，教学目标科学、全面和合理，直接关系到小学数学课堂教学计划的有效性。当前小学数学课堂目标设定方面存在着不全面、单一、刻板的问题，教师只是简单地"照本宣科"，仅仅明确了数学知识教学方面的

目标，忽视了对小学生学习能力、数学思维、素养培养等方面的教育目标。"为了教而教"的现象十分普遍，这就导致在后续的课堂教学中出现机械式教学、填鸭式教学等问题，没有关心学生的学习需求，也忽略了学生的学习习惯和学习兴趣，影响了小学数学课堂教学有效性。

（二）课堂教学的方法不够合理

新课程改革背景下，传统的小学数学教学方法既不能适应新时期数学教学活动的要求，也不符合现代小学生的发展特点。但是目前很多小学数学课堂教学仍然沿用传统的课堂组织方式，教师仍然占据着主体地位，小学生的学习思维、表达能力受到限制。另外，在信息技术深刻影响教育教学的新时期，有些教师过分依赖多媒体、网络等新型教学手段的应用，只重视教学形式，忽略了教学内容设置的科学性，一堂课下来，看似课堂气氛活跃，学生也乐在其中，可是却没有将相关知识有效地传递下去，课堂教学的整体品质不高。

（三）课堂教学的评价不够全面

新的小学课程标准对小学数学教学评价提出了更高的要求。过去只重视教学结果，忽视课堂教学过程的评价模式，也必须做出相应的改变。但是受到长期的应试教学思维的影响，学生的学习成绩仍然是对小学数学课堂教学进行评价的重要甚至唯一的评价指标。教师没有看到学生在小学数学课堂教学中的点滴进步，也忽视了学生提出的意见反馈，这不仅影响了小学数学课堂教学有效性的提升，而且长期下去还抑制了小学生的学习主动性，不论是对小学数学课堂教学还是小学生的个体发展都是极为不利的。

二、创新教学设计，提升小学数学课堂教学有效性的对策和措施

教学设计贯穿于小学数学课堂教学组织的全过程，教师应当从解决当前影响小学数学课堂教学有效性问题的角度出发，结合新课程改革对小学数学教学提出的新要求，从以下几方面采取措施，创新教学设计，提高课堂教学有效性。

（一）"以人为本"设计小学数学课堂教学目标

教学目标的合理性和全面性是提升小学数学课堂教学有效性的核心，新课程改革背景下，教师在设计小学数学课堂教学目标时，要坚持"以人为本"，从学生的学习需求和学习兴趣角度出发，结合小学数学教学的具体内容，制定有层次的、全面的课堂教学目标。一方面，小学数学课堂目标要涵盖知识、技能与情感三个方面的有关要求，这是新课程改革提出的教学目标改革要求，同时也是提升小学生综合素质能力的重要要求。另一方面，要在教学目标设计方面体现层次性要求，也就是要结合小学生的数学学习基础、数学学习能力等将教学目标划分为不同的层次，让每一个层次的学生都能够完成课堂教学目标，从而在整体上提升小学数学课堂教学的有效性。

比如人教版五年级下册《图形的变换》这节教学目标设计，按照全面性和层次性的设计要求，应当包括以下几个方面。首先，学生要认识到图形的轴对称以及图形的旋转，在此基础上，理解、掌握成轴对称的图形以及图形旋转的有关性质和特点。其次，基于点、线、面的角度对图形变换进行理解，掌握图形变换的基本方法。学会解决问题的策略，并在问题解决过程中增强空间观念。最后，学会欣赏图形变换产生的美感。感受数学当中对称、平移以及旋转的具体应用，理解图形变换知识的学习价值。

（二）创新小学数学课堂教学组织的方式

课堂教学的方式会直接影响到学生的学习积极性，是提升小学数学课堂教学有效性的关键。根据当前传统教学方法产生的教学弊端，建议教师要结合学生的学习实际，从具体的教学内容出发，对课堂教学的组织方式进行创新。

一是运用情景教学法来组织小学数学课堂教学活动。情景教学法能够将抽象的数学知识变得生动、具体，同时在情景中，学生还能够进一步认识到数学知识在生活实践中的具体应用，是全面提升小学数学教学有效性的重要方式。针对有些教师过分依赖情景教学，忽视教学内容和学生实际的问题，应当从以下几个方面采取措施，确保情景教学法应用的合理性和有效性。首先，情景要符合教学内容，要根据内容设置情景。其次，情景教学要符合小学生的认知水平，最好是要基于小学生的生活实际进行情景创设，超过学生认识范围的情景无法取得相应的教学效果。最后，情景教学法要与其他教学方式结合起来，比如与小组合作、案例分析等结合起来，这样既能够提高情景的合理性和学生的参与度，同时也能在课堂教学过程中对学生的团队协作能力、语言表达能力等综合素质能力进行培养。

以三年级《可能性》教学为例，这节教学要求让学生初步体验有些事情的发生是确定的，而有些则是不确定的，初步能够使用"一定""可能""不可能"等词语来描述生活中一些事情发生的可能性，感受数学与生活之间的联系。根据教学目标的指导，教师可以设置"幸运大抽奖"的教学情景，将全班分为四个大组，每个组都有一个箱子，里面装有不同颜色的乒乓球。看看哪个组在规定的时间内抽出蓝球最多，就能得到铅笔奖励。要求每组选派三名同学，一名负责记录一共摸了几次，一名同学摸球，一名同学负责记录摸了几个蓝球，摸到一个就在各自小组的位置上画圈。摸球的同学要先晃一晃，拿出一个球，如果是蓝球让记录的同学记录完，再放进去，继续摸下一轮。其他同学在活动中遇到什么问题或发现什么，可以随时提出来。在这个情景中，随着摸球次数的增加，相应地也会出现一些情况，比如有的小组一次蓝球也没摸到，有的小组摸到了太多次的蓝球，每一次学生提出异议的时候，就是开展相关知识教学的关键，教师要注意把握。

同时，为了训练学生能够在日常生活中谨慎地用词，可以开展一些"看看说的对不对"的问答活动，比如"今天是周五，明天可能是周六""小红今天早饭一定吃了鸡蛋"等，通过引导学生讨论来进一步提升学生对"可能性"的认识。

二是运用信息技术手段来丰富小学数学课堂教学的方式。信息技术已经对现代教育教学工作产生了深刻的影响，相应地产生了翻转课堂、微课等新型教学模式。多媒体技术、网络教学技术等已经在现代教学中得到了广泛的应用。教师应当结合具体的教学内容，灵活地运用信息教育技术以及相应的教学模式，提高小学数学课堂教学的趣味性和丰富度，确保课堂教学有效性提升的同时，对学生的信息文化素养进行相应的培养。

以微课教学模式为例，微课的特点在于"微"，时间短、教学重点突出。教师要善于应用微课引导学生对教学重难点进行学习，引导学生运用微课来锻炼自身的学习能力。比如在《因数与倍数》的微课教学设计方面，教师可以针对"探索找一个数的倍数的方法"设计教学视频，对10以内某个自然数在1~100之内的所有倍数进行重点教学。如果学生在课堂上没有扎实地掌握这个知识点，可以在课后通过对微课视频的自主学习来巩固，这样不仅能够更好地掌握知识，而且还锻炼了学生的自主学习能力。

（三）开展多元化的小学数学课堂教学评价

在全面的教学目标和多样化的教学组织方式下，教学评价活动也要做出相应的创新，这是提升小学数学课堂教学有效性的重要要求。一方面，教师要对学生在数学知识学习探究过程中的表现进行客观评价，对学生的综合能力进行评价，除了最后的学习成绩之外，学生学习的态度、参与课堂的程度、与其他同学的配合度等都应当纳入教学评价当中，教师可以根据实际建立相应的教学评价指标体系，通过定量与定性相结合的评价分析方式对学生进行全面、真实、客观的判断，为学生的综合发展提供有力的参考。另一方面，教师要引导学生对小学数学课堂教学进行评价，对教师的课堂组织方式提出意见、建议甚至是批评，不论学生评价的对错，教师都应当肯定学生的评语，并且针对部分问题进行改正，这样不仅能够优化小学数学课堂教学的品质，同时也能够激发学生的主体意识，更好地参与到小学数学教学过程中。

三、结语

新课程改革背景下，提升小学数学课堂教学的有效性关系到小学数学教学创新，也对小学生的整体发展具有十分重要的意义。小学数学教师要从目标创新、教学组织方式创新以及教学评价创新等方面进行教学设计创新，全面提升小学数学课堂教学的有效性。

参考文献：

[1] 利坤．小学数学课堂教学有效性［J］．新教育时代电子杂志（学生版），2020（9）．

[2] 仲伟恒．关注细节提高农村小学数学课堂教学有效性的研究［J］．学苑教育，2021（2）．

[3] 李琼．新课程下如何提高小学数学课堂教学有效性［J］．教育界，2021（8）．

[4] 黎裕祥．提升小学数学课堂教学有效性的策略分析：以"小数大小比较"教学为例［J］．新教育（海南），2021（1）．

[5] 郭小平．小学数学课堂教学有效性研究［J］．科教导刊，2020（27）．

关于初中生物教学与互联网相联系的思考

罗振意　丁群芳

摘　要：随着新课改的实行、"双减"政策的颁布，传统的教学模式也需要取其精华，与时俱进。初中教师为了改变这种教学模式，推动"双减"进一步发挥实效，需要钻研多种现代教学方法，将教学课程、教学设计与互联网相融合，弥补传统教育模式的缺陷。同时，"互联网+教学"的教学方法，在一定程度上减少了教师在备课、讲课过程中的负担，可以建立高效课堂，发展学生独立思考的能力，增强学生面对问题的应变能力和知识迁移能力。

关键词：互联网；初中教育；生物教学

初中生物学课程要求学生主动地参与学习过程，在提出问题、获取信息、寻找证据、检验假设、发现规律等过程中习得生物学知识，养成理性思考的习惯，形成积极的学习态度，发展终身学习的能力。并且初中生物以让学生了解生活环境，探索生物奥秘为主，丰富了学生在动植物、人体构造、大气层等方面的知识储备。因此，对于学生来说，为了利于开展课外活动，也利于学生储备丰富的生活常识和基本技能，教师可以通过教学与互联网的无缝衔接，助力提高教学质量和学生的学习质量。

一、互联网下的微课教学，丰富学生课堂容量

初中学生的自控能力有限，缺乏自律性，注意力不易集中，面对45分钟的课堂，大部分学生很难全程集中注意力去听课。初中教师可以将微课教学穿插到课堂中去。这种新型的授课方式，有利于培养学生集中注意力，提高学生的上课积极性，缓解课内疲劳；同时短小精悍、针对性较强的微课视频，有助于学生快速了解这堂课的重难点，有利于学生进行查漏补缺。

例如，在学习《细胞是生命活动的基本单位》中关于使用显微镜的内容时，教师可以在课前通过播放微课小视频，首先让学生了解显微镜的零件名称和零件作用。让学生浅显地知道显微镜最基本的正确操作方法。通过这种与互联网相联系的课前预习方式，学生可以了解该堂课重难点，了解自身在哪个步骤有困惑。在上课的同时，有助于增强学生听课的目的性，有助于改善学生的听课效果，减轻心理压力。在学习八年级上册《两栖动物和爬行动物》内容的过程中，教师可以在课堂中间时间段，通过制作的微课小视频，讲解两栖动物和爬行动物的区别。教师采用的这种插入小视频的上课方式，不仅能缓解枯燥乏味的书本知识带来的疲劳，同时也能增加学生对两栖动物和爬行动物生活特征方面的了解，丰富学生在这方面的知识，提高学生对学习生物的主动性和自觉意识。教师还可以让学生利用互联网丰富的资源，收集自己喜爱的动物的特征、生活习性制作一个小视频，接着发布在班级群里面，进行信息交流，增加学识和见识。

二、互联网下的翻转课堂，构建学生知识体系

随着新课改的实施和"双减"政策的落地，教师的教学方式势必发生改变。翻转课堂是一种符合现代教育观念的教学方式，它是在传统教学的基础上进行的一次创新，改变了以教师为主导的教学方式，并且使学生成了教学主体，通过采取多种教学方式，丰富教学内容，培养学生知识体系的构建。

例如，教师在课堂上采用翻转课堂的教学方式，让学生充当老师，学生与学生之间协作发展，提高学生的课堂参与度。在学习《动物的主要类群》中《腔肠动物和扁形动物》的内容时，在课前，教师让学生观看自己制作的视频中关于腔肠动物的种类、基本结构和扁形动物的主要特点等方面的知识点，让学生明白这节课的主题，理解基本的概念性问题。在课中，教师提出问题，推进学生在课堂中的发展进度。比如腔肠动物主要特征是什么？哪些腔肠动物生活在淡水中，哪些腔肠动物生活在海水中？珊瑚礁是由腔肠动物分泌而成的吗？扁形动物大多数生活在什么场所？这种上课方式，可以提高学生的学习能力，让每个学生都能学会这个知识点。并且学生与学生之间的有效互动，同时也避免了学生有问题不敢向老师寻求帮助的现象。在课后，教师是评委的身份，要对学生在课堂上的表现进行全方位的评价，促进学生进步。在学习七年级生物《开花和结果》的内容时，教师需提前让学生观看花的结构、花的传粉和受精过程。让学生对雌蕊和雄蕊有所了解，清楚花的传粉类型分为自花传粉和异花传粉，明白受精过程。在课中，教师提出问题，比如花朵在自花传粉时，雄蕊可以去除吗？异花传粉的媒介有哪些？等问题，让学生自己探索发现其中的奥秘。在课后，教师对学生给出的答案进行评价，并客观评价学生在讨论过程中的问题，这种方式有助于学生思维能力的发散与延伸，也有利于学生对章节内容知识的梳理和系统构建。

三、互联网下的交流平台，巩固学生学习成果

初中内容涵盖范围广，解题步骤和方法具有灵活性。学生很难想到所有的解题方法和书写正确做题步骤，在思想方面具有一定的封闭性。教师借助课后交流平台，一方面可以缩短师生距离，转换成学生的良师益友，有助于教师更了解学生的想法。另一方面有助于学生巩固一天所学的知识，补充不懂的知识点，促进学生交流，思想互动，增进学生之间的感情。

例如，课后交流平台有助于教师服务学生，更方便解决学生的问题，提高学生的知识掌握水平。一方面，在学习八年级生物《鱼》这一节内容之前，教师让学生在交流平台上讨论关于鱼是无脊椎动物还是有脊椎动物。通过这种新型方式的讨论，引导学生积极思考，提前了解鱼的特征，有利于学生在正式听课过程中集中精力。另一方面，学生在学完有关鱼的知识后，教师再在交流平台总结淡水鱼中的代表鱼类和海水鱼中的代表鱼类，接着让学生讨论"鱼的外部构造是否影响它在水中的运动"。这种交流平台，有利于学习优异的学生加深印象，丰富对鱼的认知；有利于对知识点掌握不好的同学，查漏补缺。在学习《生物和生物圈》这一单元的内容时，教师通过课后交流平台，总结生物与环境组成的生态系统，概括植物、动物、细菌和真菌的关系，区分食物链和食物网的特点。教师总结之后，还可让学生理解和运用所学知识点。譬如，在草、食草昆虫、青蛙、兔子、狐狸、蛇、鹰这几个物种里存在几条食物链？哪个物种是这个食物链的最强者？哪个物种是这个食物链中的最弱者？举例说明什么物种是顶级掠食者。教师采用这种方式，有助于增强学生的竞争意识，提高学习能力，拓宽视野，提高对生物知识的储备。教师也可以借助交流平台与家长进行交流，让家长熟知孩子的学习状况，了解孩子学习中存在的问题，了解孩子对哪一方面的知识点有抵触情绪，热衷于学习哪些方面的知识点。教师与家长之间的合作交流也有利于学生全身心发展。

四、结语

随着时代的发展，思想的变革，传统模式向"互联网+教育"的教学模式转换是必然的，初中教师也需追随时代的脚步，把教学过程与微课教学、翻转课堂、课后交流平台相融合。运用互联网教学，把知识点系统化，助力学生全面发展。

参考文献：

［1］中华人民共和国教育部．义务教育生物学课程标准［M］．北京：北京师范大学出版社，2022.

［2］代开友．结合互联网产品开展初中生物教学可行性探究［J］．百科论坛电子杂志，2020（20）．

［3］萧丽娟．初中生物教学实施翻转课堂的可行性和挑战［J］．考试周刊，2017（57）．

［4］潘紫千，潘斌．初中生物学课堂辅助微课体系的设计与应用［J］．教育实践与研究，2020（11）．

［5］崔兰兰．视频资源在初中生物教学中的应用研究［J］．考试周刊，2020（59）．

［6］陈冬朋．互联网+视域下初中生物学课程的高效学习模式初探［J］．中国新通信，2021，23（9）．

浅析初中生物生活化教学策略

罗振意　丁群芳

摘　要：生物在初中是一门很重要的学科，它所涉及的内容也与学生的实际生活有很大关系。在新课程改革的背景下，初中生物的教学要求生活化教学，即让教师尽量把生物的教学活动融入学生的生活之中，使学生在生活中运用所学的生物知识，同时也可以通过实践来提升学生的学习能力。

关键词：初中生物；生活化教学；教学策略

一般而言，初中生物知识大多来自日常生活，而在日常生活中，也能发现许多关于生物的规律。在生物的课程中，如果能够将生物的理论知识与现实生活结合起来，那么原本单调乏味的理论学习，就会变得更加有价值，也可以给学生提供更好的指导。所以，初中生物课程应尽量将有关生活的因素融入课堂教学之中，使学生能够更好地掌握生物的基本原理，从而达到培养学生创造性和实践能力的目的。

一、初中生物生活化教学的意义

（一）生物课程基本内容的要求

初中生物的教学内容既涉及学生的生活，又涉及许多与生物有关的问题。学生已经经历并了解了这个问题，但是还没有上升到学科性的知识层面。初中生物的目的是通过循序渐进的方式，让学生逐步了解和掌握生物的专业知识。其实，生物是一种"来自生命""对生活有用"的学科。所以，在实践教学中要把教学与实践相结合，使学生认识到"生物的知识来源于生活"。

（二）新一轮的教学改革

随着新一轮课改的深入，初中生物教学面临教学改革的需要，"教育回归生活"是新课改的基本特征。在传统的教学模式下，教师对学生进行单方面的知识传授，没有充分考虑学生的实际运用和自身的发展需求，结果导致很多学生只会死记硬背，并没有真正地将所学知识运用到实际生活中去。这一固化的思想，使其所培养的人才无法适应新时期的社会发展。在新课改的指导下，初中生物学教学要立足于生活，与生活相结合，这样教学效果和质量才能得到提升。

（三）初中生物核心素养的培养

初中生物的核心素养是学生知识体系的构建、情感价值体系的构建以及各类能力的形成。初中生不但要掌握生物科学的基本知识，还要懂得运用所学的知识，还要具备对生物和环境的客观认识，以及对生物的正确的情感价值。以生活为中心的教学方式，有助于学生核心素养能力的培养，所以在初中生物教学中，应该进行生活化的教学。

二、初中生物生活化教学策略分析

（一）营造实际问题情景，培养学生的学习兴趣

生活化的问题情境是情景教学的首要内容。通过结合生活中的问题，使学生能够把生物知识和生活联系在一起。比如，在讲授《人体的免疫防线》一节时，若只说明身体的免疫力及外在的免疫防线，学生便会觉得无趣。教师若能结合学生熟知的乙肝疫苗知识，将极大地提升学生的活力。教师可以问：你觉得乙肝疫苗能给人体提供怎样的免疫力呢？很多学生都很乐意谈起乙肝疫苗，并且积极发言。因此，教师可以将乙肝疫苗的功效和在体内生成的免疫防线作为个案，辅以"特异性免疫"的教学知识，使学生对"特异性免疫"有更深的认识。另外，在讲解《人类对细菌和真菌的利用》时，教师也可以提问：在制作泡菜时，为什么坛口要密封？在制醋过程中，将空气吹入发酵槽的理由是什么？在学生进行思考回答之后，教师再将所学到的知识进行演示，并让学生自己去核对答案。

（二）丰富生活化教学的内容，提高课堂活力

在初中生物教学中，生活为本的教育内容也是一个不可缺少的环节。课程内容的拓展，也能提升课堂的生机。例如，在讲解《生物的遗传和变异》的课程中，教师可以让学生收集并提交家人的相片，让学生观察子女有没有遗传到与父母相同的基因。教师也可以引导学生在学习过程中，根据自己的

特点对身边的人进行调查，例如，"近亲能不能结婚"，并在课堂上进行讨论。而针对变异问题，可以结合菊花的不同品种来讲解，尽管同为菊花，它们的外形却有很大的差别。另外，在《生态平衡》的课程中，教师可以让学生对本地的生物多样性进行调查与分析，从而增强对环境保护的认识。

（三）创造一个真实的教学环境，形成一种轻松的氛围

传统的课堂教学氛围常常是紧张的，师生间的距离很远。营造一种以生活化为中心的教学环境，既能形成一种轻松、愉悦的课堂氛围，又能拉近师生之间的距离，让学生在课堂上更有激情。例如，在讲授《生物的多样性及其保护》课程时，教师可以让课堂变得更为自由。例如，设计并模拟"动物世界"，让学生轮流分享自己预先了解的动物，不能重复。通过这些课程，每位学生的知识都会有所拓展。由于不能重复，所以每位学生会多准备一些动物资料，这就是在暗示学生要积极地学习。在进行第二堂课时，教师与学生就可以对"生物多样性"被破坏的问题进行探讨，着重探讨全球性的生态问题，并请学生发表他们自己的看法。

（四）开展以生活为目的的课外活动，促进运用知识

当学生认识到生物知识能解决他们生活中的问题时，他们的学习兴趣也会随之提高。因此，教师可以通过组织生活化的课外活动，或者布置一些生活化的家庭作业来提升学生的运用知识的能力。比如，在学完《植物》以后，请学生收集一些野生植物的照片，然后在网上浏览这些植物的名字和特点，并把它们做成卡片，然后把它们贴在教室的角落里。通过教学实践，学生能够自主地进行思维活动，能够把自己的生活和学习到的知识相结合，逐步提高自己的自主学习能力。

三、结论

初中生物生活化教学具有十分重要的意义。本文通过对初中生物教学现状的分析，指出了课前导入的僵化、课程内容的单一、教学方式的陈旧、观念教学的传统等。针对以上问题，本文提出了一些行之有效的对策，以提高初中生物教学的重要性，同时也将新的教学内容纳入课堂教学之中。通过对所学到的生物学知识进行综合巩固，初中生物教学的质量与成效得到进一步的提升。

参考文献：

[1] 童国权. 初中生物课堂生活化教学研究［J］. 当代教研论丛, 2019 (1).

[2] 韩旭明. 新课程背景下初中生物课堂的生活化教学研究［J］. 中国校外教育, 2019（13）.

[3] 刘灿斌. 融入生活给力课堂：也谈陶行知"生活即教育"理论的课堂实践［C］//福建省陶行知研究会. 福建省行知实验校校长论坛论文集. 福州：福建省陶行知研究会，2012.

《捞铁牛》中的详写和略写

李敏芳 丁群芳

摘 要：北宋年间，黄河发大水，冲垮了河中府城外的一座浮桥，固定浮桥两岸的八只铁牛也被冲入了河里。重修浮桥时，要想办法打捞河中的铁牛，一个叫怀丙的和尚走了出来，利用水的浮力，组织打捞了这八只铁牛，一时传为佳话。有文字将此故事传承下来，是为《捞铁牛》，其中详略得体的写作方法值得我们学习。

关键词：捞铁牛；详写；略写；借鉴

宋朝时期，河中府（今山西省永济市）知府许保江，为官清廉，爱护百姓，他组织疏浚当地黄河段，加固堤岸，为方便百姓出行，并主持修建了一座浮桥。这座浮桥是用许多空木船一条紧靠一条排起来，再铺上木板架起来的。浮桥上既可以走人，也可以通过牲口和车辆，是当地的交通要道。为了使这座浮桥稳固、不漂移，许保江特地铸造了八只大铁牛，每只有上万斤重，放在两岸拴住浮桥。

北宋治平三年（1066）黄河洪水泛滥，冲垮了这座浮桥，并且这八只大铁牛也被冲到河里去了。洪水过后，为了尽快重建浮桥，各种准备工作就绪，就差这八只沉没在河里的大铁牛了，不知怎样才能打捞出来。河中府张贴布告，招纳贤能，要捞起这沉没在黄河里的八只铁牛。终于有一名和尚揭榜了，他说："铁牛是被水冲走的，我还叫水把它们送回来。"他叫怀丙，是一名工程师，于是就有了"捞铁牛"的故事。这个故事被写入了人教版原第七册语文教材，题目就叫《捞铁牛》。

文章简单地介绍了时间、地点、人物和起因外，紧紧抓住"铁牛是被水冲走的，我还叫水把它们送回来"这个句子，将重点放在捞第一只铁牛上。

文章着重写了"三请""三让""一叫"。

1. "先'请'熟悉水性的人潜到水里，摸清了八只铁牛沉在哪儿"（潜水摸牛）。

2. "然后'让'人准备两只很大的木船，船里装满泥沙，划到铁牛沉没的地方"（寻牛定点）。

3. "船停稳了，他再'叫'人把两只船并排拴得紧紧的，在船上扎架子"（拴船搭架）。

4. "又'请'熟悉水性的人带了很粗的绳子潜到水里，把绳子的一头牢牢拴住铁牛，绳子的另一头绑在两只船之间的架子上"（粗绳拴牛）。

5. 和尚"'请'水手们一齐动手船上的泥沙都铲到黄河里去"（铲沙入河）。

6. "'让'水手们使劲把船划到岸边，再'让'许多人一齐用力，把水里的铁牛拖上岸"（铁牛上岸）。

作者不厌其烦地一"请"、二"请"、三"请"，三"让"、一"叫"，并且通过"先""然后""再""又"几个词把四项准备工作严密有序地连接起来，酣畅淋漓地把怀丙和尚胸有成竹、淡然若定的指挥口令和动作表现出来。但对其余七只的打捞过程只一笔带过："和尚用这样的办法，把八只铁牛一只一只地拖了回来。"真正是"言约事丰"。人们仿佛可以看到那些水手怎样一次次地潜到水底，装满泥沙的船开到岸边铲出又装，场面真大真热闹。《捞铁牛》这篇课文通过对怀丙和尚利用水的浮力捞铁牛的叙述，歌颂了我国古代劳动人民杰出的智慧和才能。文章用通俗的语言、有趣的故事，介绍了科学奥妙，表现了作者高超的写作技巧，尤其是详写和略写在这里得到了很好的体现，"不会用笔者，一笔只作一笔用；会用笔者，一笔作百十笔用"（金圣叹），值得我们在教学和写作中学习、借鉴。

参考文献：

[1] 怀丙和尚捞铁牛 [J]. 安徽科技，2012（12）.

基于核心素养的初中语文写作教学策略分析

王文武

摘　要：随着新课程改革的不断深入，初中语文教学应深刻认知发展核心素养的重要价值。在课堂教学中，大力创新教学方法，发展学生语文核心素养，打造高效语文课堂。初中语文写作是初中语文教学的重要内容，教师应通过更为高效的方式，帮助学生弥补语文写作不足之处，提高语文写作水准及学科素养。

关键词：核心素养；初中语文；写作教学；策略

一、核心素养在初中语文写作教学中的落实价值

一般来说，学生写作本质是综合语文能力的外在体现。在语文写作中，学生需要不断地谋篇布局、选词造句等，这些均需要学生具备扎实的语文功底。学生创作文章内容的过程，是学生抒发情感、表达思想的过程。在语文写作中，学生可以尽情展现个人思想、价值观，彰显内在潜力及逻辑思维能力。在初中语文写作课上，教师训练学生思维能力、写作能力，确保学生形成优良价值观，为日后核心素养下的语文写作课奠定基础。语文写作教学向来都是初中语文教学必不可少的内容，语文写作教学的展开，实则是发展学生核心素养的关键渠道。不管是从学生实际发展角度还是升学角度来看，写作教学都是不可或缺的。写作过程可助力学生外化经验，对所学知识加以创新、补充，促进学生全方位成长。

二、核心素养下初中语文写作教学困境探析

（一）初中语文写作模式固定

现阶段，初中语文教学模式化现象严重。长期受应试教育的影响，导致

教师经常罗列多篇优秀文章作为范文，针对范文进行课堂讲解，指引学生反复传阅范文、学习范文。在这种学习模式下，学生一味地仿写范文，严重局限学生思维，导致文章缺少新意。同时，当教师批阅作文时，也经常以"优""良""及格"一笔带过，长此以往导致学生格外关注作文"等级"，无法全面认知自身作文中存在的问题，甚至在日后写作中还会犯下相同的错误。

（二）写作教学与现实生活关联性少

初中语文写作需要灵感，灵感来自生活。实际上，写作与生活就仿佛是鱼与水的关系，鱼一旦离开水就会丧失活力。在过往应试教育冲击下，教师与学生均普遍重视考试分数，教师在写作教学中，更重视传授学生写作得分技巧，进而忽略了指引学生积累相关素材，致使学生文章内容过于空洞，与现实生活严重脱节，无法有效吸引读者阅读。此外，教师普遍要求学生"死记硬背"优美语句、段落、开头结尾模版等，未曾真正考虑学生现实写作能力，致使学生只能依靠他人优美语句堆砌文章，导致文章连贯性低、可赏性低。

（三）学生缺失写作积极性

在初中语文写作中，兴趣始终都是最好的"老师"。初中时期语文写作主题单调，学生长时间围绕类似主题展开写作，难免滋生厌烦情绪，导致学生丧失积极性，甚至对各篇写作练习经常"草草了之"，仅为了凑足字数。另外，学生在语文写作时，严重缺乏"创新环境"。例如，在以"大自然"为主题书写"环境保护"类文章，学生坐在班级中的椅子上绞尽脑汁地思考文章布局、内容，常常会有一种无从下笔的感觉。实际上，仅依靠教师教学、欣赏范文，无法真正激发学生情感共鸣，不利于学生创新写作技巧、内容。

（四）抄袭现象屡屡再现

在历经写作启蒙阶段后，部分学生已养成独立写作的好习惯。然而，由于初中学业繁重，导致另一部分学生常常为了完成写作任务选择"走捷径"。当初中生面对写作题目无从下笔之时，便会翻阅大量"作文集"照搬，久而久之导致其无法形成独立写作好习惯，极不利于其提高写作能力。

三、基于核心素养的初中语文写作教学策略

（一）增加阅读容量，丰富素材积累

在初中语文教育中，语文课本向来都是学生增加阅读量的关键途径。部编版语文教材中的文章，都经过了"千挑万选"，均属于立足初中生角度，培育初中生认知能力、发展能力的文章，文体足够丰富。学生通过日常语文学习，仔细研读语文课本，这无形中便会增加语文写作素材。但不可否认，语文课本中的文章毕竟有限，远远不能满足初中生与日俱增的学习需求、写作需求。为此，在语文写作教学中，教师应鼓励学生开展课外阅读，扩大语言素材积累范围、容量，进而弥补课本教材内素材容量小的弊端，为日后写作注入新鲜血液。教师在指导学生课外阅读时，应注重以下几个原则：第一，选材要谨慎，既要契合课本教学内容，又要促使学生强化课内外联结；第二，选材要考虑初中生阅读水准，避免材料过于"小儿化"或"高中化"，否则很容易降低学生阅读兴趣；第三，要指引学生做好"名言警句"的摘抄工作，将优美措辞、描写手法等加以记录，以此增强阅读印象。例如，在讲解部编版八年级语文《学写读后感》时，教师就应为学生搜集优秀读后感范文，向学生讲解读后感写作思路、方法，指引学生多加阅读、多加记录，注重练习实际，以此深化个人真实感受，增强读后感文章说服力，促使读者产生情感共鸣。

（二）鼓励观察生活，展开生活化写作

艺术的发展与现实生活有一定关系，大多初中生文章之所以"华而不实"，是因为初中生生活观察经验不足、情感体验缺失。在核心素养视角下展开初中语文写作教学，教师需引导学生细心观察生活，留心生活中的点点滴滴，善于发现生活中的趣事，为后续写作增加素材量。实际上，现实生活中的生活环境及人际情感，都是语文写作时源源不断的资源。换言之，只有细致观察生活，才能为文章赋予真挚情感，促使文章"活"起来。例如，在讲解八年级语文《学写游记》时，教师要合理把握"游记"选材角度，传递给学生写作技巧，力求学生能真正做到"情景交融"。在课堂上，教师通过多媒体播放照片、视频、名家游记篇章等，鼓励学生写自己的"旅行往事"，按照一定顺序交代游览过程，重点描绘引人入胜的景物，并充分融入学生自己的真实情感。游记创作要对某景点进行"定点观察"，以景物为载体，凸显自己内心想法。在课后，教师可以指引学生参观展览馆、博物馆等，邀请学生选择一处自己游览过的景点进行"游记"创作。这既与学生现实生活加以融合，又可真正促进学生养成善于观察、善于记录美好生活的好习惯。

（三）优化评价方式，增强学生写作信心

在传统写作教学中，往往都是学生完成写作任务后，由教师进行统一评价。在评价之际,教师经常会将目光锁定在优秀作文中,未曾真正关注所有学生的写作障碍问题。在单一评价模式下,很容易导致班级学生写作水准"两极分化",严重限制大部分学生写作能力,导致教师评价激励效用不容乐观。基于此,教师应参照素质教育要求,积极创新语文写作评价方法,最大化展现评价纠正作用、评价激励作用。推进学生自评、生生互评等评价方法,可谓行之有效地激励学生写作语文、好胜欲望的方法。在组内互评、班内互评等方法作用下,学生可汲取他人优秀经验,真正实现"取长补短"。在学生自评、互评后,教师要针对所有评价建议进行汇总,多以鼓励性话语激励学生,令学生真正爱上语文、爱上写作,最终提升学生语文写作能力及语文核心素养。

四、结语

总而言之,基于核心素养的初中语文写作教学,目标不在于教学生如何写文章,关键在于传授学生多种写作策略,真正做到"授人以渔",促使其不断积累素材,提高写作能力,最终促进语文写作境界的提升。

参考文献:

[1] 朱丽丽. 新课标背景下初中语文写作教学策略探析 [J]. 文学教育(上),2020(11).

[2] 陈文军. 初中语文教师如何引导学生写出好作文 [J]. 科技资讯,2020,18(24).

[3] 洪庚林. 基于核心素养培养的初中语文作文教学策略 [J]. 科教导刊(中旬刊),2020(20).

信息技术在物理教学中的应用浅析

丁群芳

信息技术的迅速兴起，给教学改革带来了机遇。其中，以实验为基础的物理学科尤其突出，信息技术的加入能创设物理情境、整合学科资源、优化实验效果、增添学科兴趣。给中学的物理课堂带来了前所未有的革新与活力。

一、信息技术在物理教学中能够增添学生的学习兴趣

兴趣是最好的老师。学生对一门学科产生了兴趣，就会乐此不疲地去学习。信息技术在物理教学中能够有效地提高学生的学习兴趣，提升课堂教学效果。

在物理教学中，合理地利用信息技术，充分发挥它的声、光、色、形象、动态等优点，将抽象的知识转化为形象的动画，让学生有全方位的感受，这不仅大大降低了学生理解和接受知识的难度，同时还能激发学生的学习兴趣。例如，在新教授《物态变化》时，把庐山的雾凇、雪松、干冰人工降雨的过程，冰雪融化的现象，糅合到 CAI 课件里，会使课堂形象生动。或通过 Internet 的超级链接将美丽的风景画，配上动听的音乐引入新课。这既吸引了学生的注意力，又活跃了课堂气氛。

又如，在教学惯性知识时，教师首先让学生观看这样一段录像：第一次世界大战期间，一名法国飞行员在 2000 米高空飞行时，发现脸旁有一个小东西，他以为是一只小昆虫，敏捷地一把把它抓了过来。画外音：飞行员抓到的是什么呢？原来是一颗德国子弹。学生感觉非常诧异，在学生惊奇之余，教师提出："这名法国飞行员怎么会有这么大的本领呢？"这段录像让学生眼观其形、耳闻其声，各种信息有机地结合在一起，引起学生良好的情绪体验，非常成功地激发了学生的探究兴趣，是本节课成功教学的良好开端。

二、信息技术在物理教学中能够扩大信息容量，提高教学效率

物理课堂教学是一个信息传递的过程，物理教学要提高质量，就必须大面积、大容量、高效率地使学生掌握更多的知识，从而发展智力，形成能力。物理教学通过运用信息技术，提高了单位时间内传递信息的容量，增加了课堂密度。

如在讲"重力"内容时，我制作了一组幻灯片，首先，通过演示苹果从树上落下，河水从高处往低处流，人从地面上跳起来又落回地面等现象，吸引学生注意力，活跃课堂气氛。其次，抓准时机，根据幻灯片现象提出问题：苹果为什么向下落，而不往天上飞？人为什么会落回地面？接下来让学生列举生活中的与重力有关的现象，进一步丰富学生的感知。然后以片引思：是什么东西把跳起来的人拽下来的呢？是什么力量使水从高处往低处流的呢？激发学生积极思考，主动获取知识。最后，依据幻灯片解释疑问：这些现象都和地球有关，是地球在吸引这些物体，从而引出重力的概念，加深了学生对概念的理解。虽然只用了一组幻灯片，但通过一连串问题的引导、点播，把一个抽象的物理概念生动形象地展现在学生面前，多媒体教学具有声、形结合的特点，能充分调动学生视听感官参与学习，使学生的思维不断得到训练，增大了信息量，从而提高了教学效率。

教师利用信息技术，可以在有限的课堂时间内留出更多时间来有针对性地处理一些关键的重、难点问题，扩充课堂容量。有利于教师精讲，学生多练，优化教学过程。特别是复习课时，效果更明显，应用这一方法进行教学，能把有限的课堂时间合理运用于学生思考、练习、拓宽知识面上。不仅利于知识地消化，而且减轻学生课业负担。另外，学生还可以利用信息技术，在有关物理的网站上查阅古今中外的物理学家的生平简介、他们的故事和趣事、中国和世界物理的发展史、课堂自学题和趣味题，以及学习中的有关问题等，在网上可以自由地涉猎，开阔眼界，丰富知识，掌握许多终身受益的方法。

三、信息技术在物理教学中能够将抽象变为具体

物理是一门以实验为主的学科。在教学过程中，80%的内容都是需要实验演示来辅助教学的。在以前，由于学校硬件设施的局限，导致一些实验无法进行，大纲、教材规定的演示实验和学生实验不能有效地得以落实。教师

以讲代演，学生以背代做，把本应是"做"的物理变成了"说"物理、"背"物理，造成物理空洞苦涩，抽象难学。信息技术的使用，完全打开了一个新的局面。

  信息技术的运用，可以在教学中使用多媒体课件，用课件演示实验过程，即使没有实物演示操作，但是学生通过多媒体的图像影音来观察实验过程，同样可以达到理想效果。并可以在实验过程中清楚地明白本次试验的实验器材、实验目的、实验过程中产生的变化和实验过程中的注意事项。例如，在讲解电流这一章节的时候，电是很抽象的东西，但是利用多媒体课件演示，就可以把抽象转变为具体。电场、磁场、重力场是客观存在的但看不见摸不着的物质，物理学中为了形象地描绘电场或磁场的强弱和方向，引入了假想的"电场线""磁场线"。利用多媒体可以将各种常见的电场线、磁场线模拟出来，使学生一目了然，记忆深刻；还可以利用多媒体的动画功能，克服教学难点。

  信息技术利用网络平台、视频实物展台、多媒体投影仪等现代信息教育技术媒体，在物理实验中具有直观形象、化小为大、化远为近、改变时空、动静变化、快慢可调、重复再现等功能，为以实验为主要教学手段的物理学科插上了理想的翅膀。

四、信息技术在物理教学中能够提高教师的自身素质

  美国卡内基促进教学基金会前任主席厄内斯特·波伊尔（E. L. Boyer）这样说过教师在教育改革中所起的作用："归根结底，谁最了解课堂的情况呢？谁更能鼓励学生呢？谁更能准确地评价每一个学生在学习方面所取得的进步呢？除了教师，谁能创造一个真正的学习的大家庭呢？毫无疑问，教师是搞好一所学校的关键。"

  作为专业人员，教师要时时刻刻地提高自己的专业素养，提高专业知识水平。作为物理教师，不仅要掌握物理专业知识，同时也要积极地拓展个人专业领域。学习信息技术，对于教师来说是势在必行的。现代社会所要求的教师，不再单纯满足于"课本的讲解员"，在教学上要努力成为一个引导者，一个创新者。通过学习信息技术，教师可以丰富个人知识，完善自我的知识框架，把物理专业理论与实际结合，并可以和其他学科相贯通，形成一个教学的综合体系。信息技术为教师提供了一个便捷快速的信息通道，提供了一个完善自我的充电平台。信息技术在这里充当了一个必不可少的助推器。

浅谈小学数学教学中运算能力的培养助推深度学习

缪 艳

摘　要：在新课改过程中，数学课堂越来越重视学生的主体性地位，传统的教学模式注重死记硬背和反复性计算，忽视深度学习的应用，进而导致学生对数学的学习兴趣不足，学习效率低下，综合学习能力较低。要进一步提高小学生在数学学科中的运算能力，则必须重视深度学习的积极应用，激发学生学习的兴趣，掌握学习的方法。本文围绕小学数学教学中运算能力的培养助推深度学习展开论述，从实践的层面提出具体的应用策略，以期促进深度学习在小学运算教学中的应用，提高数学教学的成效。

关键词：小学数学教学；运算能力；深度学习

深度学习简单理解就是"更加深入的学习"，在这一教学模式下，教师需充分发挥课堂引领的作用，引导学生围绕具有一定挑战性的数学选题展开探究式学习，并通过更深入地探究解决该主题下设计的关键性问题，进而实现对教学内容的理解和有效掌握，形成更高阶段的思维方式。同时，这一过程能够形成积极的态度和情感，促进数学学习兴趣的形成。运算能力是小学教学中需要重点培养的数学能力，在运算教学的过程中，通过有效的策略推进深入学习的教学理念，能够进一步激发学生学习数学和主动探究的积极性，提高学习成效。因此，如何对运算课堂进行有效的设计和实施，提高运算教学的实效，是值得教育者关注的课题。

一、基于运算能力教学的本质，提炼展开深度学习的探究性主题

深度学习的过程中，需要设置具有一定挑战性的探究性主题。因此，教师在组织深度学习的过程，前期应当深入分析运算的本质，将教学内容进行深入挖掘，抓住学习内容的实质，设置具有一定挑战性和探究性的深度学习主题。在小学的各个年级中，运算内容都有涉及，从一年级开始学习认识数到四则混合运算法则，而随着数的概念得到不断的丰富和扩充，运算到后期会发展到小数以及分数，并形成相对完整的运算知识体系。由此可见，数的运算与许多内容有密切联系，例如，对于数的概念认识以及各种数量关系，要实现运算教学不仅需要培养学生熟练地掌握相关运算方法、计算方法，更要注重引导学生在实际运算过程中提高思维能力。部分深度学习的教学活动设计，其关键问题就是如何从教学内容的整体性分析过程中提炼出具有挑战性又能实现教学目的的主题，通过深度探究实现知识的学习，潜移默化中形成高级思维，形成数学学科的核心素养。例如，在北师大版数学三年级下册乘法的教学过程中电影院这一课时的教学主题，如果按照问题情境来分析，这道题应当属于估算的范畴，但是在具体的计算过程中，又包含精算的过程，将估算与精算进行梳理的过程则是在探讨运算的具体方法。这类题型对于学生具有一定的挑战性，但经过深入地分析又能得出相应的答案，实现思维层面最近发展区的成长。

二、深入全面地分析运算内容，挖掘数学核心素养培养的具体教学目标

数学学科的教材编撰体系有一定的规律可循。在学习内容上，每个单元的学习内容均会呈现出一定的相关性，可对其进行单元性的整体分析，包括在该单元内所包含的教学内容、所涉及的具体学科的本质等，全面分析学生在学习相关知识的过程中所具备的基础条件和难点以及相关内容。在此基础上，明确对于学生发展能够产生的综合性价值，确保该主题能够实现在核心素养培养中的部分教学目标，做到有的放矢，让深入学习能够产生实效，促进运算能力的提升。例如，在 100 以内加减法教学内容的实施过程中，需要对单元主题进行横向和纵向分析，明确具体的教学要点，同时针对学生的学情进行分析，包括学生具体的学习基础、发展状况以及对于相关内容的掌握程度，据此确定深度学习要实现的教学目标。主要可从四个方面给予考虑：一是通过主题学习能够掌握的基本知识和实践技能；二是该主题学习中所运用到的基本原理和基本方式；三是在该主题中需要形成的思维方法或者提升的高度；四是学生在情感态度方面需要得到哪些成长。据此将两位数加减法确定为深入学习的主题，并确定教学目标，分别为掌握计算方法、理解计算

道理及过程、提升推理能力、形成良好的计算习惯。

三、设计深度学习的具体教学活动，组织学生展开深入探究

在明确探究的主题以及探究实现的教学目标基础上，需要设计教学活动，在设计过程中，充分发挥学生在探究中的主体性地位。首先，针对该学习主题设计相应的问题情境，能够为主题学生深入学习提供思考的思路和主要线索，在深度探究学习的过程中，围绕本单元内容进行思考，教师可以提出"先算什么、后算什么""怎样计算？哪种方法更好""得出什么结论""发现什么计算规律"等。其次，通过互动交流等形式，拓展思考的宽度和深度，同时要给学生留足够的思考时间和交流空间，也就是说除了需要留足相对的时间让学生思考，同时在问题的设计上应该具有开放性、引导性，进而让学生在思维层面能够围绕主题展开扩展和发散思维。最后，选择具有代表性的答案在小组及班级中展示，引发第二轮讨论，从而解决部分学生的疑惑，提高学生多角度思考问题的能力。

四、结语

综上所述，在运算能力的教学过程中应当充分结合数的运算展开主题设计和分析，引导学生通过深入学习提高运算能力。而在运算教学过程中，积极落实深入教学的理念，能够为学生运算能力的提升打下坚实的基础，也有利于激发学生学习数学的兴趣，使学生掌握自主学习的方法。因此，在新课程改革理念下，小学数学教师应当充分明确深度学习的重要性，通过计算运算教学实现运算能力和思维能力的提升，促进学科核心素养的形成，促进学生获得全面发展。

参考文献：

[1] 韩鹏. 在小学运算教学中开展深度学习的初步探索 [J]. 小学教学参考，2021（6）.

[2] 唐仕荣. 基于核心素养的小学数学深度学习策略 [J]. 数学学习与研究，2021（11）.

[3] 杨曦. 小学数学深度学习课堂教学设计研究 [D]. 太原：山西大学，2020.

［4］陈凯乐．核心素养视角下学生数学运算能力培养研究［J］．文理导航（中旬），2020（5）．

［5］任建波．模式直观：小学数学运算教学新转向［J］．江苏教育研究，2021（Z1）．

02

|经验分享|

如何确立科技实践活动主题

孙国强　陈梦九　丁群芳

科技实践活动是青少年以小组、班级或学校、校外教育机构等组织名义，围绕某一主题在课外活动、研究性学习或社会实践活动中开展的具有一定教育目的和科普意义的群体性综合实践活动。科技实践活动的主题是活动开展的旗帜，在选材过程中，只要是符合学生年龄特点、具有潜在教育价值的主题、项目，均可成为科技实践活动的活动内容。

提出一个问题往往比解决一个问题更重要。确定主题就是为了初步明确研究内容、研究目的、研究方向。因此，重视和加强对活动主题确定的指导，有利于促进科技实践活动的顺利实施，提高活动成效。

主题恰当与否是活动成败的关键。课题选得好，研究活动就容易着手，研究活动就会进展顺利。那么，如何确定综合实践活动的主题呢？

一、与社会"亲密接触"

有些学生对社会常识懂得太少，单靠课堂上学到的知识，走出校门会觉得不太适应。

如最起码的礼貌问题，看见别人不晓得怎么打招呼；问路也是直接就问，让人摸不着头脑；碰见有残疾的就直呼其残疾俗称，招来别人的气愤……

有些学生由于祖辈、父辈是单传，所以就对一些称呼及亲戚关系知之甚少，什么内亲外戚、姑表姨舅一概不知。有些学生，不认得秤，更不用说一些还在应用的市制单位了。当学生到市场上买东西时，不知道1斤是多少，更不用说老中医开的药方上的一"钱"是多少。有很多学生的父母亲在外打工，他们大多通过邮政储蓄汇款，但一些学生不懂得如何存取款……

因此，选择和确定主题时应结合学生实际，从学生熟悉的社会生活中提炼主题。比如，为了调查我镇竹木资源的利用和开发情况、农民工外出务工情况，我们开展了以"三调芭蕉扇——张谷英镇竹木资源的利用和开发"为主题的综合实践活动，这项活动获第32届湖南省青少年科技创新大赛一等奖。再如，根据张谷英镇的旅游资源开展了以"旅游景点，我学小导游"为主题的综合实践活动，深受学生的欢迎。

二、日常生活处处留心

日常生活中，细微之处都有着丰富的知识。家用电器走入千家万户，不会使用就会引发很多麻烦；食品、衣物如何储藏，这中间不能说没有学问；家庭收入怎样开支，理财之道，你懂了吗？……

对于学生来说，生活可分解为个人生活、家庭生活、校园生活及社会生活等，对应可供选择的主题便有怎样完善我的个性、我能行、我的零花钱、我和我的家庭、我的同学、我看市容等。生活方面校园专题综合实践活动还可以从下面这些主题入手。

迟到、缺席现象的研究；作弊现象的研究；学生手中的通信工具；纸条里的秘密；每个人心中的秘密；我们喜欢的老师；我们喜欢的衣着；我们为什么厌学；我们需要什么样的活动空间；同桌的友谊；校园超市；黑板报的制作；让我们和弟弟妹妹交朋友；和"留守"孩子交朋友。

我们在2010年根据社会和学校随处可见的生活垃圾现象，开展"垃圾是放错了地方的资源"主题综合实践活动。

活动过程中学生个个积极，人人争先，发出了倡议书，张贴了大量的宣传标语，挂出宣传横幅3条，发出学生问卷170份、社会调查问卷110份，发出宣传传单500份，做出喷绘宣传窗口1个，各班及团支部共办出黑板报16块。收到手抄报152份，办出手抄报展览窗口1个；收到学生读书笔记150份，其涉猎面相当广泛；收到学生网上搜索资料卡片27张，这些都由学生自己动手完成，图片文档编辑相当精美；收到学生活动反思或感想70份，人人说话实在，见解独到。校园活动取得了一定的成绩后，我们到校外进行更广泛综合实践活动，如在张谷英集镇范围和旅游景点进行了声势浩大的宣传活动和义务劳动，由学生向政府领导写出了卫生情况整改的建议信，并提出了可行性建议。

此项活动得到了政府和社会的良好评价，造成了一定的影响，获第30届湖南省青少年科技创新大赛一等奖。

三、自然知识勤学巧补

人类要生存、要发展，就应该了解其生活的环境和状态，懂得自然规律，灵活运用自然知识。

比如，在我们农村山区的中学生应该了解本地水资源状况及水质状况、水污染状况、空气质量状况、干旱和洪涝灾害情况、地形地貌和地质状况、稀有动植物情况、农田土壤及污染情况、农作物化肥使用情况等。

培养学生在自然知识方面综合实践的能力，可以选择下面这些主题。

本地水质状况的研究；本地地下水资源状况的研究；本地空气质量的研究；本地水土流失的研究；本地干旱、洪涝灾害的研究；本地水污染状况及废水处理；本地地形地貌和地质状况的探究；本地稀有动物的探究；本地稀有植物的探究；本地生物品种多样性的探究；本地农田土壤污染的研究；本地农作物化肥使用情况的研究；本地地形地貌演变的研究；本地土壤资源调查研究；本地品种资源保护研究；本地光照资源的研究；本地能源问题的研究；本地绿化情况研究；本地矿产资源的研究；本地地质灾害的研究。

我们在2011年开展了以"家乡河流水质及污染情况调查"为主题的综合实践活动，该活动获第26届全国青少年科技创新大赛一等奖。开展了以"张谷英镇土壤肥力特性及改良研究"为主题的研究性学习，该活动获第32届湖南省青少年科技创新大赛二等奖。

总之，一个好的科技实践主题，就是研究性学习、社会服务与社会实践、劳动技术教育、信息技术素养培养的完美组合。

科技实践活动可以从"学生与自然""学生与社会""学生与人"三个基本线索来进行活动内容和主题的选择。尽可能多地安排学生进行社会参观、考察、访谈、调查、服务、宣传、探究、角色体验等活动，从人类生存中的吃、穿、住、行、娱乐等方面，进行实际社会情景体验，开展各种力所能及的社区性、公益性、体验性的学习，以获得直接经验，培养实践能力。

四、结语

劳动与技术一直是人类生存的基础，信息技术教育是当代发展最迅速、影响最深远的技术，它既是学生学习的对象，又是学生学习的工具。因此，在综合实践活动中，应整合劳动技术和信息技术教育，选择贴近学生生活的主题，让学生在"做中学""学中做"，开阔视野，提高综合素质。

如何指导学生开展科技实践活动

丁群芳　袁雪峰　丁　艳

科技综合实践活动是青少年以小组、班级或学校、校外教育机构等组织的名义，在一个时期或一个阶段内，以研究性学习、社区服务与社区实践、劳动技术教育、信息技术教育为主题，集中进行有一定主题思想并达到一定思想教育和科学技术知识普及要求的科学技术普及的综合实践活动。

一、教师的指导是不可缺少的，其作用也不可低估

开展任何一个科学实践活动，调查采访等是经常用到的形式之一，但学生凭在学校学到的调查方法、策略解决实际问题是不足的，教师应加强这方面的指导。如我校开展的"给家乡的古树挂保护牌""垃圾是放错了地方的资源""珍爱生命之水，呵护生态环境"活动中，对于调查研究，我是这样要求学生的。

1. 调查必须有目的。你今天出去做调查，你要知道自己是出来做什么的，心中要有个谱。

2. 调查工具必须准备。开展调查活动，必须用到的笔、笔记本（记录本）、设计好的问卷或表格，要用到的其他工具，如绳子、米尺、卷尺等。

3. 调查过程中的礼貌性语言。调查过程中要尊重别人，不让别人觉得唐突，不愿与你合作。调查完后要给予感谢。

4. 调查过程中注意获得资料的记载。调查过程中的访谈、对话记录要如实记载，尽量详细，然后才有可能粗中取精，厚积薄发。

5. 调查过程和资料的记载要实事求是，不要弄虚作假，要养成良好的习惯。

6. 调查过程中特别要注意安全问题。

7. 养成在调查过程中思考的习惯，能写出自己的感受和心得。

二、根据活动开展的目的、形式，进行有效评价，采取不同的指导策略

比如我校开展"三调芭蕉扇——张谷英镇竹木资源的利用和开发"科技实践活动中，由于活动的需要，我们安排了三次调查活动（"三调"），每次活动都有不同的调查目的，因此采取的指导方法也都有所不同。

一调芭蕉扇：体验篇——精彩纷呈的芭蕉扇

活动目的：此次主要是让学生进行初次体验，欣赏精彩纷呈的芭蕉扇，主要以参观与采访的形式进行，了解扇厂简史、扇子的种类等。

活动形式：参观的学生主要是通过对扇厂成型产品的欣赏，可采用拍照、摄像等形式记录，产生心灵震颤，感受美感；访问的学生可设计相关表格，对公司管理人员或经理进行厂史、经营或管理模式的提问，做好记载，收集第一手资料，体验获取知识，达到目的的快乐。同时在接触企业成功人士的过程中，锻炼自己沟通和交流能力，产生对别人的欣赏、敬仰，从而鞭策自己努力前行的动力。

活动过程表现出的问题（评价）：

1. 部分学生对此次活动认识不足，极个别同学甚至把它当成了旅游，在厂房、在车间不用心，无目的地闲逛，走马观花。

2. 由于活动准备不是太充分，在采访时，个别学生慌乱、胆怯，不能提问，但林成子和张乐所提的环保与企业发展的问题很好。

3. 学生在欣赏各种扇子的同时，表现出一头雾水、惊愕和出人意料……忘记了了解扇子的品种，忘记了记载，所获资料不多。

4. 有些学生在车间观看时，被一些职工看成是不务正业，因此学生觉得羞涩，有点无所适从。下次活动时要指导学生学会主动与人沟通，学会把自己的活动目的、善意的想法传递给别人，获得别人的支持和理解。

指导策略：

1. 指导学生如何收集资料——在学生开展主题活动过程中，教师要引导学生收集好如下几方面的材料：（1）活动目标；（2）活动方案设计；（3）调查、实验、体验记录；（4）查阅资料及整理记录；（5）数据整理与分析记录；（6）小组交流、讨论研究情况；（7）活动结果、总结；（8）活动评估及反馈。

2. "三调芭蕉扇",从字面上看就有"调"字,这就要求我们重视调查,那么如何开展调查活动呢?(见前)

3. 教师在指导活动中如何处理好一些细节。教师在活动中不能高高在上,要与学生打成一片,这才能体现新课程的特点和综合实践活动课程的特色,与学生共同完成一个任务,学会尊重和倾听学生,多沟通;关注活动过程中的学生知识的构成、知识的欠缺、知识的积累、知识的运用;关注学生活动过程中的不良情绪,对积极的可以鼓励与表扬,对不良的要注意引导学生调节。

二调芭蕉扇:实践篇——芭蕉扇的生产过程,学生体验,学做一把扇

活动目的:按照活动设计的方案,属"实践"篇,主要是通过"一调芭蕉扇"的参观活动后,学生在欣赏精彩纷呈的芭蕉扇的基础上,会对所看到的扇有些爱不释手、迷恋……那么,这些精彩纷呈的芭蕉扇是如何做成的呢?这就是我们"二调芭蕉扇"的主要内容——参观采访,认真记载相关人员的介绍,深入车间,深入作坊,仔细看,努力问,认真听,做好记录,了解流程,亲身实践,学做一把扇。

活动形式:仍然是以参观和采访为主,深入车间看工人们是如何操作的,了解一把扇的生产过程,了解工人们一天劳作所获得的报酬,体验部分操作步骤,学做一把扇。

指导策略:连续开展活动要"关注过程",就是要尽可能保证学生参与完整的活动。片段零碎的体验是无法进入学生个人学习履历并给学生留下深刻印象的,也不容易感动学生。连续不是简单的重复,每次的再实践,都是建立在对前一次实践活动的反思的基础上。第一次我们调查、亲密接触精彩纷呈的扇子,心中早就有了深刻的印象,因此第二次调查就应在反思前一次的基础上,确定这次活动的重点。因为综合实践活动的综合性、实践性、开放性、生成性、自主性的特点,决定了活动的丰富多彩、活动的灵活性,以及它的不可"控制性",所以为了使整个活动过程能有序地进行,确保活动方面不偏离预定的活动目标,学生必须监控自己的行为,有意根据每一步实际操作的情况决定下一步的行为,要明白需要收集哪些材料,并具体收集照片、图片、调查小组情况、成果交流、心得感受、调查趣事等。

三调芭蕉扇：思考篇——芭蕉扇产业的作用以及可持续利用

活动目的：这次活动主要是按照设计方案，探讨芭蕉扇业所产生的作用，包括对我镇经济发展、劳动力就业、利税的上交、环境的影响等各方面的问题，就此形成自己的某些见解。

活动形式：主要以交流、思考、总结、评估为关键"字眼"，对自己参与活动做结果评价，形成调查报告。

指导策略：

在总结交流阶段，教师的指导应从哪些方面入手？

第一，将自己在活动过程中进行的问卷调查、各项资料、活动记录、活动体会等分门别类进行整理，以活动档案的形式进行总结交流。

第二，指导学生对活动进行总结反思。如在小组活动中，我主要做了哪些工作，我的工作情况如何？在活动过程中，有哪些同学做得比我好，值得我们学习借鉴，等等。

第三，指导学生进行成果交流，活动汇报，让学生自我展现。即把学生在实践活动中的丰富经历、收获、作品（照片、手抄报、小制作、小发明、日记、节目、调查报告、小论文等）等通过墙壁、媒体、舞台、当众演示等形式展示出来，满足学生的表现欲，通过同伴之间的评定、鉴赏、集体评价和老师的评价，以及自己的反思性评价，来指导、激励学生不断努力。

第四，指导学生从分析中得出结论。学生分析的结论可以成为一般的基础知识，也可以是具体的对策和建议，还可以是下一次调查研究的经验认识和理论认识的基础。教师应指导学生撰写总结报告，将所有结论展现给别人，报告要清晰、简明，并充分体现自己的观点。

三、指导达到有效、实用的目的

比如我们开展"家乡河流水质及污染情况的调查"活动过程中，采取水样要求比较严格，进行水质鉴定必须县市疾控中心才能出具结论，这个我们就请专业的部门进行指导和鉴定。又如"垃圾是放错了地方的资源"科学实践活动中，学生对垃圾体积和质量的测量存在一些困惑，因此我们就针对学生的具体问题进行指导。

1. 体积的测算：一是找一些包装物品的箱子，它的上面有一些数据。比如一只装地球仪的包装箱，它上面的数据如下：36×36×37，就是说它的长、宽、高分别是 36 厘米、36 厘米、37 厘米，那么它的体积就是 47952 立方厘米，约 48 立方分米，然后你看每天的垃圾占这只箱子的几分之几，便可估算。关键是你要找好一些分类装垃圾的箱子。二是将一些可压缩包装的垃圾用报纸包起来，然后量长、宽、高，计算后得出结果。当然最好的办法是实际测量，如果再有困难，便可找数学老师或指导老师求援（一只矿泉水瓶子的体积约 0.8 立方分米）。

2. 质量的测算：根据校园垃圾的特点，我们特别从废品收购站找了一些塑料、纸张等，在电子秤上称了，下面一些数据供同学们在录取数据时参考。

一本 301 页码的 32 开书《科技创新与创新能力的培养》重 250 克，折合成每页纸约重 1.6 克，一般教材每页纸都差不多；

一本《湖南教育》杂志 50 页，重 85 克，折合成每页纸重 1.7 克，16 开版本教材都如此；

100 张 A4 纸重 225 克，折合每页纸约重 2.3 克；

一个矿泉水瓶重 20 克，一个 AD 钙奶瓶（200 毫升）重 20 克，爽歪歪瓶重 15 克，冰红茶瓶重 30 克，可乐果味瓶重 5 克，一支圆珠笔重 10 克，一次性杯子重 1.5 克，20 厘米长的直尺、三角板、量角器都是 5 克，八宝粥瓶重 50 克。有了这些数据，就只需统计个数，然后再计算。至于有机物、玻璃等可用农村中还常用的杆秤称一下就可以了。

创新活动模式，积极开展综合实践活动

彭乐新　丁群芳

摘　要：综合实践活动是从学生的真实生活和发展需要出发，从生活情境中发现问题，转化为活动主题，通过探究、服务、制作、体验等方式，培养学生综合素质的跨学科实践性课程。综合实践活动是国家义务教育课程方案规定的必修课程。岳阳县张谷英镇中心学校组织学生开展综合实践活动多年，积累了一定的经验：活动开展前认真做好准备工作；主题选择时充分结合本土资源；活动开展中勇于创新活动模式。由此，综合实践活动作用得到彰显：小窗口认识大世界，小调查发现大事实，小实验懂得大道理，小活动拓展大思维。

关键词：综合实践；创新；模式；作用

2017年9月25日，教育部发布《中小学综合实践活动课程指导纲要》，要求各地充分认识综合实践活动课程的重要意义，确保综合实践活动课程全面开设到位。要组织教师认真学习纲要，切实加强对综合实践活动课程的精心组织、整体设计和综合实施，不断提升课程实施水平。

综合实践活动是从学生的真实生活和发展需要出发，从生活情境中发现问题，转化为活动主题，通过探究、服务、制作、体验等方式，培养学生综合素质的跨学科实践性课程。

岳阳县张谷英镇中心学校组织和带领学生开展综合实践活动，始于2008年，在《中小学综合实践活动课程指导纲要》颁布前，基本上是每年以兴趣小组形式，因地制宜，分别从认识家乡的山水、土地、气候、植物、动物等资源着手，师生共选主题开展活动。历年来，我们开展了"为家乡的古树挂保护牌""家乡河流水质及污染情况调查""张谷英镇土壤肥力特性及改良研究"等一系列活动，其中"家乡河流水质及污染情况调查"获第 26 届全国青少年科技创新大赛优秀科技实践活动一等奖，学校先后获评全国科学调查体验活动"优秀活动示范单位""活动推广示范单位"荣誉。综合实践活动的持续开展，使我们积累了一定的经验。

一、活动开展前，认真做好准备工作

开展一个综合实践主题活动，前期必须做非常扎实的准备工作。每个活动的开展，我们都成立领导机构和相关职能小组。认真遴选优秀指导老师，既聘请相关职能部门专家作为科学顾问，负责科学知识、研究方法的指导；又聘请当地各村组支部书记或家长做安全顾问，负责各村组学生活动的开展；还成立后勤保障小组，负责活动经费、器材、车辆、食品、药品、救护等各项工作。

二、主题选择时，充分结合本土资源

实践活动课程总目标要求学生能从个体生活、社会生活及与大自然的接触中获得丰富的实践经验，形成并逐步提升对自然、社会和自我的内在联系的整体认识，具有价值体认、责任担当、问题解决、创意物化等方面的意识和能力。因此我们注重结合本土资源引导学生从他们个体生活"处处留心"、社会生活"密切接触"及与大自然"勤学巧补"中提炼主题。

张谷英镇位于东经 113°26′10″~113°37′20″，北纬 28°57′30″~29°5′20″之间，面积 167.34 平方千米，人口 4.8 万人；地处幕阜山脉怀抱，海拔 110~650 米，属于低山、中低山山地地貌；亚热带季风湿润区，气候温暖，光照充足，水系发达，是岳阳市东洞庭湖水系中新墙河、汨罗江两大水系的发源地；境内植被类型广泛，植物季相明显，各种林木生长繁茂，野生植物密度大，生存着很多野生动物，这是我们开展综合实践活动丰富的自然资源，因此我们开展了"张谷英镇竹木资源调查""岳阳县张谷英镇植物种类调查"综合实践活动。

我镇辖区范围内的"张谷英村古建筑群"，2001 年被评为"全国重点文物保护单位"，2003 年被评为"第一批中国历史文化名村"，2009 年被评为"全国生态文化村"。该建筑群具有明、清时期古庄园建筑特色，历经数百年沧桑，至今仍保有房屋 1700 多间、天井 206 个、巷道 60 多条，总建筑面积

5.1万平方米，每栋建筑门庭严谨、高墙耸立、屋宇绵亘、檐廊衔接。这里"耕读继世，孝友传家"的家训被中央纪委国家监委网站作为"中国传统中的家规"进行推荐。著名的建筑史学家、上海同济大学王绍周教授，著名城市规划专家、古建筑保护专家郑孝燮等从建筑学、民俗学的角度给予了高度评价。这里是我们组织学生进行研究性学习的天然场所，赓续传统文化丰厚的社会资源，因此我们开展了"张谷英村孝友文化传承研究""明清古建筑群张谷英村的建筑风格及特征研究"综合实践活动。

三、活动开展中，勇于创新活动模式

综合实践活动的主要方式有考察探究、社会服务、设计制作、职业体验、党团队教育活动、博物馆参观等。这些活动的设计，可以有所侧重，以某种方式为主，兼顾其他方式；也可以整合方式实施，使不同活动要素彼此渗透、融会贯通。为了达到活动高效的目的，我们采取了以下做法。

（一）创设实践活动的"村组建制"

组织学生开展综合实践活动，我们根据因地制宜的原则，打破常规的校级、年级、班级建制界限，以村为单位，组建实践活动村组，民主产生该村组的组长、副组长、秘书长以及下设的职能小组，并聘请村领导担任村组活动的顾问。这是因为村领导具有对本村环境、资源、学生及家长非常熟悉的优势，特别是安全防护方面具有天生的保障职能。同村学生从小生活在一起，组织起来开展活动，可以由大带小，具有易组织、易集中、易交流、本土气息浓厚、责任感强等优势。这种"村组建制"，解决了农村青少年综合实践活动中的可行性、持续性、实效性、安全性等多方面的操作难题。

（二）采取"资源整合与互补机制"

"资源整合与互补机制"就是校内与校外资源整合，课堂与课外资源互补的举措。学生校内局囿于不能活动的场所，可以到校外劳动基地、相关工厂或单位得到训练，如学生考察抽水机埠、自来水厂，其设施就增加了教学仪器的能效；其工作流程就让学生感悟到能量的转化，养成"节水即节能"的行为习惯。学生课堂上获得的观察、访谈、实验方法，可以在组织学生开展野外考察、社会调查、探究实验、研学旅行中得到应用。学生家庭生活中的衣食住行的体验，就是陶行知先生说的"生活即教育"，毫无疑问，"知"与"行"是青少年认识客观世界过程中密切相关的两个方面，也是我们开展好综合实践活动的双翼。

这种"资源整合与互补机制",可充分开拓各种资源的潜在能效和促学减负的效能,激发学生的主体作用,激励学生学习的主动性、探讨的积极性,实现校内、校外,课堂、课外共同提高的培养效益,使实践活动从人们视为"搞野白"的尴尬地位,转变为"这个野白还真能搞出名堂!"的称赞认同。

(三)创建实践活动"社团"的学生组织

主题实践活动社团是由学生倡议,自主竞聘产生的。具有协助学校组织活动、主办社刊、网页、下派记者等组织、宣传、公关的职能效应,可起到学生中的领头雁作用,在初中年龄段的青少年中,于某种条件下发挥的作用胜过老师。加之社团独立组织活动的职能和持续性,在实践活动中发挥的作用远大于"小组"。

(四)采取招聘志愿者协助的新措施

招聘回乡度假大学生志愿者,既可丰富大学生假期生活,又可给中小学生提供相关科学知识、学习方法、实践技能等方面的指导。

招聘本村家长志愿者,既可起到向导和安全助理的作用,又可起到义务宣传员和实施者的作用。

四、"四小四大",彰显综合实践作用

(一)小窗口,认识大世界

小小窗口感知大千世界,报纸、书刊、电视、广播、互联网这些大众传媒的普及,让更多学生认识世界、了解世界,开阔视野,增长见识,丰富生活。信息技术的使用,是综合实践活动开展必不可少的技术手段。例如,2013年我们开展"节约粮食,从我做起"科学调查体验活动,参与网上在线签名活动,开始学生不适应,后来他们就变得从容,自由地与他人交流互动,发表评论,快乐自在!

(二)小调查,发现大事实

没有调查就没有发言权。节水、节粮、节电是一种美德,但在大众行为中,没有很好地执行,特别是学生,一般喊在口号上,没有落实在行动中。为此我们组织学生调查学校食堂和家庭用餐情况,学生有了第一手素材,自然就反对浪费,他们提出倡议,一米一粟当思来之不易,改掉自己的坏习惯,节约粮食,从自己做起!

（三）小实验，懂得大道理

探究实验，我们津津有味；科学结论，我们津津乐道！

我们做实验"扔掉一份肉，浪费多少粮"，知道了在生态系统中，能量是沿着食物链依次流动的。我国原粮36%用于饮料，达到1.8亿吨之多。其余粮食资源的加工副产品及下脚料1.5亿吨用于饲料，加上油料作物等加工副产品，我国每年有3亿多吨的粮食及粮食加工副产品等精饲料用于畜牧业及水产养殖业。其中我们吃的鸡肉、猪肉等畜禽蛋奶产品，都是通过消耗粮食转化而成的。扔掉一份鸡肉，相当于浪费三份粮食；扔掉一份鸡蛋，相当于浪费两份粮食，面对鸡肉、猪肉等畜禽蛋奶产品，我们还能随意乱扔吗？

（四）小活动，拓展大思维

开展研究性学习，例如，估测粮食产量，学生面对大块稻田，金黄的稻谷，觉得无从下手，但经过指导老师的耐心指导，方法解读，他们豁然开朗，了解了"行距""株距""亩""千粒重"，会根据测量步骤获取数据，最终测量粮食产量。

参考文献：

[1] [3] 隋国庆，张胜武. 青少年科技创新教育指南：中学教师版 [M]. 长沙：湖南人民出版社，2010.

[2] 中国青少年科技辅导员协会. 科技辅导员学习指南 [M]. 北京：科学普及出版社，2013.

[4] 教育部关于印发《中小学综合实践活动课程指导纲要》 [EB/OL]. 中华人民共和国教育部政府门户网站，2017-09-25.

充分挖掘本土资源，创新开展综合实践活动

丁群芳　彭金九　付海军

摘　要：正如陶行知先生所言"生活即教育""社会即学校"。如何利用"社会"这所大学校，用好"活"的教材，办好"活"的乡村教育，实现"生活即教育"的目标，岳阳县张谷英镇中心学校让学生在自然资源中勤学巧补，让学生在社会活动中亲密接触，让学生在人文环境中践行传承，让学生在体验探究中感悟提升等方面，做了一些有益的探索。

关键词：生活教育；自然资源；文人环境；综合实践活动

我国教育学家陶行知先生主张"生活即教育"，"生活"是包括整个自然界和人类社会生活的总体，是人类一切实践活动的总称，他认为教育和生活是同一过程，教育含于生活之中，教育必须和生活结合才能发生作用。陶行知先生又说"社会即学校"，这样可以使教育的材料、教育的方法、教育的工具、教育的环境大大地增加，打通学校和社会的联系，创办人民所需要的学校，培养社会所需要的人才。陈鹤琴先生也曾说："活的乡村教育，要用活的教材，不用死的书本。"如何利用"社会"这所大学校，用好"活"的教材，办好"活"的乡村教育，实现"生活即教育"的目标，我们从充分挖掘本土资源，优质服务于乡村教育教学等方面，做了一些努力和探索。

一、让学生在自然资源中勤学巧补

张谷英镇，位于岳阳县东部，属新墙河上游地区，位于东经113°26′10″~113°37′20″，北纬28°57′30″~29°5′20″之间，海拔110~650米。属低山、中低山山地地貌，全镇土壤由两种母岩母质发育而成，即板页岩和花岗岩，其上发育的土壤厚度一般为30~120厘米，酸碱度4.1~5.8，腐殖质较厚，土质较

肥沃。生长的植被较丰富，有常绿阔叶林、落叶阔叶林、针阔叶混交林等，季相变化明显，林间动物种类较多。属亚热带季风湿润区，气候温暖，雨量充沛，年均气温17摄氏度，年日照时数1813.8小时，年均降雨量1295.4毫米，这些自然条件，是我们开展各学科辅助教学的丰富资源。

2008年，我们第一次组织学生开展"为家乡的古树挂保护牌"综合实践活动，组织学生对辖区所有村组进行调查。了解到当时全镇共有16科31种94株古树，其中树龄最长的是一株620年的槠树，最大的是一株胸径1.8米的枫香，同科类最多的是16株胡桃科的枫杨。这些物候知识的获取，丰富了课堂教学植物分类、植物的年轮（木本植物主干横断面上的同心轮纹）等知识。几百年以上的树木，如何判断它们的树龄，这又成了学生们活动过程中生成性的问题。通过调查访问，学生们了解到这些树有些是某个族姓始迁或中途迁徙过程中，在当时由始迁祖栽种的，一直流传至今，这可由该姓传说或谱牒证明（潘家冲）；有些是某个族姓承袭过程中，由于一个祖先有多个子孙（房份），继承权存在着争议，谁也不敢动，故侥幸保存下来（下庵里的杉树）；有些是祖坟、祠堂、庙宇旁，人们出于对神灵的敬畏，不敢采伐；也有些得益于人民政府和有志之士的宣传和据理力争。综合实践活动的开展，既解决了树龄问题，又提高了学生社会调查能力、合作探究能力。活动中我们还对每株古树制订了保护牌，悬挂在树干上，呼吁大众对它们加以保护，还对当地政府和林管部门提出了要搞好本地植物资源调查，建立和健全古树档案，记录它们生长变化情况，加强树木水、土、肥的管理，改善根部土壤结构，加强病虫害防护，防火防雷等建议或措施，受到了相关部门领导称赞。该项目参加湖南省青少年科技创新大赛获得了一等奖，学生们受到了极大的鼓舞，在自然资源中勤学巧补，我们尝到了甜头。

2011年，我们结合当时全国部分干旱严重情况及全国科学调查体验活动年度主题，利用张谷英镇辖区内河流水系资源，开展了"家乡河流水质及污染情况调查""珍爱生命之水，呵护生态环境"综合实践活动。组织学生对全镇河流水系、水库堤坝进行调查，采集水样送疾控部门检测，了解国家对水利设施建设的投入，开展节约用水知识的普及。前后时长近一个学期，全镇各学校广泛参与。我们根据因地制宜的原则，打破常规的校级、年级、班级建制界限，以村为单位，组建实践活动村组，民主产生该村组的组长、副组长、秘书长以及下设的职能小组，并聘请村领导担任村组活动的顾问。村领导对本村环境、资源、学生及家长非常熟悉，安全防护方面就有了保障。开展活动也易组织、易集中、易交流，乡土气息浓厚。这种"村组建制"，较好地解决了农村青少年综合实践活动中的可行性、持续性、实效性、安全性等多方面的操作难题。此次活动学生们集思广益，提出了一些好的建议，比如，(1)开源：坚持植树造林，保护植被；坚持限额采伐，提高森林覆盖率，休养生息，涵养水源。(2)改造：根据农田灌溉需要，独具特色的地貌、地质环境，合理规划改进水利建设；加大对已有水利工程的治理，提高水库的蓄水量，做到无渗漏；对未改造好的山塘进行清污、防漏、改渠，确保水田、旱地供水充分。(3)防污：加强人们对"珍惜水资源，保护水环境"的认识，从源头上杜绝生产生活污水、废弃物，长效高毒农药直接进入溪渠河流、山塘水库的陋习，防止水体受到污染，影响本地及下游的环境和人民的生活。(4)节流：人人都要从我做起，从身边事做起，改除陋习，养成良好的节流习惯。上述主题活动"家乡河流水质及污染情况调查"获第26届全国青少年科技创新大赛一等奖，"珍爱生命之水，呵护生态环境"获第27届全国青少年科技创新大赛三等奖。习近平总书记指出"绿水青山就是金山银山"，已成为我们党的重要执政理念之一；"共抓大保护、不搞大开发"是保护中华民族母亲河——长江的重大举措。回头看我们当时的一些做法，又何尝不是对学生进行人生观、价值观教育，又何尝不是教书育人、立德树人呢！

二、让学生在社会活动中亲密接触

谁都知道瓜果皮核、菜叶、剩菜剩饭、弃土、废弃的纸张、纸盒、塑料、玻璃、一次性餐盒、易拉罐、罐头盒和牙膏皮等都是垃圾。在北京周口店发现北京猿人的山洞里，有猿人烧火后留下的灰烬，还有他们猎食动物后留下的骨头，这些都是垃圾，可以说，垃圾是与人类同生共长的。

垃圾如果得不到妥善的管理和处置，确实非常讨厌和可怕。在随意丢弃、堆放的垃圾中，许多有毒害的物质、细菌会进入土壤、水和空气污染我们赖以生存的土地、江河、湖泊、大海和蓝天，威胁着人类本身。也就是说垃圾通过大气、土壤和水体来污染环境。

2010年，我们组织学生开展"垃圾是放错了地方的资源"活动，参与的学生都表现出极大的兴趣，个个积极、人人争先。发出了倡议书，张贴了大量的宣传标语，分发和回收有效学生问卷170份、社会调查问卷110份，发出宣传传单500份，各班级团支部办出黑板报16块。收到学生手抄报152份，收到学生读书笔记150份，收到学生网上搜索资料卡片27张，收到学生活动反思或感想70份。校园广播站播出相关内容8次，并在校外进行了广泛的调查活动，拍摄照片300多张，还在张谷英集镇范围及旅游景区张谷英村进行了声势浩大的宣传活动和义务劳动。

通过这些社会活动，当年的学生增长了才智，现在他们又带领和影响学生或孩子们，赶上新一轮对垃圾的分类和处理。回想他们当年提出的对垃圾分类和处理的倡议：不乱扔垃圾；少用一次性制品；自备购物袋，少用塑料袋；珍惜纸张，使用再生纸，回收废纸，循环使用教科书；回收废塑料等各种废弃物；从我做起，影响亲友，扩及社会，做无污染绿色使者……这些倡议现在及将来都适用。这是学生课堂之外与社会亲密接触的结果，也是活动育人的成果。

三、让学生在人文环境中践行传承

张谷英镇辖区范围内的"张谷英村古建筑群"，2001年被评为"全国重点文物保护单位"，2003年被评为"第一批中国历史文化名村"，2009年被评为"全国生态文化村"。该建筑群具有明、清时期古庄园建筑特色，历经数百年沧桑，至今仍保有房屋1732间，天井206个，巷道62条，石桥58座，厅堂237个，总建筑面积5.1万平方米，每栋建筑门庭严谨、高墙耸立、屋宇绵亘、檐廊衔接。这里"耕读继世，孝友传家"的家训被中央纪委国家监委网站作为"中国传统中的家规"进行推荐。同济大学古建筑专家王绍周、国家建设部副部长郑孝燮等从建筑学、民俗学的角度给予了高度评价。这里是我们组织学生进行研究性学习的天然场所，赓续传统文化丰厚的社会资源，我们将张谷英村传统的"孝友"文化渗透到学生的课堂教学和校外实践活动中，提高学生的"孝友"道德修养。

张谷英村的"孝友"文化传承于张谷英村的家风。张谷英是一个人名，现为我镇的地名，原是张姓始迁祖，相传是一位风水先生，与刘万辅、李千金一起"由吴入楚"，来到原渭洞山区，发现了三块宝地，一是"官运亨通"，一是"四季发财"，一是"人丁兴旺"。张谷英先生是个老实人，对朋友坦诚相告，又是个真君子，让同伴先挑，挑剩了的自己得。于是，刘万辅选择了"四季发财"，李千金选择了"官运亨通"，张谷英就得了个"人丁兴旺"。这"人丁兴旺"之地，就是现在的张谷英村，繁衍至今 27 代，共有 9000 余人，其中仍有 2700 多人同处于一片屋檐之下，聚而不散，天下罕见，所以称"天下第一村"。

张谷英的后代不断繁衍，张谷英的家风也在不断地延续、充实、修订与完善，形成了如今的 16 条家训和 5 条族戒。16 条家训：（1）孝父母；（2）友兄弟；（3）端闺化；（4）择婚姻；（5）睦族姓；（6）正蒙养；（7）存心地；（8）修行检；（9）襄职业；（10）循本分；（11）崇廉洁；（12）慎言语；（13）尚节俭；（14）存忍让；（15）恤贫寡；（16）供赋役。5 条族戒：（1）戒酗酒；（2）戒健讼；（3）戒多事；（4）戒浮荡；（5）戒贪忌。

这里，我们仅就择其"孝父母"，简单介绍如何对学生进行道德教育。《孝经》中说：夫孝，天之经也，地之义也，民之行也。孝是与天地并存、人人必须奉行的永恒法则。清嘉庆年间，张谷英村廪生张五楼病重，年甫三十，还没有儿子。临终之前，他要妻子改嫁。他妻子谢氏说，要我改嫁可以，但必须给你立个后（办承继）。于是，族里公议了三天，便把侄子张锦山承继过来。侄子承继过来后，谢氏就更不改嫁了，而是含辛茹苦地撑起了这个门户，守节 60 年，88 岁去世。其事迹纳入了《岳阳县志》。

这个继子张锦山为了感恩母亲，便于咸丰十年（1860 年）写下了一首催人泪下、字字真情的《劝孝歌》。全文八章，共 510 韵、7140 字。《劝孝歌》写成后，以手抄本在张谷英村男女老少中广为传颂。后人称其"绘影绘声之笔，呕心呕血之文，岂独传家之宝？实为度世金针！"2015 年 8 月，张谷英村《劝孝歌》拍成微电影，上了中央电视台，并荣获第 5 届湖南艺术节金奖，被文化部的优秀音乐作品库收录。它的开头是这样写的："劝善书多皆切记，我劝为人从孝起。堂前父母大如天，须知万善孝为先。"我们充分利用这个对学生进行孝行教育的良好载体，首先在张谷英村小学试点，教学生唱《劝孝歌》，然后组织学生听我县首届"孝友之星"徐岳华（张谷英村媳妇）事迹介绍，同学之间比对"湖南省最美孝心少年"张海标（2014 年张谷英中学八年级学生，张氏后裔）就读条件和对父母的孝心，激励同学们个个听父母的话，做父母的好孩子。2018 年，我们以"张谷英村孝友文化传承研究"为主题的综合实践活动获湖南省青少年科技创新大赛一等奖，也体现了学生在人文环境中践行传承的意义。

四、让学生在体验探究中感悟提升

张谷英镇是一个山区乡镇，也是一个传统农耕小镇，几百年来张谷英村传统家风的精华，浓缩为"耕读继世，孝友传家"。种田地，读诗书。一是物质层面，一是精神层面。一个解决穿衣吃饭的问题，一个解决精神需要的问题。直到现在，张谷英村还良好地保存有传统农耕工具、古老粮食加工工具，而这恰恰又是我们可资利用组织学生开展以"节约粮食"为主题活动的绝佳资源。

"国以粮为本，民以食为天"。我国有一个成语叫"四体不勤，五谷不分"，指不参加劳动，不能辨别五谷，用来形容脱离生产劳动，缺乏生产知识。在这个成语中"四体"指人的两手两足，五谷分别是稻（又称水稻、稻谷）、黍（shǔ，又称黄米）、稷（jì，又称粟，俗称小米）、麦（又称小麦，制作面粉用）、菽（shū，俗称大豆），这是传统的粮食。随着生产的发展，生活水平的提高，在人们日常生活中，除了食用粮食（五谷）外，肉、蛋、奶、水产品、蔬菜、水果等也更多出现在大家的餐桌上。传统的"粮食"概念逐渐被现代"食物"概念所取代。

水稻、小麦、玉米是我国最主要的三大粮食品种。中国人多地少，用占世界7%的耕地养活着占世界22%的人口。粮食安全是国家安全的重要基础，只有粮食安全，才有可能实现国富民强的"中国梦"。

2015年，我们组织全镇四年级以上的900多名学生开展以"节约粮食从我做起"为主题的科学调查体验活动，组织学生开展"调查学校（家庭）开餐情况""调查粮食加工、利用及浪费情况""参加农事活动，体验粮食获得的艰辛""了解粮食生活史""组织学生网上签名""设计粮食创意包装""开展实验探究"等一系列活动。还与全国28个省、市学校进行了粮食种子、土壤大互换，参加了全国9月份科普活动主场展示。相关活动被湖南教育网《为先在线》和《岳阳日报》等媒体报道。

这是学生通过参观张谷英景区传统粮食加工工具和收集网上资料整理后的大米加工过程：最早的时代就是用两块石板把谷子夹在中间相互摩擦，使谷壳和大米剥离，然后趁着有风的天气在谷场上向上抛洒，风把轻一点的谷壳吹走，重一点的大米就留了下来，这种原始方式效率很低。

后来，古人会做一个大型的石臼（就是像大型石碗的形状），将谷子放在里面，再用木槌或石锤来捶打，这就是舂米。然后用人力、用竹筛来分离谷壳和大米。然后又发明了"风车"，利用风力来分离谷壳和大米。

再后来，人们在地上做了一个圆形的石槽（这就是碾），直径大约5米，再做两个石头轮子，用木头做架子，利用畜力（牛或驴）来拉动石头轮子在石槽里滚动，来剥离谷壳和大米，或者还是用"风车"来分离谷壳和米。现在，这一切工序都是机械化了。

学生们通过小窗口，认识了大世界——参与网上签名活动，感到很快乐！学生们通过小调查，发现了大事实——粮食浪费现象很严重，我们要坚决反对浪费。学生们通过小实验，懂得了大道理——探究实验，我们津津有味；科学结论，我们津津乐道！我们做"认识粮食"和"数出来的余粮和营养"实验，认识了"五土（红棕褐黑黄）五谷"，认识了全国40种农作物生长状态图谱，真正是大开眼界！还认识到了"食不厌精"的粮食过度加工造成粮食浪费和营养损失。100千克稻谷去壳后变成80千克可食用的糙米，糙米变成精米，最少损失10千克，加上两次抛光，两次筛选又损失4千克，总计最少将14千克可以吃的大米损失掉了，不仅浪费了粮食，而且其中很多有益于人体健康的营养素和活性物质我们根本没吃着，都流失掉了。学生们通过小活动，拓展了大思维——开展研究性学习，例如，估测粮食产量，学生面对大块稻田，金黄的稻谷，觉得无从下手，但经过指导老师的耐心指导，方法解读，他们豁然开朗，了解了"行距""株距""亩""千粒重"，会根据测量步骤获取数据，最终测量粮食产量。

总之，"行是知之始，知是行之成"。我们通过上述几方面努力和探索，虽然积累了些许经验，但离我们的育人目标尚远，我们将继续努力，再寻求更好的方法。

参考文献：

[1] 2013年青少年科学调查体验活动组委会. 节约粮食、从我做起[M]. 北京：科学普及出版社，2013.

[2] 李桂龙，李聪聪. 民间有个张谷英[M]. 长沙：湖南地图出版社，2018.

[3] 孙国强，陈梦九，丁群芳. 如何确立科技实践活动主题[J]. 发明与创新，2012（7）.

[4] 杨永厚. 研学旅行：生活即教育，社会即学校[N]. 中国教师报，2021-04-28（12）.

英特尔®未来教育引导综合实践活动走向成功

丁群芳　李光华　张凯军

摘　要：应用英特尔®未来教育基础课程、成功技能课程的基本理念，贯穿于综合实践课程常态化开展的始终，形成固化的四阶段教学过程：制订计划——活动设计、动手操作——活动实施（开展）、认真检查——活动评价和反思、交流分享——活动结果发布，让学生在"做中学"，在"学中做"，贴近学生生活，开阔学生多学科视野，建构综合实践活动开展模式，指导师生开展综合实践活动。

关键词：英特尔®未来教育；综合实践；活动设计；信息技术

英特尔®未来教育培训项目从2000年开始，为中国教师打开了一个观察世界教育的窗口。其内容包括《基础课程》和《成功技能》两门课程，面向广大农村中小学教师和学生，旨在提高农村一线教师的信息技术应用能力，帮助他们提升课堂教学质量，掌握21世纪以学生为中心的教学法，帮助他们改进课堂教学方法；提高学生的信息技术能力、高级思维能力和团队合作能力；促进学生学习方法的改变，提高学生学习效率。它对中小学课堂的教学方式产生了深刻的影响，表现在普及信息技术在教学中的应用，让新课程理念深入人心，研究性学习、课程问题导向、协作学习、基于项目的学习、基于设计的学习、网络探究学习等学习方式，逐步成为教师和学生的学习模式。

综合实践课程是国家规定，地方指导，学校组织开发和实施的课程，是从小学三年级一直到高中连续开设的必修课，是一门走出课本，走出教室，走出传统知识传授方式的课程。它的每一个主题的确定均涵盖了研究性学习、社会服务与社会实践、劳动技术教育、信息技术教育等内容，是这四个方面的完美整合。因此，英特尔®未来教育基础课程、成功技能课程的基本理念：

"各技能领域的制作活动和行动计划都要求按照制订计划、动手操作、认真检查、交流分享的四个阶段进行",贯穿于综合实践课程常态化开展的始终,形成固化的四阶段教学过程:制订计划——活动设计、动手操作——活动实施(开展)、认真检查——活动评价和反思、交流分享——活动结果发布,让学生在"做中学",在"学中做",贴近学生生活,开阔学生多学科视野,建构综合实践活动开展模式,指导师生开展综合实践活动,具有实际意义。

一、贴近学生生活、熟悉环境,提炼和优化综合实践主题

生活是大课堂,兴趣是激发学生主动学习的根本点。一个实践主题的成功实施应建立在学生对活动本身产生强烈兴趣、有参与欲望的基础之上。比如我们在综合实践主题的设计、内容的选择上,结合我们本地所特有的人文资源、自然景观、旅游景点,考虑学生的年龄特点、生活经验和熟悉的环境,设计有效的综合实践活动主题。

我镇地处湖南省岳阳县东部,是一个山区乡镇,辖区内有丰富的森林资源和闻名全国的古代建筑群——张谷英村。这里气候温暖、雨量充沛、光照充足、土壤肥沃,生长着很多的古树和大树,但是它们没有受到很好的保护,因此我们决定由各村组生物兴趣小组学生开展综合实践活动,进行古树调查并给它们挂块保护牌,力求对保护它们有一定的作用,遂确定主题"为家乡的古树挂保护牌"。活动过程为了制作一块美观大方的保护牌,让学生设计一系列的框架问题,让学生的学习活动围绕真实的任务展开,教师让孩子们将自己从课本以外搜索到的内容进行创作、编辑,将对古树观察、拍摄所形成的影像、照片等制作成电子板报展示出来,让他们觉得 Word 的基本操作不再是枯燥乏味的,PPT 课件制作是有趣的,因此活动过程变得生动有趣、容易接受,同时也锻炼了他们的主动探究和自主学习的能力。

又如我们结合旅游资源,确定主题开展综合实践活动。张谷英村古建筑群,是一处建筑风格独特、民俗文化底蕴深厚的旅游景点。自 1995 年开发以来,每年游客超过几万人次,先后被评为"中国湘楚明清民居活化石""第一批中国历史文化民村""全国重点文物保护单位""天下第一村"。我校有很多学生是张谷英村的张氏后裔,为了更好地弘扬家乡民俗文化,更深入地了解古建筑群的建筑特点,也为了培养锻炼学生的社会实践、自主探索能力,团结合作精神,爱家乡、建设家乡的思想情感,决定开展"旅游景点我学小

导游"的综合实践活动。结合英特尔®未来教育成功技能课程第一单元"技术与社区"的图形课程,我在网上收集了若干张谷英村的图片,在学生们的啧啧称奇中,引导学生让"养在深闺人未识"的张谷英村走出更远,希望同学们做一个文化传播的小天使,让更多的人认识张谷英村,以"旅游景点我学小导游"为活动主题,创作一份向人们展示张谷英村奇特魅力的邮票、电脑桌面背景图、明信片、标志牌、地图等,学生兴趣非常浓,均表现积极,活动效果非常好。

二、制订计划,动手操作——精心设计,严密有序开展活动

2011年5月起,我国官方媒体接连报道全国缺水、干旱的新闻。就连我们江南水乡,濒临洞庭湖、长江的山区乡镇张谷英镇也部分堰塘见底、溪水断流、田地干裂,这真是缺水了!管中窥豹了全国各地的情况。于是我们感觉到课堂上学到的有关全国的水资源情况的知识在生活实践中得到了验证,我们想在2010年调查家乡河流水质情况的基础上,再从另一个侧面,对我镇水系、水利、农田灌溉、节水用水方面进行调查,开展以"珍爱生命之水,呵护生态环境"为主题的科学调查体验活动。为了开展好这次活动,我们精心制订了活动计划,并严密有序开展活动。

1. 前期准备阶段。做好活动方案的论证,成立组织机构;遴选并确定指导教师;制订安全活动方案,聘请各村支两委做安全顾问,发放聘书;确定参与活动学生及小组长;举行启动仪式,搞好宣传工作,各校挂横幅,办专刊,学生办黑板报,出海报,网上搜索,占有资料及撰写和贴倡议书。

2. 实践活动阶段。调查采访、户外考察(注意结伴而行,注意安全,有组织,不单独外出);了解张谷英镇水系基本情况;了解水利基本情况;了解改善水利、饮水问题的变化,做好记录,填好相关表格。

表2 张谷英镇科技实践活动研究性学习表格——访谈记录表

课题名称		珍爱生命之水,呵护生态环境	
访谈者		访谈日期	
受访者		工作单位	
职务(职称)		专业(专长)	
访谈地点		访谈方式	

续表

访谈主题	
访谈记录：	

3. 实验探究阶段。对照科学调查体验活动指导手册和资源活动箱，做好下面10个实验：(1)"生命之水"；(2)"谁动了我的可乐"；(3)"'伤不起'的水"；(4)"节水洗衣实验"；(5)"自来水不是自来的"；(6)"让地球妈妈也喝干净的水"；(7)"地球妈妈的雨伞"；(8)"把雨水留住"；(9)"雾的产生"；(10)"冰雹的形成"，并填写好活动记录表和实验记录表。

表3 "珍爱生命之水，呵护生态环境"活动记录表（一）

活动日期： 年 月 日　　　　　活动地点：

课题/项目名称表	珍爱生命之水，呵护生态环境
参与活动的人员	
活动目的	
活动内容	
活动步骤设计及所需条件	
活动过程记录	
活动结果记录	
活动的主要收获、体会	
指导教师意见	

表4 "珍爱生命之水，呵护生态环境"活动记录表（二）

活动主题				
活动时间 年 月 日	活动地点		指导教师	
参加本次活动的学生				
本次活动目的和任务				
活动计划				

续表

活动成员签字 （保证安全）	年 月 日
指导教师意见	指导教师签字： 年 月 日
活动过程记录	
活动结果记录	

表5 "珍爱生命之水，呵护生态环境"体验活动实验记录表

实验名称					
实验时间		实验地点		指导老师	
实验合作者					
实验目的					
实验材料					
实验步骤					
实验现象					
实验原理					
实验结果					
学生评价					
教师评价					

三、认真检查、交流分享——反思和评价活动，结果发布

综合实践活动的开展，必须反思和评价每一个活动过程，让学生交流和分享活动过程的苦与乐、愉快与喜悦。

1. 搞好学生活动的成果汇报，提升成就感。在每一个综合实践活动中，孩子们的学习热情非常高，态度也很认真。在课余时间，经常有学生来我办公室询问一些问题；通过QQ交流，我和孩子们的距离也拉近了，相互之间也有了更多的了解。当他们手捧自己通过努力完成的作品时，大家都很有成就感，都想比一比看谁的作品完成得好、有特色，每个小组按照学生自评、互评、教师评价等规则给予每个作品中活动学生（实施个体）、活动小组中肯的评价。

2. 拓展延伸，整合其他学科资源。比如在《网页制作》单元教学时，我将信息技术与地理学科整合，以"走进张谷英"为主题要求学生制作一个网站或网页；在教学《演示文稿制作》单元时，与张谷英镇人文景观结合起来，要求学生制作 Power Point 作品。以"珍爱生命之水，呵护生态环境"为主题的活动，可结合物理学科上水的物态变化、雾及冰雹的形成等，了解和学习好"水之旅行"相关知识；结合化学课程，了解水的物理和化学特性、水的净化等相关内容来帮助学生更好地学习。这样不但帮助学生熟练应用计算机基础软件，同时也为其他学科应用英特尔®未来教育做了探索和铺垫。

3. 实践反思，促进应用。英特尔®未来教育教学模式在综合实践活动的开展上有一个周期比较长的特点（尤其是资料的收集整理工作和学生作品的制作过程），这就要求教师把握好教学节奏，紧扣主题，调控好学生学习范围，及时检查学生阶段性进展情况，并予以督促实施，落实应用。比如我们在开展"家乡河流水质及污染情况调查"综合实践活动，在我镇采集了8个水样，并在岳阳市疾控中心做了水样检测，这时我们就及时将水样检测结果，反馈给水样采集点单位和居民，告诉他们饮用和改进污染的注意事项，做到活动有实际效果。

总之，在综合实践活动中应用英特尔®未来教育理念，我们深深地感受到教师的作用不是削弱了，而是强化了；教学不仅是科学，还是艺术。当教师应用英特尔®未来教育项目理念引领学生畅游知识海洋时，我们才真正赢得了教育的未来，才有理由相信英特尔®未来教育引导综合实践活动走向成功！

综合实践活动课程的管理和评价

丁群芳

综合实践活动是一门综合性的，关注学生生活经验的课程形态，因此对综合实践活动的评价不能采用传统的评价方法，唯分数论英雄，而应提倡新的评价理念，从整体进行评价。

1. 关注学生主体。综合实践活动是以学生现实生活中的问题为中心，其独特价值集中体现在学生经验和体验的获得上，因此综合实践活动的评价要关注学生的感性经验是否丰富，精神生活是否充实，生活方式是否完善，等等。例如，我们在开展"为家乡的古树挂保护牌"综合实践活动中，就为学生设计了不同的层次性目标，体现了三条原则：一是全员参与、全程参与，即让每一位学生都有获得参与的机会，从而获得发展；让学生参与综合实践活动的全部过程，感受、体验、探究、发展，立足直接经验，创设体验情景，重视学生直接经验的获得。二是在普及的基础上提高。活动开展一定时间后，在参与活动的学生中各选取1~2名代表，做进一步调查，向纵深方向发展。三是体现综合实践活动开展的开放性和舒展性。开放性表现为学生可自由参加或退出课题组，内容不确定，任务不分配，时间不安排，学生自主。舒展性表现为学生开展活动的浓厚的兴趣，能自觉坚持继续开展活动。

2. 关注活动过程。过程决定结果，主要评价体现在：学生参与态度是积极主动，还是被动应付，勉勉强强；能完成自己的任务，与同伴积极合作和探究；能提出一些自己的主见、设想和建议；能收集、整理、分析资料，形成结论或报告；能反思出自己活动过程中的缺陷和不足，写出自己的体会。如我们"三调芭蕉扇——张谷英镇竹木资源的利用和开发"综合实践活动中，就分三次对我镇芭蕉扇业公司进行调查，第一次主要通过参观活动，通过感性认识，欣赏精彩纷呈的芭蕉扇，了解扇子的种类和扇厂的历史。第二次则根据学生在欣赏精彩纷呈的芭蕉扇的基础上，对所看到的扇有些爱不释手、迷恋……那么，这些精彩纷呈的芭蕉扇是如何做成的呢，这就是"二调芭蕉扇"的主要内容——参观采访，认真记载相关人员的介绍，深入车间，深入作坊，仔细看，努力问，认真听，做好记录，了解流程，亲身实践，学做一把扇。第三次引导学生探讨芭蕉扇业所产生的作用，对我镇经济发展、劳动力就业、利税的上交、环境的影响等各方面的问题，形成自己的某些见解。

3. 关注活动结果。对结果的评价可允许多种多样的形式，但总的来讲要看到学生的多元特点，尽量发掘学生的潜能和闪光点，不能忽略学生的"奇思怪想"和"歪点子"，不要伤害学生的自尊心和人格，能保持兴趣继续开展活动，体验综合实践活动开展的愉悦。

4. 关注教师的指导。综合实践活动的成功开展和有所作为，少不了教师的指导。对指导教师的评价主要可体现在：实践活动的设计是否合理和可行；组织是否有号召力；团队成员是否合作与沟通；活动指导是否有效和亲历亲为；活动评价是否客观和公正；是否能形成自己的反思，促进进一步发展。

5. 关注学校的责任。综合实践活动对学校的评价主要体现在：课程开设和师资力量（指导教师）是否到位；是否为指导教师提供了安心工作的环境（如结构工资、福利、评优晋级等）；是否构建了校园文化氛围，使学生有学校生活的乐趣，是否能从学校实际情况出发，构建和解决了学校周边环境、各部门之间的关系和矛盾……

学校是综合实践活动课程开设和活动开展的总管理者和组织者，应做好如下方面的工作：

1. 做好宣传和动员工作，营造良好的质疑求知环境。要在全校师生、家长和社会中宣传，消除他们对综合实践活动课程的误会，根除他们心中认为的"不务正业""做无用的事情""影响升学"的心理障碍，营造良好的学生求知进取的环境，促使综合实践活动正常开展。

2. 加强组织和管理工作。综合实践活动课程的开设和活动的开展，由于学生活动空间的广阔性和时间的延续性，必须通盘考虑，设立专门的管理与组织机构，明确各组成人员诸如教导处、德育办、教研组、年级组、班主任、指导教师、实验教师、图书管理员、电教技术人员等各自的职责和义务，统筹安排，各司其职，人尽其力，努力服务于教学，服务于学生。

3. 培训指导教师，正常开展教学和活动。综合实践活动实施的成功，关键在于指导教师的组织能力、专业素质和责任心，需要的是视野开阔、思维敏捷的创造型教师。学校对指导教师要进行认真的遴选，进行相应的培训。

4. 协调好各方关系。综合实践活动的开展是一个"系统工程"，牵涉到校内各科目和各科任教师，因此要协调综合实践与其他科目的关系，指导教师与专任教师的关系。学校是综合实践活动实施的最基本的土壤，但社区、社会也是更广阔的空间，因此还要处理好学校与上级主管部门、其他部门、社区、家长等关系，构筑和谐的互动空间，顺利开展活动。

利用网络教研平台　促进教师专业成长

李官印

摘　要：网络教研作为一种全新的教研方式，越来越受到广大教师的喜欢，它在促进教师专业成长、提高教育教学质量、减轻教师负担、促进教育和谐发展上发挥了巨大作用。本文着重从网络教研平台的搭建、网络教研的形式、网络教研的作用三个方面阐述网络教研平台对教师专业成长的作用。

关键词：网络教研；教育教学；教师；专业化发展

伴随着网络的发展，教育已经进入了信息化时代。网络教研作为信息时代的产物，以其丰富的资源和便捷的方式备受广大教师的青睐。近年来，我们积极开发和利用网络资源，建立开放、交互、动态的网络教研平台，实现了教师跨时空的网上学习、交流研讨，促进了教师的专业成长，为学校教育教学水平的提高奠定了坚实的基础。

一、以网络教研为载体，带动教师专业成长

（一）加强组织领导，健全校本教研体系

为推进校本教研，我校把网络教研工作纳入教学管理的重要内容，成立了以校长为组长，主管副校长为副组长，教研、教科组同志为主要成员的网络教研领导小组，下设网络教研管理办公室。并聘请有能力、工作责任心强、教学经验丰富的骨干教师和教学能手为兼职教研员。这样，网络教研从组织管理到人力资源上得到充分保证。

（二）创新教研形式，引领教师专业成长

随着新课程标准助推课堂改革的深化，以学生为中心的教学方式对教师

的素养要求越来越高，教师对教研形式的变革需求也越来越强，新老教师之间对教研协作及成果共享也越来越迫切。然而，由于地域、经费的限制，常规教研参与人数少、研讨流于形式，校际、区域间横向教研交流不畅通等问题凸显出来；过去那种"走出去，请进来"的面对面交流研讨方式，也已经远远不能满足广大教师教研能力成长的需要。因此，我校在教研方式上寻求新的突破，把网络教研作为引领我校教师专业成长的重中之重。

二、发挥网络教研优势，构建教师学习共同体

现代社会高速发展，知识不断更新，如何让教师适应现代社会，适应现代教育的发展，那就是要引导我们的教师不断地学习。网络研修一改传统的、呆板的传授模式，科学遵循动静结合的原则，一方面为教师提供了高质量的静态资源，另一方面坚持以教师为主体，利用电子邮件、在线答疑、教学叙事等多种交互媒体提供动态助学，帮助教师自主学习，构建教师学习共同体。

（一）利用学校网站，开展学习活动

为促进教师不断学习，学校开通了网络学习平台，为大家学习提供方便。一是每学期学校都在网上公布必读书目，并提出要求；二是学校"书友会"每月在网上进行"好书推荐"，供大家选读；三是上传大家平时看到的好的文章或是其他好的学习资料等供大家学习。2009年，我校开展"生命教育"特色研究，但关于"生命教育"的书籍在学校图书室少之又少，于是学校将新购书籍内容上传至学校网站，教师每天都可以登录网站进行学习。不仅降低了学习成本，而且提高了学习效率。

（二）依托继续教育网站，培训全体教师

我校"继续教育"实行网上学习、考试，学校抓住这个机遇，一是提出了继续教育学习要求，要求教师认真学习，观看名师课堂、名师讲座等；二是积极组织教师定期进行交流研讨，让"继续教育"和教学实践有机地结合起来，使大家在学习中真正有所收获。

（三）积极组织教师参加各种网上培训学习

2010年，我校所有班主任参加了"国培计划"，2011年，我校5名教师参加了"英特尔"培训，12名教师参加了"远程教育培训"，培训过程中，教师积极观看各种视频资料，提交心得体会，完成教学方案的撰写和学情调查，参加论坛的主题发帖、回帖。

近年来，我们坚持利用网络进行培训学习，教师 100% 完成了学习任务，100% 通过了考核。学校一大批青年教师脱颖而出，刘必武、陈伟杰、李赤等教师成为我县"教学能手"，陈君静、喻新龙等教师被评为"三模式教学优秀教师"。

三、搭建网络交流平台，形成教研合力

（一）建立教师博客群，促进教师的成长与发展

2010 年，学校组织每个教师建起了个人教育博客，许多教师加入了学校博客群，方便了大家的沟通。这些博客互连互动，成为教师之间研讨的阵地，有力地促进了教师的成长和发展。

一是博客记录了教师成长的足迹。有人说，教师的成长是无声无息的，留不下痕迹。自从开通博客以来，教师每天记录着自己成长中的每一个故事，包括网上叙事、教学反思、学习体会、工作困惑等。一篇篇精致博文分享着收获与感动，教师之间相互鼓励，相互研讨，分担着困惑与苦恼，这中间有帮助，有学习，有友情传递……几年来，我校教师的博文数量不断增加，其中刘必武老师博文数量达 200 篇，访问量达 13841 次；陈伟杰老师博文数量达 205 篇，访问量达 19206 次。

二是博客实现了与名师的近距离接触。网络扩大了我们教学研究的范围，现实中我们无法实现与名师的近距离接触，但博客开通后，许多教师链接了李镇西、魏书生、朱永新、于春祥等名师名家的博客，并加以关注，不仅每天能进入名师博客进行访问，留下自己的问题和观点，而且分享着名师的教育思想和教学经验。部分教师还链接了名师的课堂，大家相互访问，反复观看，认真研讨，真正促进了与名师的对话与交流。

三是博客实现了对教师的"专业引领"。教师教学工作中的困惑、问题如何解决，如何才能得到更有针对性的指导，我们的教师也借助博客使问题得到解决。大家都知道教育局教研室是教学业务研究机构，教研室的研究员就是我们教师教学工作的"导师"，他们能有针对性地解决我们教学工作中的问题。为此，学校许多教师都将自己的博客与教研人员博客相链接，发现问题可直接进入博客留言，向他们讨教方法。2009 年，我校开展"海量阅读"实验，教研室孙国强老师作为我校的特邀指导教师，对我校的实验做了大量的指导，但受时空的限制，指导不能经常进行，于是我校多数教师都链接了孙老师的博客，随时可以进行访问、提问，孙老师也孜孜不倦地每天回复着教师们提出的问题，

指导着我校教师的课改实验。网络中实现了对教师的"专业引领"。

四是博客提升了教师教科研能力。信息化是目前教育科研发展的必然趋势。近年来，我校确立了"问题即课题、过程即研究、解决即成果"的"问题式"校本教研基本理念，落实了"人人有课题、群体搞科研"的要求，坚持"课题研究问题化、课题管理信息化、成果转化网络化"的教育科研方法，让科研亲近教学，让网络服务科研。在课题研究中，我们针对不同科组与不同课题，在网上建立各课题组的博客圈子，课题组成员按照计划开展课题研究，及时把平时的研究体会写成博客上传到网上；课题负责人也可以通过网络发布邀请，开展一些课例研讨、问题探究等专项研究。同时，我们还充分利用信息技术，对"阶段性研究内容的发布、研究数据的统计分析、研究成果的推广交流"实现网络化管理，提高了课题研究的实效性，促进了教师教科研能力的不断提高。

（二）创建教研论坛，提高教研的实效性

一是网上备课。2010年秋，我校实行"电子备课资源共享"，备课流程分为"个人主备—集体研备—主备修改—个人自备—课后再备"五个步骤，在备课的过程中，我们充分利用网络，提高备课的实效性。个人主备过程中，教师个人充分收集校本资源库资源和网络资源，进行整理，并融入个人理解，写出一个单元或几个章节的教学方案，上传到"教研论坛"，大家在"教研论坛"认真研读"个人主备"的教学方案，发表自己的看法和观点，为集体研究做准备。集体备课时间大家共同研究、共同修改。定稿后，教师个人结合自己的教情、学情进行自备，形成自己的教学方案。

二是网上研讨教学案例。教师素质的提高，不能只靠简单的学习和培训，更重要的是要为教师提供真实的教学案例。本学期开始，学校开始了新一轮的课堂教学改革，大家对新的课堂教学模式还比较生疏，但在学校派出教师赴华容宋市学习返校后，学校将他们的课堂教学资源上传至网站和学校的共享文档，供大家观看学习，学习后大家针对新的课堂教学模式在"教研论坛"中发表观点，交流学习体会，展开问题讨论。通过观摩研讨，全校上下统一了认识，更新了观念，新课堂教学模式已被多数教师认同和接纳。

（三）开通QQ群，让沟通无界限

一是学校建立了QQ群，学校教研室按教研活动安排，将有关的信息发布到QQ群，并结合短信通知，让教师之间能快速获得相关的信息，比起传统的书面通知，更快捷、方便。老师们随时都可以在群中查收群内消息，发布校园新闻；或畅谈感悟，炫耀收获；或宣泄苦闷，公开求助……QQ群成了老师们交流信息、互相鼓励、缓解压力的心理按摩屋。同时老师们还利用QQ群空间板块，上传有关课题活动、教育相关文章、教育教学信息、活动资料等，不仅能及时了解课题所有的进展，同时也可以把自己所掌握的资料与大家分享，实现资源利用的最优化。

二是班级建立了QQ群，学生可以随时登录QQ，与班级老师、同学进行互动交流，分享学习的快乐，诉说生活的烦恼。班主任把日常生活中比较有纪念意义的场景拍摄下来，传到相册里，随时随地记录学生成长的足迹，这些照片，不仅学生爱看，家长更喜欢看。同时班主任老师还利用群空间建立班级日志，记录班级中的点滴生活，如班级新闻、好人好事、快乐一瞬间、获奖消息等。为实现家校合一，班主任还借助"QQ群"网络平台，与家长进行沟通与交流，交流孩子的学业情况，交流孩子的在校表现；提供学习资料，帮助家长学会如何辅导孩子，积累家教经验；介绍学校的教育教学动态，获得家长的理解与支持。

四、建立长效机制，确保网络教研稳步推进

2011年，我校将网络学习、网络教研纳入了教师的绩效考核。一是每年网上继续教育的学习考试纳入教师考核。二是规定教师每月至少写4篇学习体会、教学反思、教育叙事等，上传至博客，并作为教研进修的内容进行量化考核。三是每学期进行博文评比，优秀博文编入学校《教育·实践·反思》一书，根据编入博文数量予以考核奖励。四是将教师每学期上传学校资源库资源数量作为远程教育考核项目。五是将教师个人在"岳阳教育网""湖南教育资源网"等专业教育网站上发表的教学论文、研修专题、反思体会等数量作为教研考核依据进行奖励。

网络教研作为一种新的教研方式，与学校常规教研相结合，提高了教研的实效性，避免了面对面的尴尬，拓宽了教研的渠道，增加了教研的随机性和及时性。近年来，网络教研已在我校初显成效，但我们相信随着时代的发展，随着教育现代化的进程，网络教研之花将会开得更加鲜艳，网络教研之果将会更加丰盛。21世纪的到来，带给我们的除了机遇，还有新的挑战，创建学习型学校，促进教师专业化成长，已成为教育科研工作的必然趋势。

03

科技实践活动案例

家乡河流水质及污染情况调查报告

湖南省岳阳县张谷英镇中心学校生物与环境课题组
指导教师　丁群芳　陈梦九　刘章时
辅导机构　湖南省岳阳县教学仪器电教站

一、活动背景

2010年9月，居住在大桥村、一心村的部分学生报告，大坳水库的水中长满了"青苔"。我校随即组织部分青少年科技活动小组的成员前往观察，发现是水库中发生了较大规模的蓝藻水华现象。大坳水库位于罗霄山山脉北端幕阜山怀抱，行政区域隶属湖南省岳阳县张谷英镇，是洞庭湖水系中新墙河的发源地之一，水库最大水面面积0.8平方千米，库容量1160万立方米，闸门流量260立米/秒，年发电量2.16万千瓦时（度），容纳大洞港、渭溪河、芭蕉港三条支流的水源，经饶村乡注入饶港，再注入新墙河。其中大洞港全长约30千米，流域面积50平方千米，由11条支流汇聚形成，分别发源于11个村，流经13个村，经一心村注入大坳水库；渭溪河全长约10千米，流域面积10平方千米，由5条支流汇聚形成，分别发源于8个村，流经8个村，经大桥村注入大坳水库；芭蕉港长仅1.5千米左右，发源于芭蕉村。蓝藻水华是水体富营养化的生物指示物，说明水库的水质受到了较严重的污染。于是，我校决定以此为主题，成立生物与环境课题组，组织全校学生开展"家乡河流水质及污染情况调查"环境科学考察实践活动，对我镇河流水系进行水质及污染情况调查，研究对策，采取解决措施。

二、活动目标

密切青少年与生活的联系，推进学生对自然、社会和自我的内在联系的整体认识和体验,发展青少年的创新能力、实践能力以及良好的个性品质。具体目标分述如下。

1. 教育性目标。通过此次活动,让学生在科学实践活动中,培养青少年强烈的社会责任感,使青少年树立从我做起、影响家人、影响村民、影响社会,携手共建绿色家乡的整体环保意识。

2. 体验性目标。(1)让青少年参与观察、调查、参观活动,经历活动过程,交流、讨论所得,体验获取知识的愉悦;(2)活动过程中学会提出问题并获得正确的认识,发现欣赏自己的能力;(3)保持良好的兴趣,养成好的行为习惯,了解家乡河的污染情况、污染因素和来源,提高青少年考察、收集、整理资料的能力。

3. 实践性目标。(1)提高自己整合获取知识的能力;(2)提高自己提出问题和解决问题的能力;(3)提高自己搜索、处理和交流信息的能力;(4)提高自己动手操作(或制作)的能力。

4. 生成性目标。随着活动的开展,环境的变化以及大家认识的深化,原有以上设计的目标和计划可能发生相应的调整,这将视活动开展及实施情况而定。

5. 延续性目标。培养学生通过此次活动,认识到参与科学实践活动不是一蹴而就的,而要通过哥哥带弟弟,以老带新的形式,促进环保课题持续开展,传承下去。

6. 推广性目标。我们此次应对水库水质受到污染,发生蓝藻水华现象的措施,特别是我们立足自己,从洞庭湖水系上游源头上抓起,严格控制向河床倾倒垃圾等做法,向中下游推广,进而取得整个洞庭湖水系治理的全面胜利。

三、活动准备

1. 为了确保本课题的正常开展,特成立组织机构。

2. 课题组下设各活动小组,包括考察组、调查组、后勤保障组、通信联络组等。

3. 活动原则。本课题组开展活动,原则上必须达成如下目的:第一,全员参与,全程参与;第二,在普及的基础上提高;第三,体现科学实践活动开展的开放性和舒展性。

四、活动过程

（一）做好活动方案的论证，成立组织机构，遴选好指导老师

召开全校师生会，宣布活动正式开始，搞好活动开展前的安全教育。协调各村、部门的关系。做好活动开展经费的预算安排。联系市、县疾控中心或卫生院做好水样检测工作。

（二）学生了解张谷英镇水系基本情况

本镇流入洞庭湖水系新墙河里的支流共有三支，其中较大的有两支，较小的一支。

一支叫大洞港。大洞港发源于豪坑村大安岭，流经新改、文艺、下庄、陈坪、大水、小水、金鸡、向阳、松树、芭蕉、红卫、杨和、一心13个村，在一心村敏港注入大坳水库。全长大约30千米，流域面积50平方千米。

一支叫渭溪河，发源于张谷英村的甲板桥，流经张谷英、集镇、刘家、四维、延寿、大桥、寺湾、十美8个村，在大桥村注入大坳水库，流入新墙河。全长大约10千米，流域面积10平方千米。

一支叫芭蕉港，发源于芭蕉村，直接流入大坳水库，全长1.5千米，流域面积1平方千米，是大坳水库最小的一支水系。

张谷英镇由于是一个山区，也有一部分地方的水流入其他乡镇。一支属南洞庭湖系汨罗江支流罗水上游，发源于文艺村坳背里，流经桂峰、竹坪、天龙、杉桥、长坪等7个村，在长坪村袁家里注入步仙乡岳坊水库，流入汨罗江，全长大约15千米，流域面积30平方千米。另外还有龙洞村的水流入平江县，泉水村、师堂村的水流入月田镇，兰陵村的水流入饶村乡和步仙乡。

（三）学生调查、采访、考察河道状况

连日来，我们环保小组记者对大洞港长约15千米的河道进行调查时发现，河道内不但成了"垃圾场"，河岸两侧堆积的生活垃圾给河段带来不小的问题。大洞港上游豪坑村的大安岭下溪水淙淙，我们来到这里看到的是清澈的水流，周围仅有树枝落叶。第一家享用这清凉泉水的人家，用泥沙、石块围堰，饮水、菜蔬洗洁都是用这水。但是向下不足100米的地方，就有了污染源。这里与很多地方一样，人们择址建房，聚族而居，都选择有水的地方，这是因为水是生命之源。尽管只有80多人聚居的屋场，地方也不是很开阔，但居民生活垃圾都扔向了河道，到处可见塑料杯子、破布、煤球、菜叶等，

由于现在是下半年河水枯竭时期,堆积的垃圾很多并且很高。

图1　大洞港河道垃圾堆积图

豪坑村向下是新改村,我们在新改村杨家洞出口地方看了,这里也是垃圾遍地,并且河道的右方是一片民居,生活垃圾都倾倒在这里。

新改村之下是下庄村和陈坪村,这两个村傍河而建的房子较多,建筑内的住户,经常顺手将垃圾等顺着窗户扔进河里,或者干脆将河道当作了垃圾场。在陈坪教学点周围及桥下垃圾特多,臭味比较浓。据当地居民反映,遇到饮用水枯竭时,他们就直接从这河道中抽水饮用,造成"病从口入"的危险。在沿河而下的很多河床地方,到处可见悬挂在河草、小树上的塑料袋、破布在迎风飘扬。

陈坪村而下还有金鸡村、松树村、向阳村、大王村、芭蕉村、红卫村,我们所到之处,沿途所见都是河道遭到垃圾的污染,主要就是河面漂浮物和河道护坡的垃圾非常多,也没有见到什么小鱼小虾之类的生物。采访之时,听见的都是怨言,居民不仅没有注意自己的形象,还一味怪上游的人给中下游河道造成了污染。事实也可能如此。

渭溪河,流经我镇塅畈里张谷英、集镇、刘家、四维、延寿、大桥、十美等村,流域面积大。张谷英集镇上有近6000人生活,近200家铺面做生意,日流动人数数千人。离集镇近百米的地方有医院。离集镇不足200米的地方有容纳920名学生的学校。更有上游闻名全国的古代建筑群"天下第一村"的张谷英村全国文物保护单位,吸引了每日几百人的旅游者,每天的生活垃圾及人兽粪便直接排入河道，造成流经下面几个村的地表水严重污染，村民不敢洗涮蔬菜，更不敢饮用。渭溪河是污染最严重的河。

当然，我们对渭洞片柘港洞也进行了走访和察看，所见情况与大洞港情况相似，只不过是由于其长度比大洞港短，污染程度轻一些。

发源于芭蕉村的芭蕉港，由于其流程短，白色污染小，水质清亮，无气味。

（四）学生调查情况分析

连日来，我们沿河进行了调查，主要发现的是垃圾污染，我们所看见的大量不能入目的东西，也是很多地方的共有的现象。我们对沿河居民发放了110份调查问卷，从收集到的情况可以看到：88%的人了解什么是垃圾，74%的人知道垃圾不处理的后果，68%的人知道垃圾分类的益处，这说明我们开展此次活动有较好的社会基础和群众基础。但有37%的人表示处理垃圾是整袋一起外扔好，23%的人没想过将垃圾分类，42%的居民周围有垃圾箱，45%的居民周围没有垃圾箱（这大部分在张谷英村旅游区），这给我们政府提出了垃圾箱的安放要考虑均衡性和突出重点地段。80%的人愿意周边有分类垃圾箱，并有66%的人表示愿意有分类垃圾箱后能分类投放。25%的人不知道"白色污染"或"禁塑令"，这说明政府要加大宣传力度，居民要加强学习，拓宽自己的见闻。75%的家庭愿意成为环保志愿者，保护河道不受污染，54%的人表示环保措施能够做到，这说明我校、我镇开展此项活动的前景诱人，张谷英镇定会永远是一个秀美的乡镇！

五、活动结果与建议

（一）活动结果

1. 宣传发动，发放资料：减少垃圾我们可以做什么；
2. 活动倡议：清除垃圾危害，减少河道污染；
3. 义务劳动，努力践行：做减少河道污染的"小形象大使"；
4. 学生言论：略见睿智；
5. 讨论交流，提出建议：各有各的理。

（二）建议

1. 建议加强对全镇人民的环境保护意识教育，加强舆论宣传的正确引导，关键还是要靠村民自觉，只有大家都来告别不文明，形成全社会都来维护河道环境的文明风气，才能让其变成一道道生态美丽的景观线。

2. 改变目前一些村组及河道居民的环保方式和态度，改变陈旧落后的卫生习惯，每一个居民都来自觉正确处理自己身边的每一点垃圾，从源头上解决问题，并学会将生活、生产垃圾集中分类处理，搞好回收工作。

3. 环境整治和保护还需要资金的支持，希望我们所在的每个村，多设立一些垃圾投放点，设立一些警示标语（牌），不断改善新农村卫生配套设施。

4. 特别要加强渭溪河上游的管理，针对游客的增多，希望多设置一些劝导游客爱护环境、减少污染的标语，多设置一些垃圾站或垃圾桶，多为他们提供便利。对集镇居民的污水排放、垃圾扔弃进行一些处理，比如通过化粪池沤制生活垃圾做成堆肥减少垃圾量。还要对张谷英镇特产油豆腐作坊进行改造，不要让富含氨基酸的滤液直接排入下水道，造成中下游的水质变坏。

5. 我们每个村所处的位置都是洞庭湖水系的源头，从我们做起，就是从源头上保护洞庭湖。我们为自己所做的这些看似微不足道的小事而感到高兴和快乐，希望中下游的学生，还有洞庭湖水系上游的学生同我们一起快乐而行。我们31个村的八九百名学生参与的劳动，能影响到几百个家庭，几千人，这样不久的将来，这里的环境会改观的。10年、20年以后，我们长大了，再通过我们一代的努力，这里的环境会变得更好，岳阳、湖南乃至全国会变得更好！

"从花开始，认识本地植物"科技实践活动方案

丁群芳

一、背景需求

植物是我们日常生活中最重要的生物的一部分，通过光合作用，它们给我们提供食物和氧气。植物也是建筑材料、衣服、燃料、药物的重要来源。它们可以给我们提供愉悦消遣的环境。不管你是居住在大城市还是农村社区，你的周围都有着许多不同类型的植物。这里有树、草、花、蕨类、藤本植物。有些植物是本土植物，或是自然生长的植物，有些是栽培植物，或是由于它们某些性质是人类培养的，例如大的花朵。说到花，是它们装扮了自然世界，才使大自然变得五颜六色，如此多娇！

岳阳县张谷英镇，植被类型多样，有楠竹林、常绿阔叶林、落叶阔叶林、针叶阔叶混交林等，植物季相明显。各种林木生长繁茂，林下、林边野生植物密度大，生长着许多有用的野生花卉和药用植物，终年山花烂漫，是我们山区的一大景观，吸引着许多游客。

"故人恋土，小草恋山"，我们生长于山区，就该热爱我们山区，热爱我们这里的一草一木，我们有必要认识、了解这里的植物类型、品种。而花是植物的六个器官（根、茎、叶、花、果实、种子）之一，是植物的生殖器官，它色彩艳丽，气味芬芳，无时无刻不吸引着我们。于是我们就决定，从观察植物的花开始，研究本土植物。

二、指导思想

以认识植物花卉为载体，逐步认识本地一些植物，了解植物群落情况，了解我镇生态环境。密切学生与生活的联系，培养自主探究学习，主动获取

科学知识的良好习惯。

三、活动目标

（一）知识与技能

1. 知道花是植物的生殖器官，大部分能形成植物的种子，通过观察、参观、了解、咨询、搜索、拍摄植物花卉图片，了解相关植物特性，认识、掌握和利用它们。

2. 通过研究性学习、社区实践活动、劳动实践活动、信息辅助手段，制作植物花卉图片、图鉴。

（二）过程与方法

1. 开展科技实践活动，让"参与""观察""调查""参观""采访""咨询""交流""合作""探索""实验""制作"等成为主要词语，并成为一种实实在在的活动。

2. 开展科学探究活动，让学生通过提出问题、猜想与假设、制订计划与设计实验、进行实验与收集证据、分析与论证、评估、交流与合作，了解探究活动的完整过程，提高自己开展此项活动的能力。

（三）情感态度与价值观

1. 知道植物是我们日常生活中最重要的生物的一部分，它们可以给我们提供愉悦消遣的环境，人与自然和谐是最好的生态。

2. 兴趣是最好的老师，自己爱好的事，坚持做下去，就是自我的最好表现。

（四）其他目标

培养青少年强烈的社会责任感，携手共建绿色家乡的环保意识——教育性；从认识植物花卉开始，认识植物必须持之以恒，不能一蹴而就——延续性；获取植物图片，制作植物图鉴，形成参考资料（校本教材）——推广性、实效性。

四、参与活动对象与人数

活动对象主要确定八年级学生为主，他们已通过七年级一学年生物知识的学习，对植物学有了一些认识，另外体力也都较好，学习时间也没有九年级毕业班那么紧张，能保证持续开展活动。

另外，我们学校因为已开展多年综合实践活动，有几十名优秀学生升入重点高中，还有的已在读大学，他们也有丰富假期生活的想法，并且学习、研究方法都有长进，可以决定聘请他们当指导者和参与者。

五、活动内容及过程

（一）活动内容

主要设想按"五E学习环"（引入、探索、解释、扩展、评价）过程，设计开展活动。

1. 引入（Engage）

（1）在学生开始科技实践活动之前，举行一个小测试，以了解他们对植物的了解程度，能否说出自己所熟悉的一些植物，能否通过认识一些花来认识一些植物。

（2）在小测试后进行的讨论中，我们还要了解学生已经知道哪些内容，对植物的器官根、茎、叶、花、果实、种子都有哪些认识，对课堂中学习的相关生物学、植物学知识掌握程度如何，还会通过课堂或集中讨论、交流，掌握活动开展所必须知道的基本知识和技能。

（3）我们还会继续讨论，通过学生自主情况、了解信息情况，确认科技实践活动主题——从花开始，认识本地植物。并可确定学生各自参与活动的侧重点，加深研究性学习。

（4）以学校组织活动为中心，以安全活动为重点，加强安全教育。统计活动学生人数，按所在村组划分若干个小组，另外根据本地老师较多，31个村几乎每个村都有老师在中学任教的特点，将这些老师也按村组分到每个学生活动小组去，采取结对子的形式，给予学生小组充分指导。必要时还可邀请当地群众一二名，或家长，或村干部同时开展活动，确保活动安全，万无一失。

2. 探索（Explore）

（1）学校组织以班级或活动小组为单位，就近在学校、公园、社区周边田野认识一些植物，并拍摄一些植物花卉图片。对于不确认的植物，需要教师检查并确认植物无毒以后，才可以接触，继续观察。如需采集标本，教师需示范如何采集，并指导学生采摘少量植物花卉或采集植物全苗（枝），进行深入学习和研究。

（2）师生利用周末或假期开展活动。学生自由活动，必须有准备、有报告、有同伴、有安全活动看护人一起开始野外观察树木、野草、蔬菜等植物花卉情况，利用相机、手机等拍摄相关图片，以学生小组为单元，绘制植物花卉草图，标注名称、拍摄（采集）时间、地点，设计并完成图表，以确保自己能够辨认出花卉差异和植物。条件不具备的，一定要邀请老师参加，作为指导和安全看护人。严禁对高墩、溪边、塘边、深井旁植物进行调查，严禁对有苍苔、有蛇虫出没的地方的植物进行调查。一句话，学生个人活动，如无父母、老师、群众指导的情况下，不做调查。千万不能忘记，安全第一。指导老师可每周轮换到不同活动小组，指导学生开展活动、拍摄照片、采集标本等。师生这些活动还可让学生记录参观情况、心情、观察结果等。

3. 解释（Explain）

（1）学生将拍摄的花卉图片、采集的植物样本带回学校或家庭，咨询指导教师、专业教师、家长、专家，通过网络环境搜索，图书馆书籍查询，获取植物方面更多知识，同学间相互展示活动结果，并交流、讨论活动过程中所见所闻所感。

（2）学生们开展独立研究来决定所观察、认识、研究植物哪些信息应该被纳入更深入研究内容。让学生小组参考专业的关于本区域的植物图鉴，了解都包含哪些信息，然后让他们自己制作一套选择标准，按要求制作完成包括植物名称、学名、生长条件、照片、插图等相关信息在内的植物图鉴。

（3）各参与活动小组或学生，将各自学习、研究内容，进行展示汇报、交流、评估。

上述三个过程，是师生了解本地植物的重要步骤，一些植物（包含药本植物）本地人能说出名称或应用，但大多缺少相关专业知识，这个环节，用知识来武装师生包括本地群众头脑，是非常重要的。

4. 扩展（Elaborate）

（1）学生在研究过程中，继续完成植物花卉图案的精心制作，形成本地植物基本情况汇总、作品、校本教材，成为学生学习研究的工具，并经过持续的研究，进一步补充更新。

（2）学生在研究植物花卉过程中，有可能发现一些昆虫，甚至一些野生动物，这时就有可能将昆虫、野生动物添加到图鉴中。

（3）学生在研究植物花卉过程中，还有可能想到吟咏植物花卉的诗词联句,也可作为拓展活动。

(4) 学生在研究过程中,还会发现植物花卉的食用、药用价值,这些内容也可继续拓展。

……

这些拓展活动的开展,又可由不同小组学生,进行深入的研究性学习。

5. 评价（Evaluate）

(1) 学生将他们制作的植物图鉴词条交给老师进行评估,并制成最后的本地植物图鉴。学生们相互交流所学到的知识的能力不仅有助他们加深对概念的理解,还可以作为老师评估他们学习程度的一种有趣的方式。学校在对学生使用相同的评价量规表,对他们参与活动过程的态度、表现、合作精神、完成的任务（作品）进行评价,以褒扬他们活动过程中所取得的成绩和精神。

(2) 将学生的作品整理、规范,参与竞赛活动。

(二) 活动安排

1. 活动时间、地点及主要内容。2014年3月—2015年2月,时长一年,经历春夏秋冬,便于一年四季全面观察森林季相变化及收集更多植物图片资料。

表6 活动时间、地点、主要内容及注意事项详

活动时间	活动地点	活动主要内容	注意事项
3—5月（上课时间）	校内校外	主要利用春季大好时光,学校上课时间,开展一次或两次户外活动,观察附近公园、广场、家庭、单位等植物种子发芽、出苗、长嫩叶、开花、结果等过程,拍摄图片,了解植物生长过程等	采集标本方法的指导;安全指导
3—5月（周六、周日及五一长假时间）	校外	指导老师下到各活动小组,或接受各活动小组邀请开展活动,主要拍摄各种野花野草,各家庭特有的花草树木图片,认识植物,采集标本	特别注意安全,学生外出活动要获取家长同意或知晓,安全返家

续表

活动时间	活动地点	活动主要内容	注意事项
6月	校内 校外	继续对当月花期植物进行观察；对前期开展活动获取图片、标本进行整理、归类等	6月，因临近考试，暂停活动，特别是九年级，其他各年级也要加强文化学习
7—8月（暑假时间）	校外	暑假期间，学生可在家由父母指导开展认识田园蔬菜活动。同时更可在父母指导下，认识一些植物，远程学习，网络资源查询，学海泛舟，增加植物学知识	随时了解和掌握学生活动动态，进行方法指导，沟通家长，互动，形成共同体，共同提高
9月	校内 校外	开学复课，对学生暑假活动资料进行收集、展示、评价。同时对开展秋季活动进行布置	阶段性资料进行收集和整理
10—12月	校内 校外	主要实施"五E学习环"中的"扩展"和"评价"步骤。12月下旬，主要是对整个活动进行资料整理，撰写研究报告或编写校本教材了	可参照上学期活动模式开展
活动地点说明： 校内：主要是召开主题班会，组织课堂学习，进行安全教育，通过网络、图书等媒介获取相关理论知识，举行启动仪式，提出倡议，参加志愿者服务行动等 校外：主要是野外调查活动，给植物根、茎、叶、花、果实、种子拍照、调查等			

2. 成立组织机构。根据活动主题，成立组织机构，设立相关职能小组，并规范职能。

（1）领导小组：活动指挥，负责活动的安全、联络、关系协调等。

（2）科学指导小组：含调查咨询、科学实验、资料收集小组等，负责科技知识、研究方法指导，学生实践活动领队。

（3）后勤保障小组：负责活动的经费、器材、车辆、食品、药品、救护等保障。

3. 遴选指导教师，活动具体开展时定。

4. 确定参与活动学生。

5. 制订安全规则，重点突出野外活动安全。例如，强调不单独外出，要结伴而行，高塬、悬崖、泉边、易滑坡地段、水库等地方不能靠近，必要时带棍而行防蛇等。（不详述）

6. 发放安全顾问聘书等。

7. 活动开展、指导、反思、督促、评价。（具体见活动内容）

六、活动原则

1. 全员参与，全程参与。全员参与指面向全校学生，使每一位学生都有机会获得参与的机会，从而获得发展；全程参与，指学生参与本活动的全部过程，在每个过程中感受、体验、探究、发展，立足直接感知，创设体验情景，重视学生直接经验的获得。

2. 在普及的基础上提高。在活动开展一定时间后，可在参与活动的学生中选取生成性问题比较多和好的代表，做进一步调查，向纵深方向发展。

3. 体现科技实践活动开展的开放性和舒展性。开放性，表现为学生可自由参加或退出课题组，内容不确定，任务不分配，时间不安排，学生自主。舒展性，表现为学生对开展活动有浓厚的兴趣，能自觉坚持继续开展活动。

4. 体现科技实践活动必备的特点：真实性、示范性、教育性、完整性。

七、重点难点

1. 重点：认识植物花卉，拍摄植物图片，认识本地植物。

2. 难点：错过了"花"期，同样认识植物，制作植物图鉴及学习更多植物知识。

八、创新点

1. 创设实践活动的"村组建制"。将参与学生按地域关系，自然分成活动小组，并且老师也参与其中，这是因地制宜的做法。因为同村组学生一起长大，彼此熟悉，甚至还有亲缘关系，容易组织、交流，活动时交通压力小。

2. 创建实践活动"社团"的学生组织。主题实践活动社团是由学生倡议，自主竞聘产生的。具有协助学校组织活动、主办社刊、网页、下派记者等组织、宣传、公关的职能效应，可起到学生中的"领头雁"作用，初中年龄段的青少年于某种条件下发挥的作用胜过老师。加之社团独立组织活动的职能和持续性，在实践活动中发挥的作用远大于"小组"。

3. 招聘志愿者协助完成科学调查体验活动。志愿者可从暑假回家的大学生中选择，也可从学生家长中选择。招聘回乡度假大学生志愿者，既可丰富他们的假期生活，又可通过他们给中小学生提供相关科学知识、学习方法、实践技能等方面的指导。招聘本村家长志愿者，既可起到向导和安全助理的作用，又可起到义务宣传员和实施者的作用，还可让他们看见孩子们活动，见证自己孩子成长，带给自己快乐。

4. 打造本地科技创新教育特色，举行切合本地实际的以"生态自然环境"为主题的系列活动，如对本地生态环境、植物种群、动物种群、水系、矿产、环保……进行科学调查体验和校外科普活动。

九、实施活动方案的有利条件

（一）自然资源

张谷英镇自然资源丰富，林地面积大，植被丰富，是进行该主题活动的良好的场所（详见活动背景）。

（二）人文资源

1. 校内人文资源：含师资资源、设施资源、经验资源等。
2. 校外人文资源：主要是专家学者资源、研修基地资源等。

十、可能出现的问题及解决预案

1. 学生对本活动的意义认识不够，活动过程出现时冷时热；家长不重视与孩子的配合，甚至认为是不务正业，不支持该活动。

解决预案：对学生进行思想教育，讲明科技实践活动的意义，做好深入的宣传动员，并与学生家长沟通，取得家长的支持与配合。如果部分学生坚决不想参加，也要体现科技实践活动开展的开放性和舒展性，即学生可自由参加或退出课题组，内容不确定，任务不分配，时间不安排，学生自主。如果学生出现时冷时热的现象，则分析原因，从容应对，出现冷时及时升温。

2. 活动过程中时间的把握与课内学习的矛盾。

解决预案：坚持学生学习以课堂学习为主，开展科学调查体验活动，还是要利用双休日和暑假时间。必要外出调查或体验活动也要征得学生或家长的同意。

3. 活动过程中的安全问题。严格按安全规定操作；外出调查采访，教师或家长随行指导。

4. 植物花卉图鉴制作难度大的问题。不要求目标一致，可以实行层级制目标，难度逐渐加大，直至完成。

十一、预期效果

1. 学生参与活动日志、记录资料、拍摄的照片、研究性表格、活动感言等；

2. 学生交流展示过程中的图表、照片、PPT、纸质材料等；

3. 植物花卉图片、图鉴；

4. 活动开展结论——调查（研究）报告；

……

十二、指导策略

1. 科学调查体验活动、校外科普活动开展方法的指导。

2. 就本方案活动的植物分类科学性指导。

（1）植物简单分类方法的指导（学生可能列出的）：

一年生植物、多年生植物；

草本植物、木本植物；

陆生植物、水生植物；

野生植物、非野生植物；

……

（2）学生了解的生物学教材上分类知识：

一般将植物分为藻类植物、苔藓植物、蕨类植物、裸子植物和被子植物。

（3）更高级的植物分类学知识：界、门、纲、目、科、属、种……

3. 植物标本采集和制作的指导。

4. 植物图鉴的制作指导。

……

十四、鸣谢

目前就方案的拟订，得到中国科协青少年活动中心专家指导修改，特别感谢。

湖南省岳阳县张谷英镇中心学校
2014 年 3 月 2 日

参考文献：

[1] 义务教育教科书：生物学：七年级上册［M］. 北京：人民教育出版社，2013.

[2] 尼尔森. 圣智（原汤姆森学习）科学教育教材［M］. 徐满才，谢祥林，译. 长沙：湖南教育出版社. 2010.

[3] 中国科协青少年科技中心. 2012 年科学教育活动案例集［M］. 北京：科学普及出版社，2013.

[4] 赵渤. 药用植物栽培采收与加工［M］. 北京：中国农业出版社，2001.

[5] 任桑甲，余玮. 提防身边的动植物［M］. 重庆：重庆大学出版社，2009.

[6] 黄勇. 植物之谜：大自然的神秘玄机［M］. 南宁：广西美术出版社，2013.

[7] 田战省. 关于植物的有趣问题［M］. 长春：北方妇女儿童出版社，2013.

[8] 马斯格雷夫，马期格雷夫. 改变世界的植物［M］. 董晓黎，译. 太原：希望出版社，2005.

"管好自己的嘴 防止病从口入"

岳阳县张谷英镇中心学校生物与环境课题组

指导教师 丁群芳 陈 炀 袁雪峰

摘 要：2012年9月28日，岳阳县张谷英镇中心学校部分学生出现腹痛、腹泻现象，经卫生疾控中心取样送检，确定为"秋季感染性腹泻"。事件发生后，经各方通力合作，几天时间，所有感染学生治疗出院，没有出现大面积学生感染。事后，学校结合此次事件，开展从食物源头上预防疾病发生的"管好自己的嘴 防止病从口入"的科学调查体验活动，呼吁在食物源头上把好关，超市购物学会明察秋毫，学会正确防控肠道传染疾病，健康生活，告别校园里的"豆芽菜"和"小胖墩"体形，健康成长。

关键词：食物选购；预防疾病；健康生活

一、活动背景

2012年9月28日，岳阳县张谷英镇中心学校21名学生出现腹痛、腹泻现象。事情发生后，县委县政府高度重视，书记、县长亲临现场，部署治疗防控工作，迅速成立医疗救治、疾病防控、病情调查等工作小组，调集县直医疗单位精干医疗专家和医护人员，积极开展取样、治疗等工作，全面排查，及时了解学生情况，对有腹泻症状的学生进行治疗，跟踪掌握事件发展情况。经取样送检，腹泻学生被确诊为"秋季感染性腹泻"。经过各单位共同努力，出现症状的21名学生全面康复。10月8日，全校正常复课。

通过此次事件，我们发现饮食方面不健康是学生出现疾病的首要问题。但是很多学生不知道该如何科学地饮食，很多学生有挑食、偏食、爱吃零食的不良习惯，校园里的"豆芽菜"和"小胖墩"不少，科学饮食知识的缺乏以及不良饮食习惯，严重影响中小学生的健康。

二、活动目标

密切青少年与生活的联系，推进学生对自然、社会和自我的内在联系的整体认识和体验，发展青少年的创新能力、实践能力以及良好的个性品质。具体目标分述如下：

1. 知识与技能目标：学习并掌握食物与营养、食品与健康等基本知识，养成科学合理的饮食习惯；学习和掌握一些食品辨别方法，能够学以致用；了解一些基本传染病的名称及传播方式，预防疾病发生。

2. 过程与方法目标：开展科学调查体验活动，让青少年参与观察、调查、参观活动，经历活动过程，交流、讨论所得，体验获取知识的愉悦；开展科学探究活动，让学生通过提出问题、猜想与假设、制订计划与设计实验、进行实验与收集证据、分析与论证、评估、交流与合作，了解探究活动的完整过程，提高自己开展此项活动的能力。

3. 情感态度与价值观目标：使学生在小组活动中充分发挥自己的能力，善于和他人合作，培养合作的团队精神，并关注现实生活，了解中华民族的饮食文化，关心自己和他人的健康。

三、活动实施过程与内容

1. 确定活动主题——"管好自己的嘴 防止病从口入"。

2. 成立组织机构，设立职能小组，规范各职能小组职责。

（1）领导小组：活动指挥，负责活动的安全、联络、关系协调等。

（2）科学指导小组：含调查咨询、科学实验、资料收集小组等，负责科技知识、研究方法指导，学生实践活动领队。

（3）后勤保障小组：负责活动的经费、器材、车辆、食品、药品、救护等保障。

3. 活动实践安排：周末、节假、寒假为集体活动时间，外出调查、科学实践、实验由领导小组安排，并进行资料分析、统计等。

4. 活动内容与实施。

（1）调查咨询组负责调查我校学生对食品安全与卫生的认识，并通过问卷调查的方式了解我校学生的饮食习惯。

（2）科学实验组负责组织生物与环境课题组的学生，利用课余时间在学校的实验室开展相关科学实验,并结合实验过程及结果,组织学生开展相关的科学调查。

(3) 资料收集组负责组织学生做好调查结果的记录,收集相关资料,并进行统计分析。

(4) 宣传组负责利用学校宣传窗宣传科学饮食知识,组织全校各班办好关于"科学饮食,健康生活"的黑板报;团支部办好团报;充分发挥广播站的作用;发传单,向社会广泛宣传。

(5) 指导小组负责学生动员、活动过程指导、资料整理、撰写活动总结报告。

四、活动调研结果和我们的建议

(一) 就事论事,抗击"9·28"学生感染性腹泻事件经验总结

学生感染性腹泻并不可怕,是可防可治可控的。关键是要做好如下工作:

1. 落实卫生疾控部门总结推广的"十五字"方针:"喝开水、分餐具、吃熟食、勤洗手、常消毒"。

2. 落实"五种卫生":饮水卫生、饮食卫生、个人卫生、环境卫生、心理卫生。

(1) 饮水卫生。重视生活饮用水源保护;禁止堆放、填埋、倾倒有毒、高残留农药等危险废物,以及工业废物、生活垃圾、粪便、建设工程渣土和其他废弃物等。(2) 饮食卫生。做到"四禁",即禁凉用热、禁卤用淡、禁生用熟、禁陈用鲜;做到生活规律;做到饮食新鲜、干净、清淡、低盐、少糖、多醋;做到饭前便后洗手;做到不购买三无食品饮品,不随意购买、食用街头小摊贩出售的劣质食品和饮料。(3) 个人卫生。做好"五要""五不要":要生活规律、要心态平和、要适度锻炼、要营养平衡、要主动就医;不要带病出游、不要随地吐痰、不要乱丢垃圾、不要洗冷水澡、不要过度疲劳。(4) 环境卫生。及时清扫,做好消毒,人居室内通风换气,居家衣物及时曝晒。(5) 心理卫生。面对应急,心态平和;不信谣言,不传假信;不必惊慌,不能放任。

3. 按标准做好消毒工作:

餐具容器消毒:84消毒液,比例1∶200;

制作间、厨房等环境清洗:84消毒液,比例1∶150;

校园环境（包括教室、寝室）：含氯消毒剂，比例按说明书；

厕所及粪池：按粪量的 1/5 投放生石灰，并搅拌；

寝室床铺、课桌椅：用 84 消毒液（比例 1∶150）抹洗；

饮用水消毒：用食用碱洗水池、水塔，投放漂白晶片（100 斤水/片）。

（二）调查所得，我们呼吁在食物源头上把好关

饮食者，人之命脉也（李时珍语），但是食源性疾病是我国目前头号食品安全问题。我们通过逛市场、超市，查阅图书资料，网络搜索相关问题，了解到了一些不放心食品，危害人的健康，希望国家工商和执法部门，为我们在食物源头上把好关。

大米不易保存，易发生霉变，如果食用了霉变的大米，极有可能导致发热、腹痛、呕吐、食欲减退等。因此我们要学会识别不放心大米，在家庭里储存好大米。

如果长期过量食用添加增白剂的面粉，将损害免疫系统功能，大大削弱人体抵抗能力。增白剂会对肝脏造成严重的负担甚至损害，可能引发多种疾病，即使只是偶尔食用也会使人产生恶心、头晕、神经衰弱等中毒现象。

不法商贩为了使蔬菜更加好看，会先用化学药剂浸泡，这样多少会残留一些异味；有些则会在采摘的前一天再打一次农药，这样会导致叶片上残留农药过多；而有些为了反季上市得到更高的利润，常常会使用催熟剂这类化学制剂，对健康非常有害。长期接触或食用含有农药的食品，会破坏神经系统的正常功能，干扰人体内激素的平衡，降低人体免疫力。

不法商贩为了增加猪肉的重量，会在肉中注水，俗称"注水肉"；有的将病害猪肉当作正常的猪肉来卖，俗称"瘟猪肉"；有的会给猪喂食"瘦肉精"，使猪的自然生长规律产生变异，使其只长瘦肉，不长脂肪。病猪有多种疾病，疾病感染人体后，会出现不同的反应，轻者恶心呕吐，比较严重的会出现意识丧失、口吐白沫、四肢抽搐等症状，伴有尿、便失禁。

而这些米、面、绿叶蔬菜、猪肉等，无一不与我们每天的生活息息相关，我们怎么能对食物放心呢？！

（三）体验活动，我们选购食品要明察秋毫

超市物品琳琅满目，但有一些金玉其外，败絮其中，我们可以学会正确解读包装上的种种标识，规避超市食物陷阱，选购如意食品。

1. 查看商标。"TM"是英文"Trade Mark"的缩写，中文意思就是"商

标". 而另一种常见标志"R"是英文"Register"的缩写, 中文意思是"注册商标".

2. 查看生产日期。我国相关法规明确规定, 日期标示不得另外加贴、补印或篡改。如果日期标示采用"见包装物某部位"的方式, 应注明具体的标注位置, 不得以"见外包装"等词语模糊带过。

3. 查看产品标准号。这是用来标明产品所执行的国家标准、行业标准或企业标准的代号和顺序号。我国相关法规规定, 产品上一定要有产品标准号才能进入市场。

4. 查看质量安全标志。食品市场准入标志由"质量安全"的英文（Quality Safety）字头（QS）和"质量安全"中文字样组成。标志中字母"Q"与"质量安全"四个中文字样为蓝色, 字母"S"为白色。我国法律规定实施食品市场准入制度, 食品出厂前必须在其包装或标识上加印（贴）QS标志, 没有标志的不得出厂销售。

5. 查看条形码。条形码也称为线条码和条码, 是一种通用的商品包装标签, 可以说是商品的身份证。它可反映出许多信息, 在商品的生产、销售、贮存和检查沟通信息等方面起到了重要作用。每一个条码都分为三部分: 厂商识别代码、商品项目代码和校验码。

（四）经历"9·28"感染性腹泻事件防控, 面对腹泻和肠道传染病我们不害怕, 我们能预防

一般来说, 传染病能够流行, 必须同时具备以下三个基本环节: 传染源、传播途径、易感者。

传染源: 被各种病菌感染的病人或感染了病菌但没有发病的人。

传播途径: 空气、水源、食物、土壤、一般接触（手、皮肤）、某些动物等。

易感者: 对某种传染病缺乏抵抗力的人。

（五）告别校园"小胖墩"和"豆芽菜"体形妙招

告别校园"小胖墩"体形的十招:

1. 食物多样, 以谷类为主, 适当多吃些粗粮, 如玉米面、小米、黑米、燕麦等。

2. 尽量少吃高热量食品, 如糖、各种甜食、油炸食品、肥肉等。

3. 少喝或不喝含糖饮料。

4. 多吃蔬菜、水果、豆腐，适量吃瘦肉、鱼虾、蛋、奶等。

5. 吃饭要细嚼慢咽，不挑食，不偏食。

6. 选择自己喜欢的并能坚持下去的体育项目，培养1~2项体育爱好，如乒乓球、羽毛球、踢毽子、跳绳、游泳等。

7. 每天积极参加学校组织的各项体育运动。

8. 能走就不站，能站就不坐，能坐就不躺。

9. 每天看电视、使用电脑的时间不超过2小时。

10. 每做40分钟作业，起来活动10分钟。

告别校园"豆芽菜"体形十招：

1. 坚持一日三餐，食物应多样，不偏食，不挑食。

2. 每天吃一个鸡蛋，再适当多吃一点儿肉类产品。

3. 豆浆、豆腐等豆制品营养价值高，要经常吃。

4. 坚持喝奶，保证每天喝奶300毫升。

5. 常吃一些含铁丰富的食物，如瘦肉、动物内脏、动物血、蛋黄等，预防缺铁性贫血。

6. 适量吃一些营养价值高的零食，如核桃、花生、牛奶、水果、含糖低的糕点。

7. 积极参加学校组织的体育运动。

8. 多晒太阳、多做户外运动，有助于身体合成维生素D，帮助钙的吸收。

9. 认为瘦就是美的观点是错误的，应避免盲目节食。

10. 如果出现严重的营养不良，应及时就医，由专业人员进行诊治。

五、结果分析探讨

学生通过实验与科学体验活动，明白了平时饮食习惯的潜在危机。例如：自己常吃的零食是多么不卫生，没有营养价值；饮料不仅没有给自己补充营养，还对身体有害；告诫自己学会健康饮食、科学饮食，管好自己的嘴，防止病从口入。

六、活动体会

本次实践调研活动，我们经过采访咨询、科学实验、科学体验等社会实践活动，让全校师生及家长、居民对科学饮食的意义和如何科学饮食、健康生活等方面，都有了一个新的认识和了解。特别是利用宣传窗、倡议书、进村入户走访等方式，对科学饮食、健康生活进行广泛的宣传劝导，有效地提高了村民们科学饮食的意识，取得了很好的社会效益。

我们通过主动的理论学习、资料分析、实验探究、创新设计等科学研究活动，所产生的学习和探讨的积极性、团结协作的融洽性，使我们的学习方法、知识结构、创新精神、实践能力、环保意识、社会责任感等基本素质均获得了有效的培养和增强。

岳阳县张谷英镇中心学校生物与环境课题组
指导教师：丁群芳、陈炀、袁雪峰
2013 年 1 月 10 日

浅议"垃圾是放错了地方的资源"

丁群芳

摘　要：张谷英镇中学环保课题小组开展的"垃圾是放错了地方的资源"活动增强了学生环保意识，产生了良好的社会效应。

关键词：垃圾；资源；环保

一、研究背景及主题缘起

垃圾的泛滥并成为污染环境的公害，是近代工业社会，特别是城市化的结果，发展中的农村也不例外，垃圾作为人类文明进步的一种副产品，人类也能用文明的方法对付它。因此结合我校综合实践课程开设的实际，开展这次题为"垃圾是放错了地方的资源"的活动，大有裨益。

二、课题活动简介

张谷英镇中学环保课题小组开展的"垃圾是放错了地方的资源"活动是一次非常有意义的活动。活动过程中学生个个积极，人人争先，发出了倡议书，张贴了大量的宣传标语，挂出宣传横幅3条，发出学生问卷170份、社会调查问卷110份，发出宣传单500份，做出喷绘宣传窗口1个，各班及团支部共办出黑板报16块。收到手抄报152份，办出手抄报展览窗口1个；收到学生读书笔记150份，涉猎面广，内容全；收到学生网上搜索资料卡片27张。此次活动提高了学生综合实践、社会参与能力，社会反响强烈，实现了我们课题组的预期目标。

三、知识普及篇

（一）垃圾的概念界定

垃圾是"固体废物"。对固体废物，《中华人民共和国固体废物污染环境防治法》附则明确界定如下：所谓固体废物，是指在生产、生活和其他活动中产生的丧失原有利用价值或者虽未丧失利用价值但被抛弃或者放弃的固态、半固态和置于容器中的气态的物品、物质以及法律、行政法规规定纳入固体废物管理的物品、物质。

（二）垃圾的危害

1. 占用土地、污染土壤；2. 污染水源；3. 引发人体疾病；4. 造成白色污染；5. 生活垃圾中混入危险废物。

（三）垃圾的基本处理方式

1. 露天堆放：把垃圾堆放在某一地点，不采取任何措施。此法最不卫生，堆积场就是病虫病菌的繁殖地。

2. 卫生填埋：卫生填埋是在传统的堆放、填埋的基础上，出于保护环境的目的而发展起来的一项工程技术，就是在科学选址、场地防护处理后每天将垃圾用土覆盖、压紧。

3. 焚烧：将垃圾放在特殊设计的封闭炉内，在1000℃左右被烧成灰，然后送去填埋。

4. 堆肥：把垃圾和粪便堆成肥料，再撒回土壤之中，是我国农民保持土壤肥力的传统做法。堆肥是处理垃圾的最好办法，让有机质回到土壤中去也是对土地最好的保护方法。

（四）对付垃圾公害的方法——垃圾分类

垃圾分类是对付垃圾公害的最好办法和最终出路，可以保证资源的循环再生，其特点是：1. 节省土地；2. 减少二次污染；3. 可回收资源有了归宿；4. 有利于卫生和观瞻，垃圾分类后垃圾量减少；5. 提供就业机会，创造新的财富；6. 提升公民个人的环保意识和生活素质。

（五）减少垃圾，从我做起

1. 不乱扔垃圾；2. 自备购物袋，少用塑料袋；3. 节约用纸；4. 回收废塑料等各种废弃物；5. 从我做起，传播环保意识，做无污染绿色使者。

四、绩效篇

（一）课题组对我镇治污工作的建议

1. 对广大群众定期进行宣传教育，提高他们的环保意识，减少日常生活用品垃圾，开展回收利用垃圾的比赛活动。

2. 建立农村垃圾处理站，把有价值的垃圾作为资源加以开发利用，实现废料向原料的转变，对垃圾进行减量化、资源化、无害化处理。

3. 在广大农村设立垃圾处理箱，在已有垃圾箱的基础上，增设分类垃圾处理箱，对垃圾进行分类管理和回收利用。

4. 大力宣传保护环境，共同呵护我们的家园，让空气更加清新，天更湛蓝。

（二）权威点评

"镇党委、镇政府认为，该项活动开展得很好，是一个非常有益的活动。希望此类活动能够多开展，搞得更好。"（张谷英镇党委、政府语）

五、心得篇

1. 科技活动激发了学生的求知兴趣。我们开展的"垃圾是放错了地方的资源"科技实践活动，极大地激发了学生的求知兴趣。在学校里，写倡议书、制订活动计划、办手抄报、办黑板报、向广播站投稿等活动，大大激发了学生的求知兴趣。

2. 科技活动培养了学生的创造能力。我们开展的"垃圾是放错了地方的资源"的社会科技实践活动，培养了学生的创造能力，学生通过策划、倡议、组织、实施活动，收集资料，走访寻找非文字信息，校内校外宣传，总结汇报和评价交流，演讲比赛，等等学到了许多有益的课本外知识。

3. 科技活动增强了学生的环保意识。我们开展的"垃圾是放错了地方的资源"的活动，增强了学生的环保意识。组织学生到渭溪河、集镇菜市场、张谷英村古建筑群实地察看和调查了解垃圾污染情况，了解垃圾是如何污染土壤、水体和空气的，并进一步了解这些受污染的土壤、水体和空气又是如何直接或间接地影响人体健康的。

4. 科技活动产生了良好的社会效应。我们开展的"垃圾是放错了地方的资源"的社会科技实践活动，产生了良好的社会效应。

"三调芭蕉扇"综合实践活动方案设计

——张谷英镇竹木资源的利用和开发

丁群芳

摘 要："三调芭蕉扇"是《西游记》中的精彩回目，脍炙人口的故事。巴陵扇是湖南省岳阳市地方名优特产之一，而芭蕉扇厂则是传统的巴陵扇生产基地。我校开展的"三调芭蕉扇——张谷英镇竹木资源的利用和开发"综合实践活动，则借助于传奇故事，立足于"三调"，分别以调查、体验、思考作为三次活动的主题，设计并开展综合实践活动，取得了良好的效果。

关键词：综合实践；方案；设计

一、引言：精彩的故事

"三调芭蕉扇"是《西游记》中的精彩回目，脍炙人口的故事，主要内容集中在第五十九、六十、六十一回。

第五十九回

唐三藏路阻火焰山
孙行者一调芭蕉扇

话说唐三藏一行西天取经，前方火焰山挡路。悟空打探消息，到翠云山芭蕉洞，向牛魔王妻子罗刹女借"一扇熄火，二扇生风，三扇下雨"的芭蕉扇。罗刹女对悟空降伏了她儿子红孩儿记恨在心，一扇将悟空扇去五万里。悟空巧遇灵吉菩萨，得到了定风丹，返回翠云山再战，被扇不动。接着变成虫子入洞，飞到茶水中，被罗刹女饮下肚，在腹内翻腾，罗刹女只得将扇借给悟空。悟空扇火不熄，方知是假。

一调芭蕉扇，失败。

第六十回

牛魔王罢战赴华筵
孙行者二调芭蕉扇

悟空一调芭蕉扇失败，经火焰山土地指点，又寻至积雷山，找入赘玉面公主的牛魔王借扇，也终因积怨，又与牛魔王大战，并追至碧波潭，偷来牛魔王的避水金睛兽，变成牛魔王的模样，骗得真芭蕉扇。却又在半途中，被追赶而来的牛魔王变成的八戒，反骗回去。

二调芭蕉扇，仍然失败。

第六十一回

猪八戒助力败魔王
孙行者三调芭蕉扇

悟空二调芭蕉扇失败，非常恼火，与八戒一起大战牛魔王。"成精豕，作怪牛，兼上偷天得道猴"从天上战到摩云洞，又从摩云洞打到翠云山，赌变化，较神力，更得托塔天王、哪吒三太子、六丁神甲等众神帮助，制服了牛魔王，夺得芭蕉扇。一扇，火焰山"平平熄火，寂寂除光"；二扇，"习习潇潇，清风微动"；三扇，"满天云漠漠，细雨落霏霏"，成功熄灭了火焰山上的大火。唐三藏师徒继续西行。

二、活动缘由

芭蕉扇业有限责任公司，前身为湖南省岳阳县芭蕉扇厂，成立于1972年，位于岳阳县张谷英镇芭蕉村芭蕉坳下，厂以地名。早在明末清初，该地就开始加工芭蕉扇，是闻名全国的"岳州扇"起源地，终于发展成为湖南省知名品牌企业，享誉东南亚。现有职工1500人，为我镇劳动力就业提供了广阔的空间，年产值最高9600万元，是我镇财政收入的主要渠道之一。我镇大部分学生的家长或亲戚，曾在该厂工作过，部分送子女就读的经费来源于此。因此，我们有必要对这特色资源进行研究，学校也可以开发综合实践活动的课程资源，建立可供学生开展综合实践活动的基地；学生可以走出课堂，走出校门，参与综合实践活动，体验与融入社会，获取经验与快乐，这不仅达到"生活即教育"的目的，也是新课程所倡导的理念。因此，我们决定借用

《西游记》中的精彩回目"孙行者三调芭蕉扇"的故事，开展一次调查研究活动。即分三次调查芭蕉扇业有限责任公司：第一次调查"精彩纷呈的芭蕉折扇、纸扇"；第二次调查"芭蕉扇的生产过程，学做一把扇"；第三次调查"芭蕉扇业对地方财政和劳动力就业所做出的贡献"，并拓展了解"扇文化"。这就是我们此次活动开展的缘由。

三、参与活动的学生情况分析

这次参与活动的学生主要为九年级的学生，他们已从七年级开始，连续开展了几期综合实践活动课程，对校外活动有着浓厚的兴趣和强烈的好奇心，他们有个性，会思考，也较善交际，有一定的实践能力，渴求通过亲身参与活动锻炼能力，渴求通过亲身经历体验父母养育子女赚钱的辛苦，也渴求通过接触成功企业家获得自己成功的动力。

四、活动目标

综合实践活动课程的特色决定了它的开放性和实践性，因此在活动过程中可以让学生在以下方面有所提高。

（一）知识与技能

1. 通过学习，接受教师的指导，获取采访、谈话的技巧与能力。
2. 能使用多种方式获取资料，合理整理资料，对资料进行分类。

（二）过程与方法

1. 培养学生进企业车间、作坊等进行拍照采访、问卷调查、角色体验等活动，在活动中锻炼与人沟通交往的能力。
2. 鼓励学生尝试某项操作，提高动手能力。
3. 在实践活动中，根据活动过程的发展，生成一些感兴趣的课题，采用适当方式再研究。

（三）情感态度与价值观

1. 使学生从家乡特色产业的辉煌成就中获得动力，激发学生热爱家乡并努力改变家乡面貌的人生感悟。
2. 通过接触优秀企业家，获得努力拼搏、奋斗进取的人生动力。

五、活动准备

1. 通过问卷调查，了解学生参与综合实践活动的兴趣，确定参与综合实践活动的学生及指导教师名单。

2. 通过培养与讲座，让学生掌握综合实践活动的一般方法和步骤。

3. 对学生进行综合实践活动过程中的安全教育及文明礼仪教育。

4. 学校领导与扇业有限公司领导联系，获取支持。

5. 设计好调查表格及问卷，确定每次活动主题、目标与具体内容，并进行活动过程指导和活动结束点评。

6. 做好时间安排。

六、活动过程

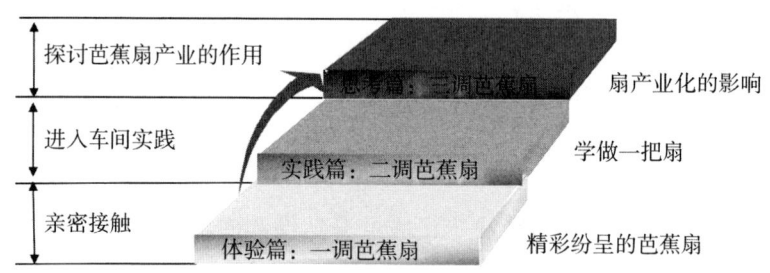

图 2　"三调芭蕉扇"活动过程图

第一次调查：体验篇——精彩纷呈的芭蕉扇。

活动目的：此次主要是让学生进行初次体验，欣赏精彩纷呈的芭蕉扇，主要以参观与采访的形式进行，了解扇厂简史、扇子的种类等。

活动形式：参观的学生主要是通过对扇厂成型产品的欣赏，可采用拍照、摄像等形式记录，产生心灵震颤，感受美感。访问的学生可设计相关表格，对公司管理人员或经理进行关于厂史、经营或管理模式的提问，做好记录，收集第一手资料，体验获取知识的快乐。同时在接触企业成功人士的过程中，锻炼自己沟通和交流能力，产生对别人的欣赏、敬仰，从而鞭策自己努力前行。

第二次调查：实践篇——体验芭蕉扇的生产过程，学做一把扇。

活动目的：学生通过"一调芭蕉扇"的参观活动，在欣赏精彩纷呈的芭蕉扇的基础上，会对所看到的扇有些爱不释手、迷恋……那么，这些精彩纷呈的芭蕉扇是如何做成的呢，这就是我们"二调芭蕉扇"的主要内容——参观采访，认真记录相关人员的介绍，深入车间，深入作坊，仔细看，努力问，认真听，做好记录，了解流程，亲身实践，学做一把扇。

活动形式：仍然是以参观和采访为主，深入车间看工人们是如何操作的，了解一把扇的生产过程，了解工人们一天劳作所获得的报酬，体验部分操作步骤，学做一把扇。

第三次调查：思考篇——芭蕉扇产业的作用以及可持续利用。

活动目的：探讨并思考芭蕉扇业所产生的作用，对我镇经济发展、劳动力就业、利税的上交、环境的影响等各方面的问题，形成自己的某些见解。

活动形式：主要再以思考、交流、总结、评估为"字眼"，对自己参与活动做结果评价，形成调查报告。

七、活动结果及反思

（一）活动结果。"三调芭蕉扇——张谷英镇竹木资源的利用和开发"综合实践活动，2010年参加第31届湖南省青少年科技创新大赛获评优秀科技实践活动二等奖。

（二）对张谷英镇竹木资源利用和开发的思考：

1. 张谷英镇竹木资源相当丰富，每年有大量竹木外销，是山区人民重要的经济支柱，每年能为我镇人民带来可观的收入，为财政带来可观的税费。

2. 竹木制品的历史悠久，大件就有床、桌、椅之类，还有农村中常用的竹篮、篓、晒垫、簸箕……，但是随着社会的现代化和进步，竹制品在农村中越来越少，甚至有些竹木加工行业不断消失。可喜的是芭蕉扇厂为我们农村山区乡镇利用竹木资源提供了典范。竹扇的实用性、工艺性、观赏性兼而有之，为经营者提供了无限的商机，经营者借此谋取了巨额财富，也为我们乡镇发展提供了持续动力。因此我们建议党委、政府立足我镇现状，挖掘、开发新的竹木工艺品课题，做好竹木品种的改良、防虫、防火等工作，"勿以物小而弃之"，以消费者为核心，以信息为纽带，搞好市场调研，充分发挥资源优势，吸引外资联合办厂，开发出更多的新品种，开辟出更多的新市场，达到产值效益好、环境污染小的"双型"效果，使芭蕉扇真的走向世界，真的闻名天下。

探究传统游戏，玩转"双减"课间

岳阳县荣家湾镇新长征小学综合实践小组

指导教师　彭旭红　丁艳　吴达

摘　要：传统文化不只有书法、绘画、国学等，还有更适合小学生这一年龄特点的传统游戏。传统游戏是一个国家的文化传承，也是一个民族重要的历史标志。传统游戏形式多样，具有浓厚的趣味性，易学、易做、易会、易传。同时，传统游戏的传统性、运动性、户外性、环保性，是现代电脑游戏所代替不了的。国家实行"双减"政策后，课间活动中加入传统游戏，通过实践活动，同学们不仅收集了传统游戏，传承了传统游戏，学会了玩传统游戏，还会创造新玩法，学会了分享合作，并带动更多的同学加入玩传统游戏的队伍中来。这些游戏丰富了学生的课余生活，使他们拥有并且回归到健康的童年。

关键词：传统游戏；双减；课余生活

一、活动背景

孩子是新时代的主人，是祖国的未来希望，爱学习、爱劳动、爱祖国，是充满生机的新一代。

"双减"政策提倡加强小学生的体育锻炼，小学生每天6节课，每个课间时量是10分钟，加上大课间和午饭后的时间，每个孩子平均支配的课间活动时间超过了100分钟。怎样利用这些时间让大脑得到休息，也不因追逐打闹而发生危险呢？同学们在课间活动时玩哪些游戏？还会玩哪些传统游戏呢？网络游戏具有很大的吸引力，使得越来越多的小孩不会传统游戏，他们丢失的是一种集体意识和与人交往的能力。以前学业负担过重，也是导致现在的孩子远离传统游戏的原因。并且我国的许多传统游戏蕴含了丰富的心理教育内容。由此我们科技实践小组决定开展"探究传统游戏，玩转'双减'课间"的探究体验活动。

二、活动目标

在国家实行"双减"政策背景下，我们将优秀的、有益的、适合本校学生实际行为与年龄特点的传统游戏融入课间活动，不仅为了丰富课间内容，让健康有益的传统游戏陪伴孩子成长，也为了让学生尽可能远离电脑、网络游戏；将传统游戏融入校本教学，让学生时时能在课间活动中实践探索，日积月累就能感受到传统游戏的趣味，从而逐渐喜爱传统文化。让传统游戏回到同学们的身边，让孩子们在这些传统游戏中体验快乐之"疯"、感受成长之"趣"。

（一）知识目标

学生通过实践活动，从传统游戏问卷调查、小小研究员招募、运动会上传统游戏宣传推广、传统游戏校本课程学习、传统游戏创新等，变被动学习为主动学习，在玩中学，玩转传统游戏，体验到童年的乐趣，也传承博大精深的传统文化。

（二）能力目标

借鉴"STEM"教育理念，结合科学、数学、语文、美术、体育等学科的特点，在活动过程中，学生收集并了解中国传统游戏的种类及玩法，寻找选择自己喜欢的、适合课间的游戏。同时探究传统游戏中的科学知识，创造新的玩法、改良用具，培养学生的探究精神和创新意识。

（三）情感态度与价值观目标

学习各种有益的传统游戏，明确课间讲安全讲卫生的重要性，养成良好的行为习惯。懂得遵守规则，丰富课间生活。在活动过程中，营造团结互助、谦让他人、尊重老师的礼仪氛围。培养学生与他人交往、相处的能力。

三、活动时间及人员安排

（一）活动对象

新长征小学1~6年级学生。

（二）成立组织机构并遴选指导教师

为了确保本次活动的正常开展，特成立组织机构，具体安排见表7。

表7　组织机构成员表

教师组		
人员	职务	职责
彭旭红	校长	全面负责学校探究体验活动的工作
刘凯勇	副校长	负责探究体验活动的安全工作
吴达	活动组长	负责策划和实施
丁艳	科学老师	负责探究体验活动的落实
罗刚	体育老师	负责探究体验活动的落实
徐琴	大队辅导员	负责探究体验活动的落实
赵伟曼	数学老师	负责探究体验活动的落实
钟娜	美术老师	负责探究体验活动的落实
各班班主任		
学生组		
组别	组员	职责
益智组	梁文彬	负责翻花绳、折纸飞机、挑木棍等传统游戏的玩法整理和推广
益智组	荣俊达	负责翻花绳、折纸飞机、挑木棍等传统游戏的玩法整理和推广
益智组	熊乐仪	负责翻花绳、折纸飞机、挑木棍等传统游戏的玩法整理和推广
合作组	刘子轩	负责跳绳、跳皮筋等传统游戏的玩法整理和推广
合作组	管紫杉	负责跳绳、跳皮筋等传统游戏的玩法整理和推广
合作组	杨馨雨	负责跳绳、跳皮筋等传统游戏的玩法整理和推广
对抗组	何沛琦	负责斗鸡、丢沙包等传统游戏的玩法整理和推广
对抗组	张锐	负责斗鸡、丢沙包等传统游戏的玩法整理和推广
对抗组	费宇涵	负责斗鸡、丢沙包等传统游戏的玩法整理和推广
技巧组	何舒畅	负责抽陀螺、滚铁环、五子棋等传统游戏的玩法整理和推广
技巧组	黄存希	负责抽陀螺、滚铁环、五子棋等传统游戏的玩法整理和推广
技巧组	李昊彬	负责抽陀螺、滚铁环、五子棋等传统游戏的玩法整理和推广
协调组	唐英涵	负责踢毽子、跳房子等传统游戏的玩法整理和推广
协调组	刘嘉和	负责踢毽子、跳房子等传统游戏的玩法整理和推广
协调组	易子航	负责踢毽子、跳房子等传统游戏的玩法整理和推广

（三）活动时间安排（见表8）

表8　活动周次安排表

日期	主题
第一周	实践活动项目启动
第二周	开展问卷调查及传统游戏收集
第三周	小小研究员招募
第四周	玩转、创新传统游戏
第五周	2021秋季运动会传统游戏展示、推广
第六周	传统游戏校本课程学习

四、活动过程

"探究传统游戏，玩转'双减'课间"实践活动紧紧围绕"探究、体验、成长"这个主题，借鉴"STEM"教育理念和结合多种学科特色，分设如下五个板块：传统游戏活动启动、传统游戏小小研究员招募、学生自主探究传统游戏、运动会传统游戏推广、传统游戏校本课程学习。

（一）第一阶段：课间传统游戏项目启动

1. 确立活动项目。在"双减"时代背景下，为了丰富学生的课间生活，决定开展传统游戏与学科教育的融合实践。

2. 利用国旗下的讲话等时间，学校校长倡导并鼓励学生玩有趣的游戏、健康的游戏。少先队大队干部进行"玩传统、健康游戏"为主题的国旗下讲话。

（二）第二阶段：开展问卷调查及传统游戏收集

1. 活动项目启动后，科学实践小组进行"传统游戏知多少"问卷调查，掌握学生对传统游戏的了解情况，如学生感兴趣的传统游戏类别等。

2. 了解学生基本情况后，鼓励学生利用假期向家中长辈或在互联网上收集并了解传统游戏的种类和玩法。

（三）第三阶段：小小研究员招募

1. 各班召开"探究传统游戏，玩转'双减'课间"的主题班会。

图3 "探究传统游戏,玩转'双减'课间"主题班会

2. 少先队大队部发布招募令,进行"传统游戏小小研究员"招募。

(四)第四阶段:玩转创新传统游戏

1. 学生在教师的帮助下,对研究员收集的传统游戏进行汇总、整理,建立新长征小学传统游戏电子档案库,如翻花绳和折纸飞机游戏档案图(见图4、图5)。

图4 翻花绳游戏档案图

新长征小学传统游戏电子档案库

游戏名称：折纸飞机				
探究人员	荣俊达、胥梓烨		游戏类别	益智
介绍我的传统游戏	**我的发现1**：这个游戏需要哪些器具？			
	硬度适中的环保纸若干。			
	我的发现2：这个游戏是如何玩的？（用文字或者用手机拍摄一段介绍这个玩具玩法的小视频。）			
	1. 首先将一张长方形折纸沿中线对折。 2. 然后将底角沿中线折成三角形。 3. 接着把这个三角形往上折叠。 4. 然后把底角沿中线对折成一个三角形，另一边也折成三角形。 5. 然后把顶角往下折叠。 6. 接着沿中线对折。 7. 然后在中线下来1/5的位置往上折叠。另一侧也重复这样的操作。然后把折好的纸飞机翻个面。接着往里面折叠1/4左右的位置。另一侧也重复同样的操作。最后将侧翼垂直起来就可以了。一个纸飞机就做好了。			
	我的发现3：请你来当游戏设计师，你会创新出哪些新的玩法呢？			
	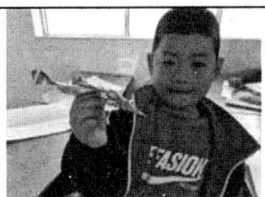 			
	备注：这是一个孩子们需要在长辈的陪伴、支持和鼓励下的长期的探究实践活动。			

图 5　折纸飞机游戏档案图

2. 将资源库中的游戏分成益智、合作、对抗、技巧、协调五大类。然后根据学生的年龄段、兴趣等特点，让学生自主选择游戏进行体验，在实践中进行优化，完善其玩法、规则和评价方式。根据不同年龄段学生的身心发展需求和特点，将游戏按照低、中、高三个年龄段进行合理分配。低年级注重趣味性和集体性，中年级注重趣味性和技巧性，高年级则注重技巧性和竞技性。课间活动时，校园内到处都是同学们玩转传统游戏的身影，如图6所示。

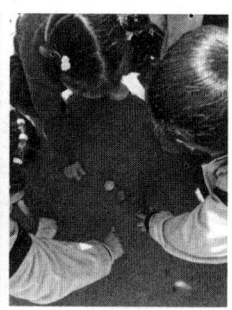

图 6　学生在校园内玩转传统游戏

（五）第五阶段：2021 秋季运动会传统游戏展示、推广

研究员对传统游戏有了基本了解，你是如何玩的？能教其他的朋友一起玩吗？在校园内合理分配活动场地，在校园运动会上进行相关展示和推广活动。对于场地不限的游戏可以进入班级推广，需要在操场中进行的传统游戏直接在运动会上进行展示和讲解。

（六）第六阶段：传统游戏校本课程编写和学习

为了培养学生的创新精神和实践能力，借鉴"STEM"教育理念，结合科学、数学、音乐、美术等学科的特点，确定以挑木棍、折纸飞机、跳皮筋为课例进行校本课程编写和学习，更多的游戏课程也需要进一步研究。

五、活动总结

围绕"探究、体验、成长"主题的"探究传统游戏，玩转'双减'课间"实践活动开展以来，学生主动探究、学习、亲身经历多环节的体验，并收集游戏、体验游戏、推广游戏、创新游戏。

（一）我们的发现

此次活动我们亲历调查问卷设计，共设计了 8 道题，在全校一到六年级学生中开展，共收回问卷 1067 份。通过问卷的结果和一周的观察结果，我们发现如下问题。

1. 课间时间缩水

学生每天上 6 节课，每节课的课间时间是 10 分钟，下课后大部分同学会选择先去上厕所，同时课前会提前一分钟打预备铃，这时候同学们基本已经进入教室进行课前准备活动。所以这些短的课间时间，同学们进行游戏的时间很短。

2. 课间活动种类单一

大课间时间和午饭后的时间有 50 分钟。我们分别以高年级（五、六年级）、中年级（三、四年级）、低年级（一、二年级）学生为对象进行调查，调查结果显示：高年级有 24% 的同学会进行体育锻炼，在教室里谈心和完成作业的各占 33%，其他（包括上厕所）占 10%；中年级有 22% 的同学会进行体育活动，教室内做作业的占 45%，其他（包括上厕所）占 33%；低年级有 17% 的学生会进行体育锻炼，21% 的学生就是在教室里活动，其他（包括上厕所）占 27%。

3. 游戏种类单一

中低高年级的 76% 的男生都是聚在一起打卡（奥特曼纸卡或者塑料卡），或者进行追逐游戏。

4. 对传统游戏了解甚少但兴趣浓厚

从数据来看，常见的传统游戏如老鹰抓小鸡、跳绳、打弹珠等大多数学生都玩过。男生对抽陀螺、斗鸡、滚铁环感兴趣，而女生则对跳皮筋、跳房子等感兴趣。73% 的学生希望学校能开展传统游戏课程教学，和老师一起玩游戏，44% 的学生希望学校能开展传统游戏的比赛活动，总的来说则希望课间游戏活动丰富多样。

现代学生的童年被电子产品围绕，对传统游戏了解少，不会玩，且以前学业负担重，平时缺少玩伴和玩的自主性。同时校园时间和空间又有限，学校安全性限制和场地不够也是出现这种现状的一个重要原因。

（二）我们的做法

游戏是儿童的天性，也是儿童成长中必不可少的组成部分。丰富多彩的游戏活动不仅可以促进学生的身心健康发展，而且能增长学生的知识，发展学生智力，是对学生进行全面发展教育的重要形式。针对问卷的结论，我们把父辈们的传统游戏引入我们的课间活动，开展丰富多彩的传统游戏探究活动。

我们共招募了 56 位"传统游戏小小研究员"，其中有 38 位同学被评为"传统游戏优秀研究员"。我们的新长征传统游戏电子档案库收集了 20 种传统游戏，并将它们进行了以下分类（见表 9）。

表9 传统游戏分类推广表

游戏种类	游戏名称	需要用具	拟推广年级
益智	翻花绳	一根约60厘米的细绳	中低年级
	折纸飞机	环保硬纸若干张	全校
	挑木棍	一捆大小长度相同的棍子,可以收集冰棒棍	中低年级
	折东南西北	环保白纸或作业纸一张	中低年级
合作	跳绳	短绳和长绳	全校
	跳皮筋	3米以上的橡皮筋一根	中低年级
	拔河	拔河绳	全校
	丢手绢	手绢或其他有特点的物品	中低年级
对抗	打弹珠	弹珠若干	中高年级
	老鹰抓小鸡	无	中低年级
	丢沙包	环保沙包若干	中低年级
技巧	滚铁环	直径30厘米以上的铁环	中高年级
	抽陀螺	陀螺和抽绳	中高年级
	飞竹蜻蜓	竹蜻蜓	中低年级
	抓子儿	圆石子或替代品若干	中低年级
	五子棋	黑白棋子	中高年级
协调	方宝	废纸若干	中低年级
	跳房子	无	全校
	踢毽子	毽子	全校

（三）我们的收获

1. 传统游戏丰富了学生的课余活动

活动中，我们先通过询问长辈和上网查阅资料了解传统游戏，然后选择自己喜欢的游戏种类进行玩法探究，还知道了其中的一些科学奥秘，如陀螺为什么可以转呢，怎样才能让纸飞机飞得更远。下课后，校园内到处是我们跳皮筋、跳房子、踢毽子等的身影，老师也经常加入我们的队伍呢！课堂教学的传统游戏在课间活动中得到拓展延伸，大家都玩得不亦乐乎！

2. 传统游戏有利于促进儿童身心健康的发展

我国的许多传统游戏还蕴含了丰富的心理教育内容。比如：丢沙包、多人跳绳一类的团队型游戏，可以培养学生的协作能力、团队意识；"挑木棍""翻花绳"等游戏，则能锻炼学生的耐心、专注力，还能让学生学到怎样解决矛盾与冲突。游戏时处处讲规则，同学们在群体游戏中学会遵守规则，时刻遵守课堂纪律、讲文明，更加学会了宽容、理解、关心、合作和沟通。与电子游戏相比，传统游戏更加绿色和健康。课间玩转传统游戏，既锻炼了身体，又健全了人格。

3. 传统游戏点亮了"双减"课间，传承了传统文化

活动开始之前，很多同学根本不会玩这些传统游戏，甚至从来没有听说过。通过这次活动，我们发现中国传统游戏种类繁多，内容丰富多样，涵盖了技巧、速度、力量和智能等类型，具有趣味性、健体性、教育性和可操作性等特点，且有着极大的适用范围。学生了解了传统游戏，了解了传统游戏背后劳动人民的智慧，增添了对传统文化的热爱。这些传统游戏是智慧的结晶，应该得到传承。

4. 创新传统游戏，提高了学生的创新意识和学习的主动性

通过学习，学生的创新精神和实践能力得到了极大的培养。刚开始我们拿到陀螺，用线的鞭绳抽陀螺的时候，很难掌控。在一次次的比赛中，我们换了很多种绳子来抽，发现用塑料或麻绳等硬材质的鞭绳更有力度，陀螺能转得更久！陀螺比赛时，和体育项目相结合，用甩陀螺技术砸中保龄球为胜。低年级的小朋友在玩挑木棍游戏时还把数学中的几何知识和美术知识相结合，学科素养得到了极大的提高。

总而言之，通过参与游戏，同学们不仅了解了传统游戏，传承了传统游戏，学会了玩传统游戏，还会创造新游戏，学会了分享合作，并带动更多的同学加入玩传统游戏的队伍中来；这些游戏丰富了学生的课余生活，让我们感受了中华传统文化的博大精深和深厚底蕴。同学们拥有健康快乐的童年，更好地享受"双减"课间的趣味。

开展节粮活动，我们收获满满

李聪聪　张林　陈银

自从学校组织师生开展"节约粮食从我做起"科学调查体验活动以来，我们通过参加"了解传统粮食和现代食物""调查粮食加工、利用及浪费情况""参加农事活动，体验粮食获得的艰辛"等一系列活动，知道了很多有关粮食的知识，收获满满。

一、认识粮食

我国有一句俗语叫"四体不勤，五谷不分"，指不参加劳动，不能辨别五谷，用来形容脱离生产劳动，缺乏生产知识。

在这句俗语中，"四体"指人的两手两足，"五谷"分别是稻（又称水稻、稻谷）、黍（又称黄米）、稷（又称粟，俗称小米）、麦（又称小麦）、菽（俗称大豆），后来泛指粮食类作物。其中水稻、小麦、玉米是我国最主要的三大粮食品种。

除了"五谷"外，肉、蛋、奶、水产品、蔬菜、水果等也是人们餐桌上常见的食物。

二、了解大米加工方法

我们通过参观张谷英镇景区原始的大米加工作坊、芭蕉村大米加工厂，了解有关大米加工的知识。

最早的大米加工方法是用两块石板把稻谷夹在中间相互摩擦，使谷壳和大米剥离，然后趁着有风的天气在谷场上向上抛洒，风把质量相对轻的谷壳吹走，质量相对重的大米就落了下来。这种原始的方法效率很低。

后来，人们又将稻谷放入一个大型的石臼（一种像石碗的器具）中，再

图 7 粮食加工工具——"风车"

用木槌或石锤捶打（即舂米），然后通过人工挑拣或用竹筛来分离谷壳和大米。

图 8 粮食加工工具——石碾

接着人们又发明了"风车"，利用风力分离谷壳和大米。

再后来，人们在地上安装了一个直径大约 5 米的圆形石槽（碾），再做两个石轮，用木头做架子，利用畜力（牛或驴）拉动石轮在石槽里滚动，从而剥离谷壳和大米。据祖辈介绍，这种方式一直沿用到 20 世纪 60 年代。

现在，加工大米的工序都是机械化的了，我们体会到了科技的进步和社会生产力的发展。

三、交换土壤和种子

我们利用假期，准备了 20 多份本地黄壤和油菜、黑芝麻、湘莲的种子，分别寄往贵州省毕节市大方县第四中学、新疆博尔塔拉蒙古自治州精河县第一小学等 28 个省、市学校进行土壤、种子交换，同时也收到了很多学校回寄的富有特色的土壤和种子。

图 9　其他学校寄来的种子和土壤

四、开展探究实验

我们通过探究实验认识了"五土五谷"，以及全国 40 种农作物生长状态图谱，可谓大开眼界！

图 10　认识全国粮食图谱

我们还懂得了过度加工粮食会造成粮食浪费和营养流失。查阅资料后我们得知，100千克稻谷去壳后能制成80千克可食用的糙米，糙米制成精米，最少损失10千克，加上两次抛光、两次筛选又损失约4千克，不仅浪费了粮食，而且其中很多有益于人体健康的营养素和活性物质都流失了。

通过"扔掉一份肉，浪费多少粮"实验，我们知道了在生态系统中，能量是沿着食物链依次流动的。

我国每年有3亿多吨的粮食及粮食加工副产品等精饲料用于畜牧业及水产养殖业，我们吃的鸡肉、猪肉等都是通过消耗粮食转化而成的。据了解，扔掉一份鸡肉，相当于浪费其三倍量的粮食，所以节约粮食不仅仅要节约大米，我们平常吃的猪肉、鸡肉等肉、蛋、奶产品也不能浪费！（指导老师：丁群芳 袁雪峰 陈炀）

十个"一"活动，玩转交通标识

岳阳县张谷英镇中心小学科技实践活动小组
指导教师　丁群芳　费细芳　许　娟

道路交通标识是引导道路使用者有秩序地使用道路，保障道路交通安全，提高道路运行效率的基础设施，用于告知道路使用者道路通行权利，明示道路交通禁止、警告、指示等交通状况信息。交通标识主要由交警手势、交通信号灯、交通标志、交通标线组成。为了进一步增强岳阳县张谷英镇中心小学全校师生的交通安全法治意识，规范交通安全行为，提高交通安全自我防护能力，减少意外伤害事故，保障安全出行，我们在教师的指导下开展了"十个'一'活动，玩转交通标识，与交通安全'童'行"的科技实践活动。

一、设计并参与一次交通安全问卷调查

我们针对学生对交通标志、标线了解的程度，设计了几个简单的问题，如交通标志和标线是否属于交通信号，并出示一些交通禁令标志和指示标志让学生进行辨认，信息反馈为部分学生对交通标志和标线不是太熟悉，这表明我们开展此次活动有意义。

二、请交警叔叔宣讲一次交通知识

邀请交警叔叔给学生进行交通知识讲座，讲解各种交通信号标志的含义。

三、组织观看一次交通视频

组织学生观看交通安全视频，让学生充分认识交通规则的重要性。

四、少先队和班级出一期交通安全黑板报

学校组织出一期关于交通安全的黑板报，并从 19 个班中评选出五（2）、六（3）两个班优秀黑板报。

五、学校举行一次交通安全手抄报比赛活动

交通标识手抄报比赛，五、六年级各班的同学都积极参与，涌现了很多优秀作品。

六、组织一次过红绿灯模拟演习活动

六（3）班同学制作了一个交通信号灯头饰，并戴着这个头饰让全班同学模拟行人过红绿灯（红灯停，立正动作；绿灯行，跑步动作；黄灯等一等，叉腰站好）。此活动的开展让学生明白在交通信号灯下，一定要等到绿灯时再通行。

七、举行一次交警叔叔手势示范指导

学会交警叔叔手势指挥意义，试做小小交警。当交通信号灯出现故障或交通拥堵严重时，我们经常会看到交警在指挥通行。在通常情况下，车辆和行人都应该按照交通信号灯、交通标志、交通标线的指示通行。但在有交警指挥的路口，即使交通信号灯的指示和交警的指挥不一样，也必须以交警的指示为准。

八、组织开展一次交通知识竞赛

制作交通标识牌并用来开展交通知识竞赛抢答题游戏。六（2）班的同学利用综合实践课制作了生活中常见的一些交通标识扑克牌，并用以开展班级交通知识竞赛。

图 11 交通知识扑克牌制作

九、组织一次考察、测量活动,融合并普及多学科知识

利用综合实践课走上街头进行考察、测量等活动,并通过讨论、资料收集、分析、对比、综合、统计、归纳、认识交通标识里的数学图形美及欣赏它们的艺术设计特色。

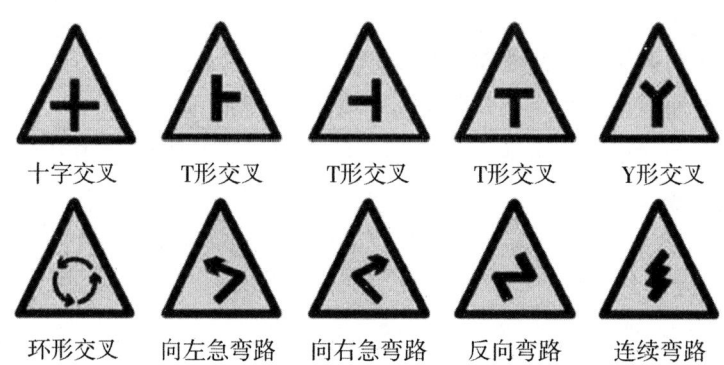

图 12 交通标识中的数学图形美(三角形警告标志)

图 13 交通标识中的数学图形美（圆形指示标志）

图 14 交通标识中的数学图形美（圆形警告标志）

图 15 交通标识中的数学图形美（矩形指示标志）

十、展示一次调查活动成果

图 16　手抄报评比　　　　图 17　分享收获体会

本次综合实践活动贴近我们的日常生活，一个认识交通标识的小主题，直面"安全教育"大问题，十个"一"活动贯穿始终，学生参与面广，环节流畅，充分发展了我们的主动性，培养了我们收集资料、调查研究、团结合作、语言表达能力，让同学们深知遵守交通规则、珍爱生命的重要性，养成自觉遵守交通规则的好习惯。科技实践活动拉近了我们与社会的距离，也让我们在实践中开阔了视野，助力我们安全出行！

04

| 创新成果案例 |

"高压射流式批量切削旧砖附着物"清理机

岳阳县第一中学 龚培森

指导教师 赵庆军 方剑宇 潘红玉

一、项目背景

近年来，随着城镇化和城市化的进一步深入推进，棚户区和城中村改造项目越来越多，人们的居住生活条件得到改善，城镇环境日益得到美化。但在建设过程中也相应产生了很多建筑垃圾，其中大部分是旧砖块，这些旧砖块往往被废弃，或者用作填埋土方，而这些砖块其实可以回收再利用，让它们发挥更多效益的。旧砖的表面及四周常常覆盖有混凝土或石灰，再次利用前需要将这些表面附着物清理掉，目前主要采用人工清理办法，通过砖刀清理，这种方式费时费力，清理成本高。

二、设计思路

研究本作品的目的是对旧砖块进行再生利用。"高压射流式批量切削旧砖附着物"清理机由进料系统、分拣系统、供水及增压系统、切削系统、水过滤、回收系统、出砖口等部分组成，这些系统都通过自动控制系统进行有序控制。

三、研制过程

（一）项目研制的可行性分析

目前，人们对环境保护的意识越来越强，在发展经济的同时，国家把环境保护、节能减排、能源资源的回收再利用等放在非常重要的位置。就现状来看，旧砖块浪费很大。

建造一个 150 平方米的 24 实心墙套间大概需要用 3 万块砖，即需要 1.5 万元，以一栋六层普通居民楼房计算，共 12 个套间，需要用砖 1.5×12＝18 万元。如果被拆除后，这些砖不能再生利用，将是一个很大的浪费。因此做好旧砖块的回收再利用可以节约资源和成本，减少建筑垃圾对环境的污染。

目前市面上的旧砖清理机，采用锯片切削原理，噪声比较大，扬尘比较多，危害工人的身体健康。操作时必须两个人配合才能工作，导致人工成本高，而且工作效率低。所以设计并制作出既环保又能批量清除旧砖附着物的清理机是非常必要的。

（二）研制思路和原理

1. 通过查阅资料和研究分析，确定的基本工作思路

采用高压水射流，对旧砖各表面进行批量切削，既保证了旧砖尺寸方面的基本技术标准，又保证了单位成本低。

2. 项目工作原理

根据项目的功能特点，项目研制过程中用到了高压射流切削原理。水泥砂浆或者石灰砂浆砌墙、粉墙，在砖与砖之间形成了非匀质的多孔隙结构。我们可以通过大功率柴油机或电机驱动的高压泵制造高压水，从特殊喷嘴中喷出超声速高压水射入其多孔隙结构。高压水在多孔隙结构中产生一个超高压，当其压力超过多孔隙结构所能承受的抗拉强度时，其结构就会发生瓦解，从而达到去除旧砖附着物的目的。

图 18　查阅相关资料

本项目中还用到了人工智能等原理，这些原理对项目研究提供了理论基础。

3. 项目工作流程示意图

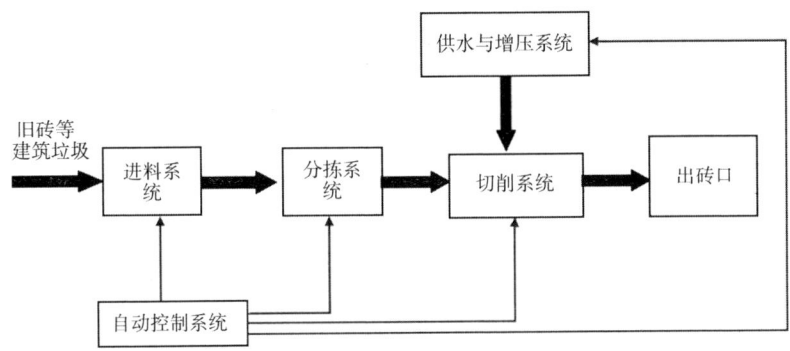

图19 项目工作流程示意图

4. 项目各部分功能介绍

进料系统挖取旧砖块等建筑垃圾并将之升高到一定高度后，建筑垃圾在重力的作用下被送到分拣系统。

分拣系统将旧砖块从建筑垃圾中分离出来，随后旧砖在重力的作用下被送到柔性切削系统。

切削系统清理旧砖附着物，并将砖送到出砖口。

供水及增压系统主要任务是将水增压。

（三）常见水射流应用的工作参数

1. 高压清洗

疏通市政管道的压力通常要达到破坏污垢的强度，需具有强力打击的能力，污垢越坚硬压力要求就越大。油田采油管和水井管内壁污垢一般要求压力达到700bar～1400 bar。通过我们的试验，疏通市政管道取最高压力1400 bar、运行压力1350 bar可满足几乎所有结垢管清垢清蜡所要求的破坏力。流量是冲刷能力和打击频率要素，流量越大清洗效率越高。通过我们的实验和实践，在压力1350bar条件下，44L/min流量可以保证8喷嘴同时工作，加大旋转清洗面。时间越长，清洗频率越高，清洗效率也就越高。

2. 高压切煤

在30MPa高压水射流作用下，$7.5\mu s$、$24.3\mu s$、$29.2\mu s$ 和 $36.7\mu s$ 时的破煤深度分别为0.7mm、2.2mm、3.5mm和4.0mm，水射流的剩余长度分别为7.48mm、4.34mm、3.26mm、1.60mm。（参考《爆炸与冲击》，2015，35

(3): 442-448)

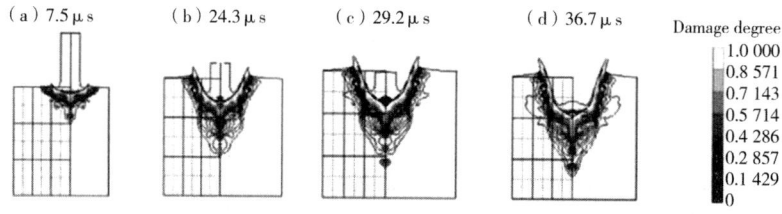

图20 高压切煤实验结果图

(四)高压水射流冲击旧砖附着物实验及相关数据分析

高压水射流切削旧砖附着物示意图(图21)如下:

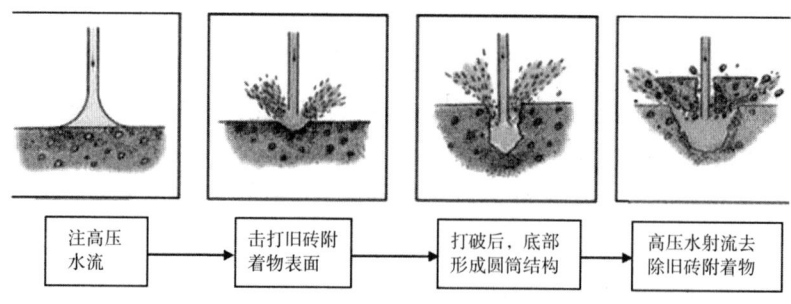

图21 高压水射流切削旧砖附着物示意图

1. 高压水射流冲击水泥砂浆形成的旧砖附着物

根据高压清洗和高射流挖煤的相关实验参数,确定高压水射流冲击旧砖附着物的实验条件如下:靶距40mm、流量16L/min、击打旧砖附着物时间0.1s。

在这个实验条件下,不同的水压测得的击破深度如下表(表10)。

表10 高压水射流冲击水泥砂浆形成的旧砖附着物数据表

水压(MPa)	20	25	30
深度(mm)	6.0	14.1	22.0

由表可知,在靶距40mm、流量16L/min的条件下,高压水射流出口压力分别为20MPa、25MPa、30MPa的高压水射流冲击石灰附着物0.1s,击破石灰

附着物深度分别为 6.0mm、14.1mm 和 22.0mm。

2. 高压水射流冲击石灰砂浆形成的旧砖附着物

根据高压清洗和高射流挖煤的相关实验参数，确定高压水射流冲击旧砖附着物的实验条件如下：靶距 40 mm、流量 16L/min、击打旧砖附着物时间 0.1s。

在这个实验条件下，不同的水压测得的击破深度如下表（表 11）。

表 11 高压水射流冲击石灰砂浆形成的旧砖附着物数据表

水压（MPa）	10	15	20
深度（mm）	8.0	11.9	16.0

由表可知，在靶距 40 mm、流量 16L/min 的条件下，出口压力分别为 10MPa、15MPa、20MPa 的高压水射流冲击石灰附着物 0.1s，击破石灰附着物深度分别为 8.0mm、11.9mm 和 16.0mm。

综上所述，高压水射流切削旧砖附着物的主要参数有水压、水量、靶距和切削时间。水压取决于喷嘴直径及水泵功率，提高水压可以提高破除效率。流量可以通过改变高压泵柱塞直径大小实现改变，加大流量可以提高破除效率。切削时间取决于喷嘴架移动速度、往复速度和往复数。在水压和水流量一定的情况下，切削时间决定了混凝土的破除深度。

通过实验，我们可以确定本产品的设计参数如下：

（1）采用上、下各带有一个喷嘴的喷嘴架；

（2）水量 32L/min；

（3）靶距 40 mm；

（4）出口压力 30MPa；

（5）切削台宽度 1000mm；

（6）喷嘴架移动往复周期 2s。

（五）产品制作

确定项目的工作原理和各部分的功能后，购买相关的配件，同时对控制台上各功能键进行设计，然后将各部分进行组装。

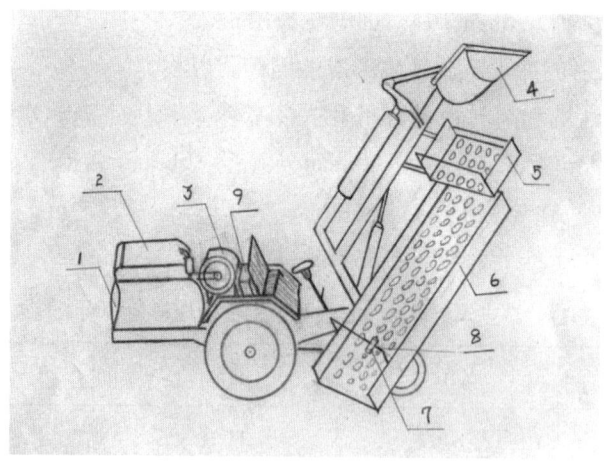

注：1. 水箱 2. 柴油机 3. 增压机 4. 进料斗 5. 分拣筛
6. 切削台 7. 喷嘴 8. 往复导杆 9. 自动控制箱

图 22　项目结构示意图

四、项目创新点

本项目的创新之处主要是采用高压水在多孔隙结构中会产生一个超高压，当其压力超过多孔隙结构所能承受的抗压强度时，多孔隙结构就会发生瓦解，即旧砖附着物就会从旧砖的周围脱落。由于切削速度快，一次切削量大，因此大大提高了清除旧砖附着物的效率，节约了单位成本，从而达到智能批量清除旧砖附着物的目的。

五、鸣谢

在本项目的设计与制作的过程中我得到了许多人的帮助和指导，在此表示感谢。首先要感谢我的指导教师，他们在确定研究方向、项目设计、作品制作等过程中给予我很多指导，并帮助我解决了项目研制过程中的技术难题。其次要感谢在作品制作与组装过程中为我提供帮助的师傅，他们为作品的制作提供了操作平台。最后要感谢我的同学和我的父母，他们在整个项目设计、制作、试验中给了我信心和力量。

参考文献：

［1］李宝利，田亮．高压细水雾系统的研究［J］．消防科学与技术，

2000（1）.

［2］宋广庆．流动流体的压强差与速度的关系［J］.科学中国人，1999（11）.

［3］倪红坚，王瑞和．高压水射流射孔过程及机理研究［J］.岩土力学，2004（S1）.

［4］穆朝民，吴阳阳．高压水射流冲击下煤体破碎强度的确定［J］.应用力学学报，2013，30（3）.

张谷英镇土壤肥力特性及改良研究

岳阳县张谷英镇中心学校　兰　阳　李康明　刘　彬
指导教师　丁群芳　陈梦九　刘秋良

摘　要：张谷英镇土壤肥力特性及改良研究，缘起于学生参加劳动，在生活实践中提出的现实问题。通过组织学生调查走访、实地察看、采集样本、网络检索、实验探究等，了解了我镇基本生态，土壤的不同种类、土壤的主要成因及基本分类方法，土壤成分的组成及肥沃与贫瘠的原因，氮、磷、钾、有机质的含量，水、肥、气、热的情况，以及农作物适种情况，等等，结合本镇实际和专家的建议，提出了改良土壤肥力及适种农作物、植树造林的方案，有一定的可行性。

关键词：土壤肥力；特性；改良；农作物

一、课题由来

星期天，兰阳同学同她妈妈到外公家去，到家时，只有外婆在家，外公做农活去了。她妈妈就想让她体验下劳动生活，带她到了外公劳动的地方。她外公正在挖红薯，一时因红薯又大又沉而高兴，一时因又小又轻而沮丧，换了不同的地块，也出现了类似的情况。兰阳同学就问她外公出现这种情况的原因，外公告诉她，一方水土养一方人，这可能是土地和施肥的原因，并要求她查查到底是什么原因。于是她决定邀请几个同学，在老师的指导下，对本镇土壤肥力特性进行调查。

二、课题研究目的及意义

（一）研究目的

1. 从身边的环境开始，了解土壤的种类，了解土壤的主要成因及基本分类方法。

2. 了解和研究土壤特性，并从实际和农民经验中找到改良土壤的方法。

3. 在调查研究活动中，尝试学会采集样本、问卷调查与数据统计、访谈与记录、实验设计等科学研究的方法，初步学习收集信息和处理整理信息的方法。

4. 培养在生活中发现问题、处理问题的能力，尝试大胆地与老师和陌生人交往，培养同学间的合作意识和团体精神，促进综合实践能力进一步提高，热爱环境，增强社会责任感。

（二）课题研究意义和价值分析

本课题研究的意义和价值主要有以下几点：

1. 了解我镇土壤的基本成因、分类有利于对我镇基本情况的了解。

2. 研究土壤肥力的特性、肥沃与贫瘠的原因，即了解土壤组成的成分，土壤水、肥、气、热的情况，以及农作物适种情况。

3. 探讨土壤改良的途径，提高农作物的产量，有一定的推广价值。

三、研究小组人员分工及时间安排

组长：兰阳，主要负责研究计划的制订、活动采访和研究报告的撰写。

成员：李康明、刘彬，主要负责问卷调查、数据统计及部分资料收集。

四、指导老师情况

表 12　课题指导老师情况

姓　名	性别	职称	负责内容
丁群芳	男	中高	活动方案的设计、制订，实践活动的具体指导、摄影及材料的整理，指导学生编辑资料、撰写调查报告
陈梦九	男	中一	协调学校与社会相关部门的关系，财力资源的保障以及活动指导
刘秋良	女	中一	指导学生收集资料、整理资料并外出调查，安全指导和监督

五、研究的内容和方法

主要研究内容包括：第一，了解我镇基本生态环境、土壤种类及基本成因；第二，了解土壤水、肥、气、热等基本特性；第三，土壤改良的基本方法及设计、推广建议（价值）。

主要采用问卷调查、实地访谈、实验观察（科学探究）、文献检索和网络技术等方法手段，进行课题研究。

本活动的主要工作包括：制订土壤适种植物种类、产量调查问卷与访谈提纲，进行问卷调查和实地采访，分析得出调查结果，通过实验观察和数据分析对我镇土壤肥力特性进行评价，通过专家访谈、文献研究找出改良土壤结构，提高肥力的措施。

六、研究过程

（一）了解我镇基本情况

1. 行政区划及人口

张谷英镇总面积133.53平方千米（2010年，原渭洞乡、芭蕉乡），折200295亩，辖31个行政村。共有人口2.76万人。31个村分别为桂峰、竹坪、天龙、杉桥、长坪、张谷英、刘家、四维、延寿、十美、大桥、寺湾、兰陵、芭蕉、红卫、一心、杨和、向阳、松树、大王、金鸡、大水、小水、陈坪、下庄、文艺、新改、豪坑、龙洞、泉水、师堂。

2. 地理位置

张谷英镇属新墙河上游地区，位于东经113°26′10″~113°37′20″，北纬28°57′30″~29°6′20″之间；东南毗邻平江县，西部与本县步仙乡交接，西北与饶村乡交接，北面与公田镇交接，东北与月田镇接壤。

3. 地貌及土壤

（1）大部分村属海拔300~500米的低山区。最高海拔在大王村与桂峰村交界的猫脚尖，海拔653.3米；最低点在大桥村、红卫村边的大坳水库，海拔101.0米。此间有十美、张谷英、泉水等村小块山间盆地。一般相对高差100~400米。

（2）全镇土壤由两种母岩母质发育而成，即板页岩和花岗岩。土壤厚度30~120厘米，一般40~80厘米；腐殖质厚度不一，在10~40厘米之间；酸碱度4.1~5.8，属红壤土。土质较肥沃，适宜多种树木和农作物生长。

第一种成土母岩为板页岩类，约占总面积的83%，31个行政村均有分布。其上发育的土壤较肥沃，腐殖质较厚，生长的植被较丰富，适宜楠竹、杉木、油茶生长。第二种成土母质为花岗岩,约占总面积的17%,范围包括张谷英、四维、大桥、十美、延寿、长坪、刘家等村大部分面积,其土壤由花岗岩逐渐风化侵蚀演化而成。

4. 气候

本地气候同其他乡镇大致相同,相差不大,但由于本地林木繁茂、植被丰富,在海拔400米以上的地方又表现为夏季凉爽,气温偏低(2~3℃)的小气候,适宜避暑。

本镇属中亚热带过渡区,气候温暖,雨量充沛,年均气温17℃;7月份气温最高,月平均气温29.2℃;1月份气温最低,月平均气温4.4℃;极端最高气温39.3℃,极端最低气温-11.8℃,10℃以上的活动气温5336.6℃;年日照时数1813.8小时,年均降雨量1295.4毫米,4、5、6三个月降雨量占全年降雨量的40%~50%。

5. 植被

植被区属岳阳县东部山丘盆地植被区,树种以楠竹、马尾松、杉、樟、槠、栎、栲、椆、枫居多,分以下几个类型:

(1) 楠竹林(毛竹)。分布面积较大,有10.5万亩,为本镇经济上的产业支柱,约占林地面积65%。

(2) 马尾松针叶林。为天然次生林,主要树种为马尾松。

(3) 杉木人工林纯林。以杉树为主的人工栽培纯林,以及由伐后杉蔸萌芽形成的萌芽林。

(4) 常绿阔叶林。为天然次生林,主要建群树种有苦槠、青冈、樟树、泡花楠、椤木、石楠、冬青等。群落外貌终年常绿。

(5) 常绿、落叶阔叶混交林。为天然次生阔叶林,由枫香、化香及落叶栎类的栓皮栎、小叶栎、锥栎与青冈、苦槠、石栎、樟等常绿树种组成。群落外貌有一定的季相变化。

(6) 落叶阔叶林。为天然次生林,建群树种有小叶栎、白栎、锥栎、茅栗、枫香、化香等。群落外貌季相变化明显,表现为春夏绿叶、秋冬落叶或变黄变红。

(7) 针叶、阔叶混交林。为天然次生林,主要有马尾松、杉树、苦槠、枫香、化香等针阔叶树种。

(8) 油茶林。小片分布,或天然、或人工栽培形成,由于老化、多代同堂、疏于管理等原因，产油量小。

（9）经济林。人工栽培形成，有板栗、柑橘、梨、桃等。

（二）调查、走访、采样及了解我镇土壤种类，探究土壤形成的原因

在丁群芳老师、陈梦九老师、刘秋良老师等的指导下，我们进行了土样采集、实验探究、网上资料检索等，特别是丁老师还指导我们在百度、中国知网、维普网上查询资料作为佐证，并且自己注册、充值方便我们下载资料，我们找到了一篇有关岳阳县森林土壤类型的文章，据此对我镇森林土壤类型情况综述如下：

张谷英镇土地总面积 20 万亩，其中林业用地 16 万亩，非林地近 4 万亩。桂峰村林用地面积最大，达 1.35 万余亩；非林地张谷英村最大，达 6200 余亩。不论是林用地还是非林地，土壤都是农业和林业发展的重要物质基础，我镇森林土壤母质来源主要是板页岩和花岗岩，还有少量的紫色土等。在 1.9 亿年~6.5 千万年前，经过几次地壳运动，我镇的低山区地貌形成，也出现了十美村、张谷英村、泉水村、天龙村等小块山间盆地，出露地面进而风化成为土壤的母岩，母质有板页岩、花岗岩等。① 在雨量充沛、热量充足、干湿季节明显、淋溶作用强烈等亚热带气候和水文条件作用下，加上人为活动频繁等因素形成了以红壤为主的森林土壤（图 23）。

1. 板页岩红壤：成土母质包括板岩、泥质板岩、页枚岩等风化物，以物理风化为主。主要分布于柘港洞片的桂峰、竹坪、天龙、长坪、杉桥等村，面积约 15.4 万亩，占全镇的 83% 以上。这类土壤中植物所需要的几种主要成分含量丰富，特别是钾较多。据桂峰村取样测定，质地为红壤土，酸碱度 5.2，有机质 45.3ppm，速效氮 122mg/L，有机磷 8.7mg/L，速效钾 85mg/L。

图 23　红壤土

板页岩红壤质地细腻，保水保肥力强，适宜各种用材林及经济林生长，现有林木以杉木、楠竹、马尾松以及樟、檫、酸枣、楮、栎类阔叶树生长良

---

① 许国勇．岳阳县森林土壤类型综述［J］．湖南林业科技，2004，34（4）：81-82．

好。目前柘港洞及芭蕉洞的新改、泉水、师堂等村是我镇主要的楠竹基地。

2. 花岗岩红壤：成土母质为花岗岩，以化学风化为主，低丘岗地的花岗岩露头地段，常形成数米至十多米的豆渣状母质层。主要分布于芭蕉村和寺湾村，面积约0.6万亩。这类土壤含砂量高，质量疏松通透性良好。据芭蕉村取样测定，质地为红壤土，酸碱度4.3，有机质22.8mg/L，速效氮62mg/L，有机磷13.5mg/L，速效钾94mg/L。但是由于化学风化强烈，质地疏松，保水保肥能力差，风化黏粒极易流失，一旦失去植物覆盖，即造成严重的水土流失。这类土壤在山腰以下平缓坡地宜林程度较高，适宜发展杉、油茶、马尾松、楠竹、杜仲、厚朴及常绿槠栲类等用材林和经济林。现有杉木、马尾松及少量国外松生长。

（三）资料检索：土壤的基本特性

水、热、气、肥是土壤肥力的四大要素，它们各有其独立的运动发展变化规律，各自与环境状况息息相关共存于土壤体系中，相互联系、相互制约。

土壤水分。土壤水分即土体中所含有的各种水分，包含大气降水、人工灌溉水和自然流水、地下水。土壤接受并允许水分垂直通过土体的能力称为土壤的透水性。影响透水性的因素有土壤松紧度、质地、结构、气孔隙数量等。因此透水性对农业生产要求土壤有适当的透水能力，不能过大，也不能过小。过大会引起漏水漏肥；过小接纳雨水不足，土壤冲刷大，且积水后易形成还原有毒物质。但是土壤水分也有一个蒸发过程，它是以水汽形态扩散到大气中而散失的过程。蒸发力强的，土壤失水快，反之，失水慢。因此生产中应尽量减少蒸发，通过土表覆盖、中耕松土（切断纵向毛细管）等来减少蒸发损耗。

土壤养分。土壤养分指土壤中含有的植物生长必需的营养元素。土壤中含有大量氮（N）、磷（P）、钾（K）、钙（Ca）、镁（Mg）、硫（S）元素，也含有微量元素铁（Fe）、锰（Mn）、锌（Zn）、铜（Cu）、硼（B）、钼（Mo）、氯（Cl）等。其主要来源：人类施入的有机肥和化肥；固氮微生物从空气中固定氮素，如大豆根瘤菌固氮；土壤矿物缓慢分解释放的养分；等等。

土壤空气。土壤空气就是土壤孔隙中各种混合气体的总称。土壤空气的成分中，氮气（N_2）占绝对优势，占78.8%~80.24%，氧气（O_2）次之，占0%~20.90%，二氧化碳（CO_2）占0.03%~20.0%。同时土壤空气中还含有大量的水汽。特别是通气不良的土壤中有少量还原性有毒气体，如硫化氢

（H_2S）、甲烷（CH_4）、一氧化碳（CO）等。土壤空气成分的整体流动以气体扩散为主。白天气温升高，气压降低，土壤空气逸出土体进入大气；夜晚气温下降，气压升高，大气进入土壤。或者灌水时，土壤空气进入大气；排水时，大气进入土壤。还有空气流动时（吹风时），气压降低，土壤空气要进入大气。

土壤热量。土壤的热量主要来自4个方面，太阳辐射热、地热、生物热和化学热。太阳辐射热是土壤热量的主要来源，我们说"万物生长靠太阳"就是这个道理。环境因素对张谷英镇来讲，因土壤所处纬度和海拔大体相同，影响不大，但由于土壤所处的坡向和土表覆盖物而有5℃~7℃的温差。

（四）实验探究：我镇土壤的类型及基本特性［水、肥、气、热及氮（N）、磷（P）、钾（K）的含量，酸碱度的高低、有机质的成分］

我们通过采访、实地察看等方法，并借助岳阳县土肥站资料，了解我镇土壤基本类型情况如下表（表13）。

表13 岳阳县测土配方肥力因子土壤采样汇总表

乡镇名：张谷英镇

村名	采样号	母质母岩类型	土壤类型	上层厚度	备注
天龙	148	板页岩	红壤	薄	
寺湾	20	花岗岩	红壤	中	
竹坪	141	板页岩	红壤	厚	取样2
芭蕉	19	花岗岩	红壤	厚	
延寿	12	板页岩	红壤	中	
下庄	14	板页岩	红壤	中	
陈坪	17	板页岩	红壤	中	
松树	18	板页岩	红壤	中	取样2
杨和	35	板页岩	红壤	中	
泉水	44	板页岩	红壤	中	
竹坪	130	板页岩	红壤	中	取样1

续表

村名	采样号	母质母岩类型	土壤类型	土层厚度	备注
仁义	132	板页岩	红壤	中	
豪坑	133	板页岩	红壤	中	
杉桥	140	板页岩	红壤	中	
长坪	134	板页岩	红壤	中	
松树	13	板页岩	红壤	中	取样1
泉水	60	板页岩	红壤	中	
新改	15	板页岩	红壤	中	
桂峰	131	板页岩	红壤	厚	

同时，对于土壤酸碱度测定，我们虽然通过化学实验室将土壤粉碎后，用PH试纸测出结果，但是对土壤的一些其他数据，限于我们的能力、知识范围和技术手段，我们借助于林业站和农技站，甚至岳阳县土肥站等的权威资料作为依据（表14）。

表14 张谷英镇土壤肥力特征

采样小班号	村组	土层厚度	母质母岩类型	土壤类型	PH酸碱度	有机质	速效氮	有机磷	速效钾
148	天龙	薄	板页岩	红壤	4.5	29.3	132	14.4	101
141	竹坪	厚	板页岩	红壤	4.9	48.2	126	9.5	67
131	桂峰	厚	板页岩	红壤	5.2	45.3	122	8.7	85
19	芭蕉	厚	花岗岩	红壤	4.3	22.8	62	13.5	94
12	延寿	中	板页岩	红壤	4.2	37.7	127	15	141
14	下庄	中	板页岩	红壤	4.1	42.4	122	14	135
17	陈坪	中	板页岩	红壤	4.3	20.4	63	10.8	70
18	松树	中	板页岩	红壤	4.4	33.8	128	14.8	107

续表

采样小班号	村组	土层厚度	母质母岩类型	土壤类型	PH酸碱度	有机质	速效氮	有机磷	速效钾
35	杨和	中	板页岩	红壤	4.7	27.4	130	13.6	100
44	泉水	中	板页岩	红壤	4.7	27.7	127	9.9	77
130	竹坪	中	板页岩	红壤	5.8	49.6	146	10	117
132	仁义	中	板页岩	红壤	5.2	47.8	128	9.5	132
133	豪坑	中	板页岩	红壤	4.9	53.3	106	10.9	7
140	杉桥	中	板页岩	红壤	5.1	51.4	134	14.1	90
134	长坪	中	板页岩	红壤	5.0	51	134	13	95
13	松树	中	板页岩	红壤	4.5	33.5	121	13.2	102
60	泉水	中	板页岩	红壤	4.6	25.6	124	10.5	84
15	新改	中	板页岩	红壤	5.1	45	108	9.2	124
20	寺湾	中	花岗岩	红壤	4.7	19.5	101	7.4	87

资料来源：岳阳县土壤肥料工作站提供。

（五）结论

1. 张谷英镇土地及林用地肥力特征

我镇塅里片的张谷英村、大桥村、四维村大部分、延寿村少部分等土壤，作物在土壤中的生长速率和分蘖能力属于"兼发型"，表现为"土壤发小苗也发老苗"。在作物生长的全过程，都能促进作物良好地生长，获得较高产量。这表明土壤供水、热、气、肥的能力稳定，属好的发棵性类型。天龙村、长坪村、寺湾村、下庄村、泉水村等属于"前发型"，表现为"发小苗不发老苗"。作物前期生长快，后劲不足。这说明土壤前期供肥强，但持续时间短，中期需追肥加以补充，这样做仍可获得较高产量。十美村、兰陵村、刘家村等属于"后发型"，表现为"发老苗不发小苗"。作物前期生长缓慢，后期猛长。这说明土壤前期供肥能力弱，后期温度升高后，供肥增强，需采取前促中控的措施，使作物高产。极少部分地方属于"弱发型"，表现为"不发小苗也不发老苗"。作物整个生长期生长缓慢，长势弱，产量低。这说明土壤供肥能力低下，养分贫瘠，宜种窄。如新开垦的红、黄壤荒地，有机质少，养分缺乏，对水、热、气肥的调控能力弱，只宜种适应性强的甘薯、花生、荞麦、绿豆等先锋作物，需经几年的熟化后，才能适应其他作物的生长。

图24　由于肥力不同作物有不同的表现　　图25　贫瘠土地植物生长缓慢

图26　红土壤上生长的蔬菜和茶林

上述现象从根本上说，属于土壤质地问题，即沙土属于前发型，黏土属于后发型，壤土属于兼发型。同时也由于土壤团粒结构调控水、热、气、肥能力强，丰富的团粒结构也使土壤呈兼发型。所以对于农事活动，对前发型土壤应注意后期灌水和施肥；后发型则前期应注意施肥和补水；弱发型应注意改良土壤基本性质，以向兼发型发展。同时，由于我镇属于山区，土壤抗御水力冲刷的能力比较低，容易受雨滴和径流破坏而使土壤颗粒和养分大量流失。桂峰、竹坪、天龙、龙洞、豪坑等村由于海拔高度相对高100~300米，并且山势陡峻，部分黏土土粒结构紧密，降雨易形成地表径流，耐蚀性低。部分沙土也由于土质疏松，土粒移动性强，耐蚀性低。所以更容易造成水土流失。四维村、延寿村、大桥村、寺湾村、芭蕉村等土壤土面粗糙，团粒间的孔隙大渗水快，土层厚，容纳的水分多，冲刷小，耐蚀性强，所以流失小。

2. 改良土壤方案的设计

侯光炯在《中国农业土壤概论》中提出：土壤肥力是土壤持久稳定地供应植物水分、养分要求的能力，这种能力是由复合胶体在太阳辐射热的周期变化影响下，土壤具有自动调节水、热、气、肥的功能和供应水分、养分稳、匀、足、适的程度。这个概念包括三大核心内涵：（1）土壤稳定供应水分、养分的能力；（2）土壤自动调节水、热、气、肥的功能；（3）供应水分、养分稳、匀、足、适的程度。我们基于自身的能力水平，对我镇土壤结构、肥力利用率的提高做一些改良方案的设计。

对于土壤温度。土温的高低是土壤能量状态高低的一个标志，它影响作物类型的分布，影响作物根系的生长，影响作物种子的萌发，影响着作物的灌浆、膨大，也影响土壤水、气、肥的状态和运行。因此对农业、林业来讲，提高土温，控制土温在一个恰当的范围，有利于提高土壤肥力，促进农业生产。具体我们可采取如下措施：（1）适时翻耕，精耕细作。翻耕可改变土壤松紧度和水气比例，降低热容量和导热率，利于提高土温。（2）合理灌溉。灌水可降低土温，排水可提高土温。早春时，可排水晒田，日排夜灌提高土温；特别是早春育秧时更要做好日排夜灌工作。炎夏则日灌夜排，降低土温。（3）合理施肥。比如冷性土施热性肥（含水少的有机肥，如羊粪等）。（4）土表覆盖、地膜覆盖、土壤遮阴、喷施增温保墒剂等，都可调节土温。

对于土壤水分。水是土壤中最活跃易变、影响面最宽、作用度最深的一个因素。首先表现为对植物生长的影响：（1）水分是植物吸收养分的媒介，因为养分是随水被根系吸收利用的，植物体内含有 $75\%\sim95\%$ 的水分，这些水分主要来自土壤，缺水即萎蔫死亡；（2）植物体内许多重要的生理过程，如光合作用、呼吸作用、蒸腾作用都有水分的参与，缺水将导致这些重要的生理过程不能进行，代谢出现紊乱。其次表现为对土壤肥力的影响：（1）影响土壤空气；（2）影响土壤养分；（3）影响土壤热量；（4）影响土壤的黏结性、可塑性、适耕性，以及吸热性、散热性。因此对农业、林业来讲要控制土壤水分在一个适当的范围。调控原则是减少浪费，增加收入，排除多余，蓄水保土。可采取的措施是兴修水利，搞好农田基本建设，宏观地改善排灌条件。目前桐木水库、细金龙水库、谢家洞水库都充分发挥了灌溉保障作用，天龙、四维、芭蕉、兰陵等村都已很大程度上改善了灌溉条件。植树造林，绿化地表，保持水土，改良质地，培育结构，增施有机肥，提高土壤自身保水控水能力。

对于土壤空气。土壤空气对种植也很重要：（1）影响植物根系的生长，当土壤空气中氧气含量大于15%，则根长色浅，根毛丰富，吸收力强；当土壤空气中氧气含量小于10%时，则根系发育受阻，根短色暗；当土壤空气中氧气含量小于5%时，则根系停止生长，根系易腐烂。（2）影响种子萌发，当严重缺氧时，种子的呼吸作用受阻，发芽率降低，种子腐烂。（3）影响有机养分释放，通气性影响好气性微生物活性，从而影响有机养分释放，影响养分的有效性。（4）影响土壤环境，通气不良时，易积累还原有毒物质，土壤环境不利于根系和微生物的生长。因此我们要根据我镇土壤特性，搞好农业和林业的通气性调节，例如：通过兴修水利改善排灌条件来调节土壤空气；改善土壤孔隙性和结构性来增强土壤通气性；加强田间管理，适时排水晒田、中耕松土，提高作物生育期中的通气能力。

对于土壤肥力。为了提高我镇土壤肥力，促进农业、林业可持续发展，我们建议采取如下措施：（1）增施有机肥，促进土体"三化"，即促进土壤腐殖化；培育微生物，促进土壤细菌化；创造团粒，促进土壤结构化。（2）做到环境"三化"：建设土地园林化；土壤用养一体化，采用浸润灌溉，不能淹灌，保持土壤爽水通气，防止土壤变干结块；农地园田化，保持连续植被，或连续种植，将土壤蒸发失水变为蒸腾失水。（3）推行自然免耕，即对土壤少耕或免耕，以形成良好的土壤结构，实现省水、省肥、省工，节约成本，并夺得农业高产。

七、活动体会与感受

组长兰阳：通过本次活动，我了解了我镇的基本生态环境，了解了我镇土壤的基本类型是红壤土，了解了土壤水、肥、气、热等基本特性，知道了种植红薯产量不高的原因是施肥不足及不均匀，未来会努力研究土壤适种植物及产量提高的方法和措施。

组员李康明、刘彬：本次研究性学习中，我学到了不少知识，土壤肥力特性中有很多的物理、化学、生物知识，在以后的学习中我会更加努力钻研，学成后报效家乡。

八、鸣谢

本次研究性学习中,我们感谢指导老师丁群芳、陈梦九、刘秋良等老师的指导,此外我们还得到了岳阳县仪电站领导的指导,得到了岳阳县林业局土肥工作站提供的资料,得到了岳阳职业技术学院彭星辉教授的指导,一并表示感谢。

参考文献:

[1] 许国勇. 岳阳县森林土壤类型综述 [J]. 湖南林业科技, 2004 (4).

[2] 土壤水、热、气、肥及其相互关系 [EB/OL]. 百度文库, 2014-10-13.

05
创意成果案例

污水智能分离排放洗菜盆

岳阳县一中 赵逸群

指导教师　赵庆军　丁群芳　谢勇林

一、项目背景

洗菜后洗菜盆中含有杂质的污水，洗碗后含有洗洁精或油污的污水都通过同一管道排出去了，而拖地板、浇菜等又要重新用水，这样水资源的浪费也很严重。于是，我设想做一个污水智能分离排放洗菜盆，当洗菜盆中污水含有一定的杂质、油污或洗洁精时污水就通过排污水管排出去，当污水可回收再利用时就通过回收水管排出，并进行回收利用。

图 27　盛有洗洁精的水和可回收利用水的水盆

二、设计思路

污水智能分离排放洗菜盆由洗菜盆、浓度检测系统、智能排水系统组成。智能排水系统与浓度检测系统相连，污水中所含杂质、油污或洗洁精等的浓度信息通过检测芯片转换成电信号，电信号输入智能排水系统后由智能控制系统控制排水阀门的开关。当污水中所含杂质、油污或洗洁精等的浓度达到某一设定值时，污水排放阀门打开，污水通过排污水管排出去，当污水中所含杂质、油污或洗洁精等的浓度小于某一设定值时，污水回收阀门打开，污水通过回收水管排出。检测系统在洗菜盆中有水时才工作。若不需对污水进行分离排放，就将浓度检测系统上端的转换开关置于"关"的状态。

三、设计过程

（一）可行性分析

1. 生活中水资源应用现状

水是我们生活中必不可少的一种资源，刷牙、洗澡、洗衣服、洗菜、洗碗、冲厕所、冲洗汽车等都要用水，我们在用水过程中总存在无意识地浪费水的现象。我国水资源日益缺乏，节约用水应是我们每一个人的责任。生活中让可回收利用的水资源再一次发挥其效能是我们节约用水的方法之一。就我们日常洗菜而言，其中就有

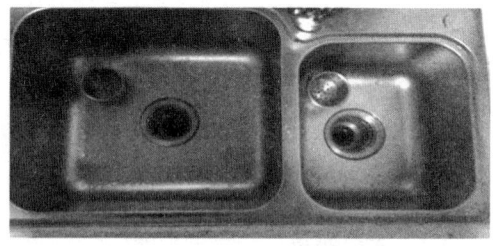

图28　常用的洗菜盆

好多水可以回收利用，但实际上都作为废水排放出去了。比如，一个家庭的家用洗菜盆一个单盆的容积大概是25升（图28），做饭时若洗两次菜则可以对外排出50升的水，一天就有100升的水排出，每立方米水价按2元计算，以一月计算，仅此一项一月就要消耗水3000升，即3立方米，所需水费为6元。若全国有4亿户家庭，则每月仅此项用水所消耗的水量即为12亿立方米，所需水费为24亿元，若将这些水回收再次利用，则可以节约大量的水和资金。因此，设计一个污水智能分离排放洗菜盆是很有必要的，它可以将我们在洗菜、洗碗过程中产生的污水进行分离排放，这样回收的水就可以再次利用了。

2. 科学技术的发展为作品的设计提供了技术支撑

成熟的液体浓度检测技术和传感器技术为作品的设计提供了化学和物理基础。

电化学检测技术可对液体中某物质成分的浓度进行检测，并将检测到的化学信息通过处理系统转换成电信号，利用这一技术就可以对洗菜盆中水所含的杂质、油污或洗洁精的浓度进行检测，并通过综合分析系统将浓度信息转化为物理电信号。传感器技术可实现信息的转换与传输，通过传感器将浓度信息传输到智能排水系统，从而达到智能分离和选择性排放的目的。

成熟的信息技术为作品的设计提供了数据处理基础。本作品主要涉及以

下几个方面数据处理：(1) 数据收集。对检测到的浓度信息进行汇总。(2) 数据转换。把检测到的浓度信息转换成适用于微处理的电信号。(3) 数据运算。对数据进行逻辑运算。(4) 数据存储。对运算结果进行保存，以便其他程序应用。(5) 数据搜索。搜索运算结果并将信息以一定的格式按设计者的要求输出。

(二) 工作原理

1. 作品设计流程图

作品设计基于传感器和单片机原理，通过单片机和传感器组成浓度检测系统，实现化学信息向电信号转换，电信号传输到智能排水系统，排水系统对输入信号进行选择，并控制排水阀门的开关，从而达到设计目标，其工作流程如下（图29）：

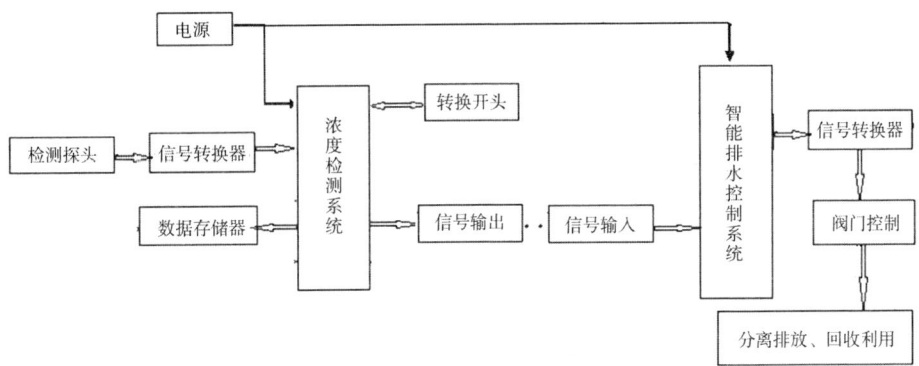

图 29　污水智能分离排放洗菜盆工作示意图

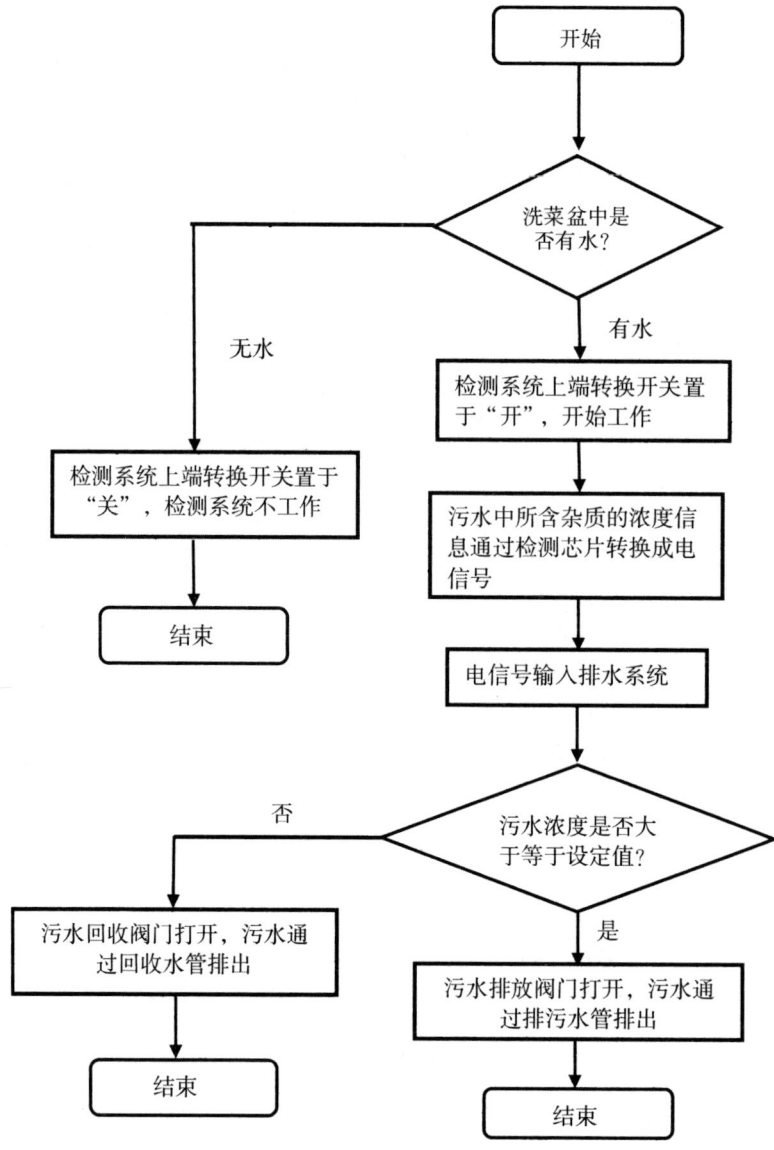

图 30 污水智能分离排放洗菜盆设计示意图

2. 污水中的杂质、油污、洗洁精（主要成分是磷）浓度值的设定可以参考下表（GB 18918-2002）

表15 基本控制项目最高允许排放浓度（日均值）单位 mg/L

序号	基本控制项目		一级标准 A 标准	一级标准 B 标准	二级标准	三级标准
1	化学需氧量（COD）		50	60	100	120①
2	生化需氧量（BOD5）		10	20	30	60①
3	悬浮物（SS）		10	20	30	50
4	动植物油		1	3	5	20
5	石油类		1	3	5	15
6	阴离子表面活性剂		0.5	1	2	5
7	总氮（以N计）		15	20	—	—
8	氨氮（以N计）②		5（8）	8（15）	25（30）	—
9	总磷（以P计）	2005年12月31日前建设的	1	1.5	3	5
		2006年1月1日起建设的	0.5	1	3	5
10	色度（稀释倍数）		30	30	40	50
11	pH值		6~9			
12	粪大肠菌群数（个/L）		10^3	10^4	10^4	—

注：①下列情况下按去除率指标执行：当进水COD大于350mg/L时，去除率应大于60%；BOD大于160mg/L时，去除率应大于50%。②括号外数值为水温>120℃时的控制指标，括号内数值为水温≤120℃时的控制指标

（三）设计效果

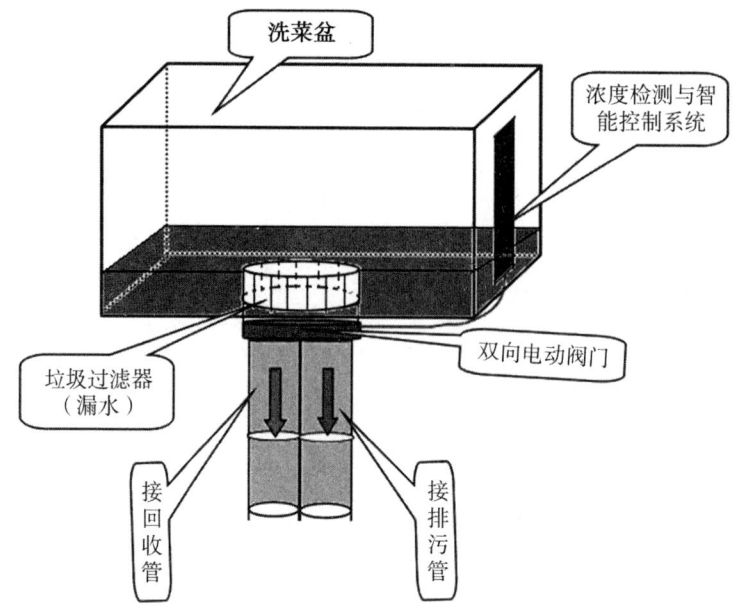

图31　改进后的污水智能分离排放洗菜盆

此装置用一般干电池供电，适用于家庭用各种洗菜盆，也可以在工业污水处理中应用。

由于此装置对制作工艺要求较高，只能制成实物模型。

（四）创新之处

本项目研究在理念上建立了智能检测与控制创新思维；在技术上将化学信息转换成电信号，从而通过电信号来控制机械。同时，本项目在研制过程中紧扣了节约用水的中心思想。

四、查新结论

将本研究项目的关键词"智能分离、浓度检测、信号转换、智能控制"等输入中国学术期刊网查询及通过百度查询，对检索出的相关文献进行分析、对比，检索中未见与本研究项目相同的报道，也没有发现同类产品。

参考文献：

[1] 余孟尝. 数字电子技术基础简明教程：第二版 [M]. 北京：高等教育出版社, 1999.

[2] 李双妹, 韩红梅. 含磷废水处理的几种方法 [J]. 平顶山学院学报, 2006（2）.

[3] 李跃华, 范孟然, 汪学全, 等. 餐饮业污水中动植物油测定的一种新方法 [J]. 化学研究与应用, 2011, 23（7）.

06

| 科幻绘画案例 |

中华号能量储备器

方慧敏（岳阳县长湖乡洪山完小）

艺术形式：铅笔画　　　指导教师：戴文龙

获奖等第：2014年第29届全国青少年科技创新大赛少年儿童科学幻想绘画三等奖。

作品创意说明：21世纪是高科技的时代，随着我国经济的快速增长以及人们生活水平的提高，能源需求量不断上升，同时大气污染也给我们带来严重的危害，污染事故频出，问题日趋严重，面对这些问题，我设计了一台多功能能量储备器，能将太阳能、光能、风能直接从天空中吸收，然后转化为可再生能源的能量，供人类使用，它的优点是相对于传统能源，新能源污染少、储存量大，对于解决当今世界能源短缺及环境污染问题具有重要意义。

图32　获奖作品"中华号能量储备器"

07
|电脑绘画案例|

爸爸去哪儿?

钟　丹（岳阳县张谷英镇中心学校）

艺术形式：电脑绘画　　指导教师：谌良柱

获奖等第：2014年参加第十五届湖南省中小学电脑制作活动获初中组一等奖。

作品创作思想：时下热门的亲子娱乐节目简直火爆了，各大明星的子女也火了一把。而在我们偏远农村，开学初，也是爸爸妈妈送孩子来上学，但几乎都是送完孩子上学就马上外出务工了，所以农村留守孩子的比例是逐年上升。其实在孩子的童年里，他们需要的是和父母在一起的快乐，有父母的陪伴他们才能健康快乐地成长。

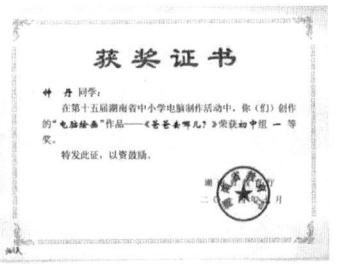

图33　获奖作品"爸爸，去哪儿?"

08

| 课堂教学 |

"从水之旅谈起"复习课

丁群芳

一、授课内容

沪科版九年级物理教材第十一章,共分四节:第一节,科学探究"熔点和沸点";第二节,物态变化过程中的吸热过程;第三节,物态变化过程中的放热过程;第四节,水资源危机与节约用水。

二、复习目标

(一) 知识与能力目标

掌握考试范围规定的所有知识点,能够用所学的物理知识解释生活中相关的热现象问题。

(二) 过程与方法目标

学生在回忆、思考与练习过程中,通过老师的总结和指点,学会将知识结构化、系统化,逐步培养学生分析、解决问题的能力。

(三) 情感态度价值观目标

通过生活中的物理——热学 STS(Science Technology Society),培养学生对生活的热爱和对物理的兴趣,培养学生学以致用、实事求是的科学态度。

三、教学重难点

(一) 教学重点

把握住不同物态变化的区别与联系。

(二) 教学难点

能够用所学的物理知识解释生活中有关的热现象问题。

四、复习过程

多媒体展示课程标准解读：

1. 知道摄氏温度的规定，知道温度计的原理，会正确使用温度计测温度，会正确读数。

2. 知道熔化和凝固、汽化和液化、升华和凝华各自的特征，会辨别生活中各种物态变化。

3. 知道各种物态变化与吸热、放热之间以及与温度间的关系，能用其来解释生活中的物态变化现象，会通过图像分析物态变化的类型、阶段特点等。

4. 能解释日常生活中有关现象和实例。

5. 能用水的三态变化解释自然界中一些水循环现象，增强节约用水意识。

五、知识梳理和总结

（一）温度

1. 表示物体冷热程度的物理量（单位：摄氏度，符号:℃）。

2. 温度计原理：常用温度计是利用液体热胀冷缩制成的。

3. 体温计：量程35℃~42℃，分度值0.1℃。

（二）熔化和凝固

1. 物质从固态变为液态叫熔化，物质从液态变为固态叫凝固。熔化吸热，凝固放热。

2. 自然界中的固体分为晶体和非晶体两大类。晶体有熔点，非晶体没有熔点。晶体的熔化条件：温度达到熔点，不断从外界吸热。非晶体熔化过程中吸热，温度逐渐升高。

（三）汽化和液化

1. 物质从液态变成气态叫汽化，物质从气态变成液态叫液化。汽化吸热，液化放热。

2. 汽化的两种方式：蒸发和沸腾。

蒸发是在任何温度下都能发生且只发生在液体表面的汽化现象。

影响蒸发快慢的因素：液体的温度、液体的表面积、液体表面的空气流动快慢。

沸腾是在一定温度下在液体内部和表面同时发生的剧烈的汽化现象。

液体沸腾时的温度叫沸点,不同的液体沸点不同,沸点随气压的增大而增大。

液体沸腾的条件:液体温度达到沸点,从外界继续吸热。

液化的两种方法:降低温度、压缩体积。

(四)升华和凝华

物质从固态直接变成气态叫升华,物质从气态直接变成固态叫凝华。升华吸热,凝华放热。

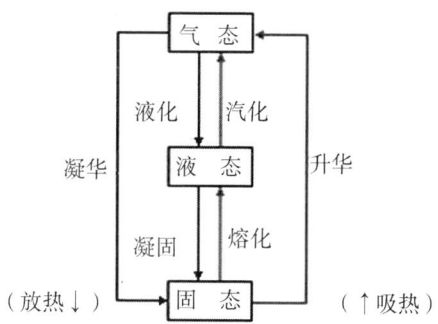

图34 物态变化知识结构图

六、课堂精练

1.(2007,济宁)下表是1标准大气下一些物质的熔点和沸点,根据下表,在我国各个地区都能测量气温的温度计是( )(《中学生数理化》2008年第2期)

物质	水	水银	酒精	乙醚
熔点/℃	0	-39	-117	-114
沸点/℃	100	357	78	35

A. 水温度计 B. 水银温度计 C. 酒精温度计 D. 乙醚温度计

知识链接:新中国成立以后,我国记录的最低气温是1969年2月13日在漠河观测到的-52.3℃,最高气温是1986年7月23日在吐鲁番盆地观测到的47.7℃,在这个温度范围内,温度计内的液体不能汽化也不能液化,满足这个条件的只有酒精温度计,所以选C。

知识拓展：张谷英镇气温有记载显示极端温度：最高39.3℃，最低-11.8℃。

2. 在下列各种现象后面的括号里分别填上相应物态变化名称。

（1）晴朗的天气时，泼在地面上的水很快就干了。（   ）

（2）冬天天很冷时，可以看到从嘴里呼出的"白气"。（   ）

（3）冬天把洗好的衣服挂在外面，很快就冻住了，但衣服还是能干。（   ）

（4）在寒冷的冬天夜晚，房子的窗子上会挂一层霜。（   ）

（5）夏天盛冰镇饮料的杯子外壁常粘有小水珠。（   ）

（6）用久了的白炽灯钨丝变细，灯泡壁变黑。（   ）

3. 图34为锡熔化或凝固的图像，根据图像可知：

（1）锡是_____（晶体或非晶体），它的熔点是____℃。

（2）BC段表示的是_____过程，这段过程中_____保持不变，但必须从外界_____，EF段表示的是_____过程，锡必须向外_____。

（3）锡熔化过程经过_____分钟，在3~6分钟的时间内锡所处的状态具有_____性，可能处_____态、_____态、_____态。

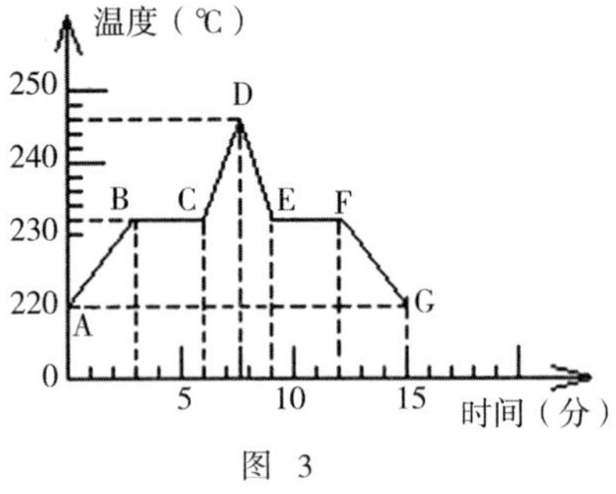

这题体现的是通过图像分析物态变化的类型、阶段特点。

图35 锡熔化或凝固的图像

4. 目前有些厕所安装了热风干手机，打开它就有热风吹到手上，使手上的水很快蒸发掉，使水快速蒸发的原因是（   ）

A. 加快了水面附近空气的流动并提高了水的温度；

B. 提高了水的温度并增大了水的表面积；

C. 加快了水面附近空气的流动并增大了水的表面积；

D. 加快了水面附近空气的流动，提高了水的温度并增大了水的表面积。

这题旨在检测影响蒸发快慢的因素，也体现了物理知识在某些技术产品中的应用。

5. 生活中常有"扬汤止沸"和"釜底抽薪"的说法。扬汤止沸是指沸腾的水舀起来再倒回去，釜底抽薪是指从锅下抽掉燃烧着的木柴。应用你所学

的知识分析下列说法正确的是（ ）

A．"扬汤止沸"和"釜底抽薪"都只能暂时止沸；

B．"扬汤止沸"和"釜底抽薪"都能彻底止沸；

C．"扬汤止沸"只能暂时止沸，"釜底抽薪"能彻底止沸；

D．"扬汤止沸"能彻底止沸，"釜底抽薪"只能暂时止沸。

这题旨在检测液体沸腾的条件，也体现了物理知识在生活中的应用，还整合了成语中的物理道理等相关资源。

6. 在30℃的房间里，放有一烧杯酒精，将温度计放入酒精中，过一会儿取出来，观察它的示数，则发现（ ）

A．高于30℃　　B．低于30℃

C．先下降后上升最终保持30℃　　D．一直为30℃

动画展示，帮助学生形成感性记忆。

七、能力创新

生活中的物理——热学中的STS

1. 烧水的水壶刚放到炉子上烧时，会看到壶底部出现一层水珠，水珠滴在燃着的煤饼上，发出哧哧的声音，乍看起来好像水壶漏了，但过了一会儿，水珠消失水壶并没有漏，试解释这种现象。

煤燃烧生成二氧化碳和水，并放出热量，水是以高温水蒸气形式上升，遇到温度较低的冷水壶水蒸气被液化成小水珠。

2. 水开了，这时你若迅速把壶提起来并勇敢地把手贴到壶底，会发现壶底并不烫手，若过一会儿才把手贴向壶底，壶底反而又烫手了。为什么会出现这种现象呢？

壶底是离热源最近的地方，也是水汽化最集中的地方。水开后，在壶底产生一串串气泡，并上升到水面，这就是沸腾。水沸腾要吸收大量的热，在水壶离开火炉的一瞬间，水的沸腾仍在进行，所以此时壶底附近的大量的热被吸收，暂时降低壶底的温度，因此壶底并不烫手，可是过一会儿后，水停止沸腾，不再冒气泡，壶底温度和水温相同，壶底也就烫手了。

八、探究互动

下面是给烧杯加热时烧杯中气泡变化的两种情形，哪个图是水开前的情形，哪个图是水开时的情形？

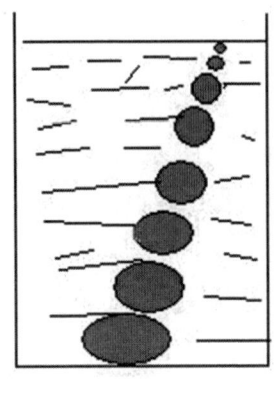
图36

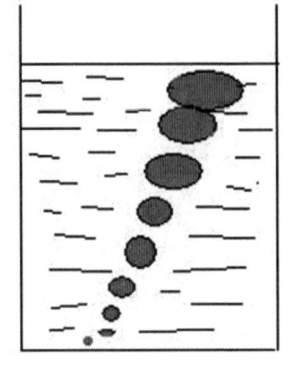
图37

动画展示，帮助学生形成感性记忆。

九、资源拓展

（一）水循环过程

云的形成：太阳照在地面上，水温升高，含有水蒸气的热空气快速上升，在上升中，空气逐渐冷却，水蒸气凝结成小水滴或小冰晶，这便形成了云。

雨的形成：当云层中的小水滴合并成大水滴时，雨便形成了。

雾的形成：空气中的水蒸气遇冷液化成小水珠，这便是雾。

雪的形成：空气中的水蒸气凝华成雪。

霜的形成：水蒸气在地面物体的表面上直接凝华成小冰粒，这便是霜。

雾凇：空气中的水蒸气遇冷凝华成小冰晶。

冰雹：空气中的水蒸气上升，过冷水滴在大气层的高处集结，凝固形成雹胚，雹胚逐渐长大再掉到地面。

由此可知：雨、雪、冰雹是从天而降，而露、霜、雾不是从天而降的，而是地面附近空气中的水蒸气形成的。

（二）水资源的危机与节约用水

1. 水污染的种类

随着人口的增加及现代化的发展，自然界的水受到明显污染。水污染与大气污染、噪声污染一样成为当今世界最严重的社会问题，我国人口众多，是污水排放量最多的国家之一。

表 16　水污染的分类

污染种类	污 染 物	危　　害
有毒物质	酚、汞、砷、碱、酸、盐类、氰化物、氟化物、有机农药、化肥、饲料、合成洗涤剂等	危害生物、恶化水质、危害农业，使人慢性中毒，有的会致癌
石油	石油及其残渣	在水面形成油膜，使水缺氧危害水生物及海鸟类
热污染	热电厂及工业冷却水	使水温变化，破坏生态环境
放射性物质	核爆炸物质、核反应堆废物	影响鱼类生长，使生物食物链恶化

2. 水资源的危机（摘自《大自然探索》2008 年第 3 期）

全球大约有 11 亿人（平均每 6 个人中至少有 1 个人）无法获得安全饮用水。

全球仅有不到 1% 的淡水能够被人类直接利用，这些淡水在全球水资源总量中所占比例仅为 0.007%。

一个人可以在食物缺乏条件下生存数周，但在没有水的环境中仅能生存数日。

每隔 15 秒就有一名儿童因与水相关的疾病而丧生。

每年大约有 180 万儿童死于痢疾，平均每天有 4900 名儿童因此丧生。

因卫生条件缺乏或饮用水安全问题死于疾病的人远远多于死于战争的人。

3. 节约用水，从我做起

1988 年 7 月 1 日起，《中华人民共和国水法》在全国正式实施。徽标表达的思想意义是"水是生命之源，珍惜每一滴水是公民的义务和责任"。徽标右上方弧线代表自来水管道和水龙头，滴下的一滴水被伸出的手掌接住。将"节水"之意寓于"接水"之中。

缺水是制约我镇工业发展的瓶颈。

图 38　国家节水标志

十、课后反思

1. 本堂课的备课是我在以前教该课的课件基础上修改而成的，结合今年的指导丛书，增加了考试目标，简化了 PPT 课件结构及内容。

2. 对于"物态变化"这一章的复习，是否借助多媒体教学，是否能够在一课时内复习得完，还得试教，力能如愿。

3. 物理知识重在应用，尽管本课时既复习了书本知识也关注了物理知识在生活和技术中的应用，但真正做到激发学生对物理学习的浓厚兴趣，不是一日之功，须长期坚持。

用《数学广角》来开展"综合实践"活动

——基于人教版数学二年级上册《数学广角——有序的搭配》的思考

丁 艳

摘 要：《全日制义务教育数学课程标准》中，安排了四个方面的内容："数与代数""图形与几何""统计与概率""综合与实践"。而"综合与实践"是一类以问题为载体，学生主动参与的学习活动，是帮助学生积累数学活动经验、培养应用意识与创新意识的重要途径。作者经过教学，认为可以通过下列几个途径实现数学与"综合与实践"活动的有效整合：教学素材与活动要符合"综合与实践"要求；课前活动铺垫，导入不重复、不遗漏的数学意识；主动参与，让学生在实践中分析问题和解决问题；修改素材，让数学更贴近于生活；主动应用，让数学更适用于生活。

关键词：数学；课程标准；综合实践；整合

《全日制义务教育数学课程标准》中，安排了四个方面的内容："数与代数""图形与几何""统计与概率""综合与实践"。

"综合与实践"是一类以问题为载体，学生主动参与的学习活动，是帮助学生积累数学活动经验、培养应用意识与创新意识的重要途径。针对问题情境，学生综合所学的知识和生活经验，独立思考或与他人合作，经历发现问题和提出问题、分析问题和解决问题的全过程。标准要求"综合与实践"应当保证每学期至少一次。它可以在课堂上完成，也可以在课外完成，还可以课内外相结合。

人教版新课程教材中除了在有关单元渗透相应的数学思想方法以外，还专门新增了《数学广角》单元来介绍和渗透一些数学思想方法，把一些重要的数学思想通过日常生活中的具体事例体现出来，体现数学与生活的密切联系，使数学来源于生活并应用于生活。

《数学广角》是实践活动的重要内容和素材，体现了数学与生活经验的联系，培养学生的思考、操作、合作、探究的能力。如何开展一堂"综合与实践"课？如何教好《数学广角》的内容？其实两者也是可以结合的，下面以人教版数学二年级上册《数学广角——有序的搭配》为例，设计一堂有效的"综合与实践"课。

一、教学素材与活动要符合"综合与实践"要求

《全日制义务教育数学课程标准》中要求，对于低年级学生，"综合与实践"的内容安排应强调问题情境相对简单、生动有趣，学生容易参与，可以把操作活动作为主要形式。人教版数学二年级上册中《数学广角》贯穿的是排列组合思想方法和逻辑推理思想方法。有序的搭配作为第一课时，体现的是有序的数学思想，养成"不重复、不遗漏"地有序思考问题的意识。教材中提供的素材是1、2、3的数字组成个位和十位不同的两位数及南城北城不同颜色的选择，情景简单，操作容易。在日常生活中，文字的搭配、颜色的搭配等也随处可见，使学生充分感受数学在日常生活中的作用，完全符合"综合与实践"内容的要求。

二、课前活动铺垫，导入不重复、不遗漏的数学意识

数学对学生来说是枯燥无味的，教学活动要有创意、有新意才能吸引学生的注意力，让学生对数学产生浓厚的兴趣。

我的教学设计是这样引入情境的：

同学们！今天我们要一起去数学广角旅行，旅行中要到几个城堡中玩闯关游戏，需要我们全班同学一起努力才能通过。到达最后的数学之星城堡后，大家会获得3个数学之星哦。你们有信心吗？去城堡之前，我们先要去看看小精灵会给我们什么礼物？

有3组数字，请你按从小到大的顺序读出这些数字。

(1) 1 2 3 4 5 6

(2) 2 1 4 3 2 5

(3) 4 1 5 2 6

师：第一组都有哪些数字？（生：1 2 3 4 5 6）

它们是按照什么规律排列的？（生：从小到大的顺序）

第二组呢？（生：1 2 4 3 5 2），有什么顺序吗？仔细看看，有什么奇怪的数字吗？（有两个2）=>2出现了重复。

再看看第三组。（生：2 5 1 4 6）仔细观察，这里是不是有什么不对劲？（没有3）=>遗漏了3。

所以同学们，在我们的数学中，顺序是多么重要。数字本身就可以表示一定的顺序。按照从大到小或者从小到大的顺序，在思考数学问题的时候才能做到不重复也不遗漏。

感悟数学各部分内容之间、数学与生活实际之间、数学与其他学科之间的联系，加深对所学数学内容的理解也是"综合与实践"的要求，所以在进行数字搭配之前，我又设计了一个"汉字城堡"的活动。借助语文学科的知识，学生建立换位置的思想，同时对文字交换位置组成的"数位""位数"两个数学概念进行巩固，为后续数字搭配中的定个位法、定十位法、交换位置法做铺垫。

汉字城堡里有两个汉字，要请大家帮它组词。（出示汉字"数""位"。）

生："数位""位数"。

师：这两个词有什么不一样？

生：字的顺序不一样。

师：对！这两个字的顺序交换了！

生：意思不一样。

师：不同计数单位，按照一定顺序排列，它们所占位置就是数位。就像我们学过的"个位""十位""百位"。位数的意思是一个自然数数位的个数。比如我们知道的"一位数""两位数""三位数"。

师：原来位置交换后意思就不一样了，换位置真是一个有趣的事情。

三、主动参与，让学生在实践中分析问题和解决问题

教材安排用数字1、2、3摆出所有能摆出的两位数，每个两位数的个位

数和十位数不能一样。课堂教学中，可以采用学生小组合作探究，在实际操作中发现和分析问题。

1. 首先分析这个题目告诉了我们什么。

（1）有数字卡片 1、2、3，卡片可以用很多次。

（2）要求摆出的是两位数。所以每个数位上都要有数字。

（3）摆出的两位数的个位数和十位数不能一样，比如，11、22、33 不行。

（4）一个数位上摆了一个数字后，另一个数位可以摆几？

2. 其次怎样解决这个问题呢？

（1）经过前面汉字城堡中的活动，同学们首先想到的就是"交换位置法"。

  拿出 1 和 2，就可以组成 12，交换位置后就是 21
  拿出 1 和 3，就可以组成 13，交换位置后就是 31
  拿出 2 和 3，就可以组成 23，交换位置后就是 32
  一共搭配出了 6 个数字。

（2）有小组同学在活动中发现十位上摆 1，个位就能摆 2，还可以摆 3，就组成了 12 和 13。十位数字没有变，个位数字有 2 种摆法；有些同学却喜欢先在个位上摆 1，再在十位上摆 2 和 3，组成 21 和 31；还有同学是十位上先摆 3，个位摆 1 和 2，就组成 31 和 32。本堂课的难点是数学思想的有效渗透，突破这个难点的方法就是让学生主动参与，因为没有主动参与就不可能对数学知识、数学思想方法产生体验，没有了体验，那数学思想方法的渗透也只能是一句空话。在活动过程中，安排学生通过独立思考和与人合作，用自己的思维方式和教师的引导去观察、体验、领悟搭配要按照一定的顺序才能既不遗忘也不遗漏，探究出了"固定个位法"和"固定十位法"。

①固定十位法（十位上的数按从小到大的顺序）

十位上摆 1，个位上就可以摆 2 和 3，组成 12、13

十位上摆 2，个位上就可以摆 1 和 3，组成 21、23

十位上摆 3，个位上就可以摆 1 和 2，组成 31、32

一共可以摆出 6 个。（还可以按照从大到小的顺序。）

②固定个位法（个位上的数按从小到大的顺序）

个位上摆1，十位上就可以摆2和3，组成21、31

个位上摆2，十位上就可以摆1和3，组成12、32

个位上摆3，十位上就可以摆1和2，组成13、23

一共也可以摆出6个。（还可以按照从大到小的顺序。）

四、修改素材，让数学更贴近于生活

《数学广角》学习素材的设计，力求通过解决学生容易接受的且熟悉的生活问题的形式，为学生提供感受数学思想方法的素材和空间。教材的"做一做"中设计的是一个南城和北城用红黄蓝三种颜色涂色的问题，这个素材并不是很贴近于农村学生的实际生活。所以我就设计更换为班级教室涂色的活动，让学生在学习纸上用彩色笔进行实际涂色，激起学生探索知识的兴趣，更使学生感受到数学思想方法的奥妙以及数学思想方法与实际生活的密切联系。

师：我们来到了艺术城堡，这是我们二（2）班和二（3）班的教室。

师：小精灵这里只有"红""黄""蓝"三种颜色，现在我们要给我们的教室涂上颜色。

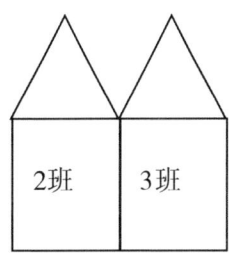

师：但是，为了大家不跑错教室，我们两个班的教室的颜色要涂得不一样。

师：你们能用手中的画笔，用我们刚刚游戏中学到有序搭配的方法，将我们两个班的教室涂好吗？

五、主动应用，让数学更适用于生活

数学来源于生活，更应用于生活。数学思想的渗透并不是一朝一夕的事情，在课堂上动脑、动手、动口，领悟体验数学思想方法的形成，课内课外培养学生应用数学思想方法解决问题的策略。在教学设计中，我设计了2个活动：

（1）炸弹城堡：在这个黑黑的炸弹城堡中，数字卡片"2""0""3"

能组成的两位数中，有2个数字小炸弹，你能找出来吗？当然个位和十位上的数字也不能相同，让我们按照顺序，一起做到不重复、不遗漏。

小组摆一摆，写一写。

（2）数学之星城堡：我们顺利到达了数学之星城堡，今天的闯关游戏大家表现得都很好！其中，3个小组的同学表现得尤其突出，他们可以获得数学之星。

师：让每个小组派一个同学站成一排拍照。大家想一想，有多少种不同的站法呢？

现场拍照，进行演示。

数学课是以教学系统的理论知识为主，而数学实践活动课是一种新的学习方式，好比是在理论知识与生活实际之间搭起的桥梁。

《数学广角》系统而有步骤地向学生渗透数学思想方法，尝试把重要的数学思想方法通过学生可以理解的简单形式，采用生动有趣的事例呈现出来。小学数学教学中渗透数学思想方法对教师来说还是一个崭新且具有挑战性的课题。

两者可以通过教学活动设计和开展进行有效的结合，在实践活动中渗透数学思想。把握问题的本质，探索灵活高效的教学方法，让学生学有所长、学以致用，让学生发现生活中充满数学，感受到数学的趣味和价值，体验到数学的魅力，进一步推动素质教育的稳步发展。

09
综合实践活动课程实施

农村生活实践

农村，是指以从事农业生产为主的农业人口居住的地区，是同城市相对应的区域，具有特定的自然景观和社会经济条件。生活是指人类生存过程中的各项活动的总和，人的生活是人类社会的一切实践活动的根基，是教育的动力源。故而，农村生活实践是人生不可或缺的经历或过程，它作为综合实践活动课程中社会实践的一部分，具有明显的综合性、实践性、开放性与生成性。

农村生活实践强调学生的亲身经历，在亲历的各项活动中，突出的描述特征是"做""参与""考察""调查""体验""实验""探究"等，主要目的是发现和解决问题，体验和感受生活，发展实践能力和创新能力，获取生活经验，形成基本技能。由于农村生活的广阔、参与学生学习体验的丰富多彩和个性化的表现，生活方式和生活过程因人而异、因任务而异、因情景而异。

农村生活实践的学分认定标准为实践时长3天计1个学分，高中阶段此类实践活动累计不得超过2个学分。农村生活实践活动结束后，学生需通过指导教师或班主任向学校申请学分认定。

一、问题导入

农村是个广阔的天地，其生活实践是丰富多彩的。学校组织这方面的活动，可以从生态环境的调查、农耕生活的体验、生活能力的锻炼、节日文化的传承、知识技能的应用等方面进行安排。

生态环境的调查。主要目的是了解本区域的地理位置、河流水系、地貌土壤、气候特征、森林植被、物种资源、山峰溪谷等基本情况，培养学生的

"故人恋土，小草恋山"的家国情怀。

农耕生活的体验。主要目的是体验水稻、小麦、玉米等的育种、移栽、施肥、除草、收割、仓储、保管等过程，体验六畜的饲养及放牧，体验蔬菜的种植和采摘，拓展学生的视野，增强学生的实践能力。

生活能力的锻炼。比如处理生活和厨余垃圾，做一做家务劳动，体验父母持家的奔波和艰辛。

节日文化的传承。中国传统节日多种多样，是我国悠久历史文化的一个重要组成部分。中国的传统节日有春节、元宵节、清明节、端午节、中秋节、重阳节等，国家对这些节日非常重视，有些成了法定节假日，这时学生与父母亲友团聚，恰是体验传统文化传承的好时机。

知识技能的应用。高中生有了一定的知识积淀，在农村大有用武之地，如写对联、解读成语诗词、生活中电器设备的科学使用、微信平台使用等可充分展现才华。

其他还有节能减排（如节能、节电、节水、节粮、节约纸张）、人情世故（称谓、典礼）、时令节气等主题内容。

二、路径梳理

农村生活实践本身就是学习的好机会，也是学习的过程。学校应当高度重视，在安排社会实践活动时，将农村生活这块纳入计划之中，认真组织开展。

（一）学校准备

学校是农村生活实践活动开展的管理者和组织者，需要做好如下方面的工作。

做好宣传和动员工作。学校要在全校师生中开展广泛细致的宣传工作，使师生们消除对农村生活实践活动的紧张和陌生，了解它的重要性和必要性，还要在社会和家长中宣传，消除他们对农村生活实践的误会，根除他们心中的"不务正业""做无用的事情""影响升学"等想法。

加强组织和管理工作。农村生活实践的开展，具有现实的复杂性，必须全面分析和通盘考虑。因为学生农村生活实践的广阔性和时间的延续性，需要大量的教师或其他人员组成，因此要成立组织机构、制订活动方案、明确各组成人员诸如教导处、德育办、年级组、班主任、指导教师、实验教师、图书管理员、电教技术人员等各自的职责和义务，遴选指导老师，确定活动学生人数，联系好相关农村目的地（学校、农场、社区等），安排好活动内容、活动时间，联系车辆，签订交通协议，安排好餐饮食宿，组织好往返行程，等等。

协调各方关系，构筑和谐的人际关系和社会关系网。农村生活实践活动的开展是一个"系统工程"，要协调综合实践课程与其他科目的关系，协调指导教师与专任教师的关系，还要处理好学校与上级主管部门、其他部门、社区、家长等的关系，构筑和谐的互动空间，顺利开展活动。

（二）教师准备

农村生活实践活动实施的成功，关键在于指导教师的组织能力、专业素质和责任心。首先班主任要了解班级学生情况，如来自农村的学生有多少、具有农村生活经验的有多少、没有农村生活实践经历的学生有多少、在农村生活中有什么特长等，摸清底子统一向学校汇报。其次根据学校安排，集中组织实施。具体时间可以结合双休日、节假日、寒暑假，给学生布置相关农村实践活动任务，由学生在家里或在家长的带领和指导下完成，交齐相关活动表格或心得体会。为确保学生活动的成功，指导教师要行前有方案，准备充分，必要时"请进来"接受专家的指导；"走出去"时，要与学生打成一片，不要高高在上；"学案例"时，要虚心学习，他山之石，可以攻玉；"做指导"时，要在实践中锻炼，提高自己的业务水平，成长为有利于学生发展的指导者。

（三）学生准备

学生是农村生活实践的主体，对活动安排的认可、参与态度、热情程度均直接影响该活动的效果和目的。

首先，态度决定一切，认识要正确。农村生活实践是学习的过程，同样也是知识的积淀过程，外出活动，不能把它看得无所谓，当成从学习中解脱出来，无目的闲逛，走马观花。其次，虚心学习。活动过程中要主动向他人学习，在"学"中做，在"做"中学，学会与人沟通，学会把自己的活动目的、善意的想法传递给别人，获得别人的支持和理解，学会关心、学会合作、学会创新。再次，积累资料。活动过程中的调查问卷、收集到的图书、网络资源、数据分析、图片录像等都要保存好。最后，完成学校和班级规定的任务，进行学分认定。同学们在农村生活中的日记、小论文、调查报告、感悟体会要记于文字，手抄报、照片通过宣传橱（窗）展示，小制作、小发明、节目通过媒体、舞台展现。

三、活动传真

（一）岳阳县一中"节约粮食，从我做起"农村生活实践准备及实施过程

1. 活动准备

表17　"节约粮食，从我做起"活动准备

时间安排	主要任务	主要措施
学校2013年5月前期准备阶段	1. 确立活动主题，论证活动方案； 2. 成立活动组织领导机构； 3. 确定指导教师，聘请科学、实践顾问； 4. 制订安全措施，明确分工职责； 5. 经费预算与安排计划、场地设施准备； 6. 落实活动日程安排计划； 7. 接受和邀请暑假大学生志愿者协助指导	召开相关人员联席会议进行研究：落实活动的目的意义、内容、计划、日程、活动形式、要求、安全事项、责任分工等事项

2. 活动的实施

表18　"节约粮食，从我做起"活动实施

时间安排	主要任务	主要措施
学校班级2013年6月宣传启动阶段	1. 指导教师培训、学习； 2. 召开活动动员大会，登记参与学生情况，启动多种媒体的宣传工作； 3. 组建科技实践活动学生社团，划设实践活动乡镇村组单位； 4. 举行活动启动仪式，宣传报道	1. 利用横幅、海报、倡议书、宣传窗、专刊、黑板报、校园网、专题网页等多种媒体进行宣传 2. 给社团组建活动提供政策和资助

续表

时间安排	主要任务	主要措施
主体学生 2013 年 7—8 月 实践考察阶段	1. 以村组为单位，学习野外考察安全注意事项，检查必携安全物品是否到位； 2. 村组实施实地考察、咨询、调查、宣传，并参加和体验农事活动，撰写活动日记、实践考察报告； 3. 学生个人或团队进行家庭晚餐情况调查，进行网上"节约粮食"签名活动，并网上上传调查表； 4. 准备本地土壤、特色种子与全国相关学校进行交换； 5. 学生进行粮食包装创意作品设计	1. 招聘志愿者：家长志愿者协助实践考察的安全，科学志愿者协助指导； 2. 组织有条件学生进行网上活动签名，并上传作品； 3. 收集学生纸质作品（调查表），邮寄组委会
2013 年下学期后续活动开展、总结阶段	1. 举行实践活动成果评比、作品展示、演讲答辩等竞赛评价活动； 2. 继续组织学生开展后续活动，设计手抄报宣传，调查粮食加工情况、利用情况、浪费情况等； 3. 利用 2013 年节约粮食主题活动资源包指导活动手册开展一些探究实验及活动； 4. 召开总结表彰大会：颁发优秀组织奖、团结协作奖、文明风尚奖、优秀成果奖、优秀辅导员奖； 5. 总结、推广经验，研究下个主题活动预案	1. 评比实行自评、互评、师评制，按百分记成绩，划定一、二、三等奖分数线； 2. 学生的实验活动成绩，与相关课程结合评价； 3. 选择优秀作品参加上级竞赛活动

四、参与实践

农村生活实践是实实在在的学习过程，学生应当根据学校统一的安排，在教师的指导下，带着目的去完成相应的任务。

农村生活实践具有综合性、实践性、经验性和开放性的特点，它不是教师"教"出来的，而是学生在教师的指导下，采取多种学习策略"学"出来的。因此，要搞好农村生活实践活动，师生必须根据实际情况进行方式多样的生活实践和学习。

自主学习。学习始终是获取知识的重要途径，它是一个大的范畴。具体的有：（1）课程学习。农村生活实践是一门课程，课程的知识性、科学性不能忽略。（2）拓展学习。农村生活实践中学生单凭某一科知识或现有知识尚不能解决具体问题，必须向老师请教，学生之间相互讨论，拓展阅读空间，上图书馆查阅资料、文献等，拓宽知识面。（3）远程学习。学生可以通过搜索引擎、浏览网页、发帖、在线讨论、QQ、电子邮件等各种途径获取知识。

参观访问。这是农村生活实践过程中必不可少的一种方式，即在参与某一个活动中，要留心观察，经历过程，关注某些问题，提出一些看法，说出自己的感受并交流、讨论等。总之，参观访问应有目的、有结果，不能走马观花，流于形式，要让学生动手设计采访提纲，实际提问，做好笔录，形成自己的思想和感悟。

调查研究。调查应有目的，应带着问题设计好问卷，进行一定范围的调查。

实验探究。达·芬奇说过："实验是科学知识的来源，智慧是实验的女儿。"实验可以让学生对课堂上学过的知识进行验证，也可使学生探究一些未知的知识并进行验证。

设计制作。根据具体的农村生活实践活动的需要，设计活动海报，进行经验成果的分享，有时还需要手工制作活动所需物品。

资料卡片

开展任何一个农村生活实践活动，调查采访都是必须经常用到的形式之一，教师应加强这方面的指导。

调查必须有目的。出去做调查，要知道自己出来是做什么的，心中要有个谱，即要有采访计划，把握调查内容，不能临时出错。

调查工具必须准备。开展调查活动，必须用到的笔、笔记本（记录本），设计好的问卷或表格，要用到的其他工具，如手机、相机、绳子（米尺、卷尺）等都需准备。

调查过程中使用礼貌性语言。调查过程中要尊重别人，选好访谈的时间、地点、场合、适当的访谈形式等，不让别人觉得唐突，不愿与你合作。调查完成后要给予感谢。

调查过程中注意所获资料的记录。调查过程中的访谈、对话要如实记录，尽量详细，然后才有可能从中取精，厚积薄发。调查过程中特别要注意安全问题。

五、展示评价

农村生活实践的过程是一个获取知识、体验愉悦、增添感情、强健体魄的过程，是一个学习的过程。在这个过程中，学生可以通过文字记录、照片留影、微信或QQ等方式与家长、同学和老师分享。

农村生活实践结束，学生返校后，班级或学校要及时组织总结交流活动和评价活动，这也是一个学习和交流的过程。学生也要整理好实践过程中的心得、体会、照片、采访资料等，并形成报告、PPT等展示汇报材料。

资料卡片
一个主题活动结束后，可以整理和积累的资料

1. 学生从活动开始前制订的实施计划（自己如何做的想法）、实施过程中的材料（比如采访记录、调查资料、网上搜索资料、照片等）、学生交流材料（比如其他参加活动的同学可以加以佐证的材料）、学生总结材料等。

2. 教师在指导学生活动过程中的材料，比如批阅记录学生材料的阅读札记、指导下一步行动的建议等。

3. 家长对自己子女活动实施过程的监督、建议、指导性的语言评价等。

4. 社会材料，比如一些受采访调查人物的评价语言、单位赞语等。

总之，一个活动完成后，这些收集的材料也许不是十分完美，但这些材料都是学生、老师、家长的一份努力和辛劳的见证，可当作学生的一份珍藏。

六、拓展延伸

"社会实践"是普通高中综合实践课程中的一部分，尽管它只占高中学业所需116个必修学分中的6个学分，但对于学生而言，这是十分重要的。农村生活实践可以说是同学们必不可少的人生经历，通过这些活动获取的综合性、实践性、开放性和生成性的知识有别于课堂上获取的知识，有着不一样

的精彩。

七、方案参考

（一）岳阳县一中"节约粮食，从我做起"科学调查体验活动调研报告

1. 活动背景

粮食生产从育种、耕种、收割到加工、储存、运输要花费大量的人力、物力和资源，但是还存在着惊人的浪费现象，每年浪费的粮食可供 2.2 亿人食用一年。浪费是一种可耻的现象。一粥一饭，当思来之不易。节俭是中华民族的传统美德，每个人必须传承这优良传统。节约粮食，是每个公民应尽的义务。学校是对学生进行教育的主要场所，虽然目前对学生而言，粮食一天三餐都不能缺少，特别是大多数学生生活在农村，家里都种有责任田，父辈、祖辈还在耕种，甚至还有部分学生农忙时要参加一些收割活动，体验农事活动，但是学生对国家粮食安全，粮食生长过程中的管理、成本、运输等知识，所知甚少。他们体味不到粮食获得的艰辛，体会不到粮食真正意义上的"粒粒皆辛苦"。

基于以上认识，学校政教处、团委、高一年级组决定从暑假起，组织高一年级共 20 个班开展以"节约粮食，从我做起"为主题的科学调查体验活动。

2. 活动主题

（1）关注粮食，利用讲座传授和媒体报道的形式，了解粮食在全球和我国的基本情况，以及我国近年来缺粮的严峻现状。

（2）考察粮食，通过对联点单位张谷英镇及张谷英村景区实地考察，了解该镇粮食的基本情况及粮食的原始加工方法。

（3）认识粮食，通过"参加农事活动，体验粮食获得的艰辛"，了解粮食完整的生产、储存、加工等全过程。

（4）珍爱粮食，通过观察自家和村民的用粮现状，"调查学校（家庭）开餐情况""调查粮食加工、利用及浪费情况"，从中发现并分析不良用粮习惯，开展"光盘"行动，探索一些节约粮食的日常生活妙招，进行宣传推广。

（5）拓展活动，用活动资源箱器材，进行探讨实验。与全国相关省市学校进行粮食种子、土壤大互换，"组织学生网上签名""设计粮食创意包装"，参加全国 9 月份科普活动主场展示。

（6）节约粮食，使节约粮食成为学校和社会的良好风尚，成为自己终身的良好行为习惯。

3. 活动目标

（1）大视野：了解我国人口众多、资源有限的基本国情；了解相关主题的基本科学知识；掌握相关领域科学研究、调查、分析的过程与方法；培养青少年科学兴趣、求知欲、社会责任感。

（2）小目标："节约粮食，从我做起"活动具体要求。

知识与技能：了解我国的粮食安全情况、我国及本地的主要粮食品种和粮食作物生产、储存、加工、运输等基本情况，了解食物营养等相关知识。

过程与方法：开展科学调查体验活动，让青少年参与观察、调查、参观活动，经历活动过程，交流、讨论所得，体验获取知识的愉悦；开展科学探究活动，让学生通过提出问题、猜想与假设、制订计划与设计实验、进行实验与收集证据、分析与论证、评估、交流与合作，了解探究活动的完整过程，提高自己开展此项活动的能力。

情感态度与价值观：粮食事关国家安全，是人们健康成长必不可少的重要物质，从自己行动和根本上开展节约用粮，珍爱粮食。

（3）教育性目标：通过此次活动，培养青少年强烈的社会责任感，让学生在科学实践活动中树立起"节约粮食，就是节约资源"的全民科学意识，养成爱粮、节粮习惯，并从我做起，影响家人、影响村民、影响社会，将爱惜粮食、节约粮食付诸行动。

（4）实践性目标：提高学生的综合实践能力，提高学生发现和解决问题的能力，提高学生整合获取知识的能力，提高学生收集、处理信息的能力，提高学生进行科学探究和团结协作、互相交流的能力。

（5）实效性与延续性目标：使学生养成在学校、家庭、社会，在今后人生的每一个岗位"珍爱粮食，节约用粮"的良好行为习惯，使学生认识到科学实践活动与目标的达成不是一蹴而就的，而应活到老学到老，对于人群需要以老带新进行传承，才能促进个体素质、群体素质的持续发展。

（6）推广性目标：利用我们地处知名旅游景点、杂交水稻之乡、洞庭水系源头的独特地理优势，通过开展"节约粮食，从我做起"主题活动，宣传"节约粮食，就是节约资源"，以对全社会起到示范引领作用。

4. 活动原则

（1）全员与全程参与：全员参与指面向全校学生，使学生都有参与活动的机会，都有从中获得锻炼的机会；全程参与指引导学生参与活动的全过程，在每个过程中创设情景体验，立足直接感知和直接经验的获得，从中进行新的探究，获得新的感受与发展。

（2）普及与提高：所有活动面向全体学生，部分活动和成果面向社会；对价值大的选题，可在活动中增加指导资助力度，帮助其向纵深方向探索，完成课题研究。

（3）开放性与舒展性：开放性表现为学生可根据自己的实际，自主决定是否参加集体活动，自主选择探讨课题，自主安排课程内外的学习时间和内容，充分尊重学生的自主权；舒展性表现为学生对活动有浓厚的兴趣，积极主动地亲历各项活动的实践、探讨、研究、锻炼、发挥自己各种能力，提高自身的科学素养。

5. 活动过程

（1）活动时间（略）。

（2）活动地点：

校内：召开主题班会，通过课堂学习、网络、图书等媒介获取相关理论知识，举行启动仪式，提出倡议，参加志愿者服务行列，等等。

校外：学生家庭晚餐调查，农事活动体验，相关调查活动参与，结对单位——张谷英景区原始粮食加工作坊参观，大米加工现代工具（加工厂）参观，酿酒厂参观，等等。

（3）参与对象：全校高一年级学生，并拟聘相关专家为科学顾问，结对单位指导教师为实践顾问，齐心协力完成本活动的预定目标。还可以接受和邀请部分在读及毕业大学生，暑假期间回家参加活动指导。

（4）活动内容（见前"活动主题"）。

6. 活动感悟

（1）体验活动，拓展我们的视野，丰富我们的课余生活。

我们通过参观张谷英镇景区原始的大米加工作坊、芭蕉村大米加工厂，知道了最早的大米加工方式是用两块石板把谷子夹在中间相互摩擦，使谷壳和大米剥离，然后趁着有风的天气在谷场上向上抛洒，风把轻一点的谷壳吹走，重一点的大米就留了下来，这种原始方式效率很低。

后来，出现了一种大型石臼（形状像大型石碗），人们将谷子放在里面，再用木槌或石锤捶打，这就是舂米。然后用人力以竹筛分离谷壳和大米。后来又发明了"风车"，利用风力来分离谷壳和大米。

再后来，人们在地上做一个圆形的石槽（这就是碾），直径 5 米左右，再做两个石头轮子，用木头做架子，利用畜力（牛或驴）来拉动石头轮子在石槽里滚动，以剥离谷壳和大米，或者依然用"风车"。据我们祖父辈讲，这种方式一直沿用到 20 世纪 60 年代。

现在，这一切工序都机械化了。

（2）通过与全国各地相关学校交换土壤和种子，我们也获取了很多其他省、市富有特色的土壤和种子。

整个暑假期间，我们准备了 20 多份本地黄壤、油菜、黑芝麻、湘莲种子，分别寄往贵州大方县第四中学、北京市怀柔区第三小学、新疆博尔塔拉蒙古自治州精河县第一小学、河北省任丘市华北油田采一小学、郑州市中原区桐淮小区小学等 28 个省、市学校进行土壤、种子交换。同时也收到了很多学校回寄的土壤和种子。我们非常高兴，获取了全国不同地区的种子实物，准备 2014 年春季开始进行种植，开辟学校植物园。

（3）小实验，懂得大道理——探究实验，我们津津有味；科学结论，我们津津乐道！

我们做"认识粮食"和"数出来的余粮和营养"实验，认识了"五土五谷"，认识了全国 40 种农作物生长状态图谱，真正是大开眼界！我们还认识到了"食不厌精"的粮食过度加工造成粮食浪费和营养损失。100 千克稻谷去壳后变成 80 千克可食用的糙米，糙米变成精米，最少损失 10 千克，加上两次抛光、两次筛选又损失 4 千克，总计最少将 14 千克可以吃的大米损失掉了，不仅浪费了粮食，而且其中很多有益于人体健康的营养素和活性物质都流失掉了。

我们通过实验"扔掉一份肉，浪费多少粮"，知道了在生态系统中，能量是沿着食物链依次流动的。我国原粮 36% 用于饮料，达到 1.8 亿吨之多。其余粮食资源的加工副产品及下脚料 1.5 亿吨用于饲料，加上油料作物等加工副产品，我国每年有 3 亿多吨的粮食及粮食加工副产品等精饲料用于畜牧业及水产养殖业。其中我们吃的鸡肉、猪肉等畜、禽、蛋、奶产品，都是通过消耗粮食转化而成的。扔掉一份鸡肉，相当于浪费三份粮食；扔掉一份鸡蛋，相当于浪费两份粮食。

参考文献：

［1］李瑞坤，周有达. 普通高中综合实践课程实施操作指南：社会实践［M］. 北京：首都师范大学出版社，2017.

［此节内容摘编于《普通高中综合实践课程实施操作指南·社会实践》之第二单元"课程实施准备与操作"的主题四"农村生活实践"。丁群芳老师参与该册教材编写，并负责本节写稿。］

研究性学习活动的基本方法

丁群芳

在讨论研究性学习与科技创新的关系时，有人认为，科技创新重点在创新，是发现、发明、创造新技术、新产品及新方法等。研究性学习重点在学习，是深入比较、分析、辩证吸收知识、经验和方法。有人认为，研究性学习是一门学科，科技创新是研究性学习学科的一类课题或项目，是在研究性学习的基础上进行创新，在进一步创新的过程中再研究、再学习、再创新。我们支持第二种观点。

研究性学习是一门课程，它包含科技创新的内容，同时科技创新也是研究性学习的课程目标之一。研究性学习科技创新类课题，亦称科技创新项目，是原创性科学研究活动和技术创新事项的总称，是创造和应用新知识、新技术、新工艺，采用新的生产方式，是改革经营管理模式、开发新产品、提高产品质量、提供新服务的研究主题和研究过程，这在科技创新领域里也称科技实践活动。

一、问题导入

青少年科技实践活动是青少年以小组、班级或学校、校外教育机构等组织名义，围绕某一主题在课外活动、研究性学习或社会实践活动中开展的具有一定教育目的和科普意义的综合性、群体性活动。

由于科技创新类课题与人的创新活动有关，同时包含生产方式和经营管理创新，这要以研究性学习调研系统为主，所以可隶属于社会科学范畴。但因为科技创新必定有新产品产生，必经试验与实验，所以其研究方法多以研究性学习的实践系统与探究系统为主，于是又隶属于自然科学范畴。所以科技创新类课题隶属于社会科学与自然科学两范畴的交集空间。

科技活动涉及的学科众多，内容非常广泛。就目前全国及各省、市开展的青少年科技创新大赛申报内容而言，有青少年科技创新成果竞赛、科技辅导员科技教育创新成果竞赛、青少年科技实践活动比赛、青少年科技创意比赛、少年儿童科学幻想绘画比赛、十佳科技教育创新学校、省级优秀组织单位、省级优秀组织工作者、基层赛事优秀组织单位等项目评选。其中与研究性学习活动关联最紧密的依次是青少年科技实践活动、青少年科技创意、青少年科技创新成果。

研究性学习科技创新课题可以分成三种类型——知识创新课题、技术创新课题和管理创新课题，其内容涉及初高中阶段的数学、物理、化学、生物、地理和技术等学科的学习和实践。由于社会的进步，科技创新的内容也包含现代管理学领域，因此科技创新也延伸到了社会科学领域，如心理学实验研究与管理方法研究。科技创新的形式有以生命科学为主题的体验生命科学技术新进展的探究类活动，体验与工农业生产密切相关的生命知识和技术的调查类活动，体验与个人、家庭和社会生活相关的实践活动，以天文和气象为主题的关注气候变化、关注地球生存空间的研究性学习活动，以技术应用为主题的设计和制作活动（航空、航海、航天、车辆、建筑模型等），等等。

研究性学习科技创新类课题成果有两种参评的机会：一是可申报综合实践活动研究性学习成果大赛活动评奖；二是可申报科技创新大赛科技实践活动成果评奖。真正有技术创新作品的课题成果，经过重新整理资料（按比赛要求），可参加科技创新成果大赛评奖。

二、路径梳理

对于研究性学习科技创新类课题，学校应当纳入每期的教学计划，通常可安排在高一、高二年级进行。此类项目活动的申报可以是师生个人项目，也可以是集体项目。项目成果能充分展露学生非凡的创意和思维，彰显学校办学水平。

（一）条件准备

1. 学校准备

高中阶段各学校均要把研究性学习课程按国家课程标准严格落实到行动中，常态化持续开展，并把科技创新作为研究性学习课程的重点开设内容，鼓励优秀研究性成果参加科技创新项目竞技评比。

为了确保科技创新活动高效开展，学校要成立专门的科技创新活动基地，与区域内科技部门、科协、企事业等相关协会、行业对接，聘请高精尖技术人才，建立专业辅导员团队，将该团队作为研究性学习活动的支撑，指导学生进行科技创新。同时学校也可利用相关厂矿、生产车间作为产品研发和加工、制作、生产活动基地。

学校要充分考虑学生的科技活动时间、指导教师课业负担量及研究过程中产生的作品加工及制作的经费开支。

对有成果的指导教师，在评先评优、职称晋升时，学校要给予优先政策。对获奖成果的创造者——学生，在自主招生时，学校应全力推荐。对在各级科技创新大赛中获奖的项目成果，学校要给予经费支持和奖励。

2. 教师准备

教师是学生科技创新类课题研究活动的先行者、参与者、合作者、指导者，指导教师或辅导员必须具备科技创新辅导能力，要引导学生"智以择向"——正确选择研究方向，确保选题的科学性、实用性、创新性。

科技创新类课题确定前，教师还要做好研究选题、活动过程、工艺技术、文本整理、展示评价等活动指导的知识储备。

3. 学生准备

对学生而言，研究性学习科技创新类课题是对高中阶段各学科知识的学以致用，更主要的是能在自主学习中获取更多的知识和能力。所以在主题活动的准备阶段，要根据研究性学习课程的特点，做好相关准备工作。

（1）选题准备。要积累丰富的生活素材、文献资料，扩展自己的知识面，以便选出独到的创意题材。

（2）研究准备。要有扎实的理论基础，包括数学、物理、化学、生物、心理和管理学知识等，同时还要具备较强的实验与试验的操作技能，以便科学地解决科技项目中的方方面面的难题。

（3）总结准备。要有较好的归纳能力、综合能力、写作水平，以便把科技创新的创新之处、成功之处通过科学探究论文、研究报告等文字语言表达出来。

（4）参赛准备。要准备好科技发明的实物作品，争取能够当场演示，还要准备并总结作品的科学原理与独具功用等方面材料，以便在参赛时向评委汇报。

（二）方法指引

科技创新类课题研究的一般规律：

1. 从生产生活中发现问题、提出问题；
2. 进行初步调研与科技查新，写出查新报告，认定研究价值；
3. 寻找科技创新结点，撰写研究方案；
4. 梳理作品创新原理，寻找创新路径；
5. 根据创新要求与作品科学原理，进行科技作品基本主体设计；
6. 根据初步设计主体，寻找厂家制作原理模型；
7. 设计试验方案，对作品进行首次试验，发现作品存在的问题；
8. 根据试验结果，解决相关问题，修改主体设计方案，并按方案重新制作作品；
9. 设计试验方案，进行第二次试验；
10. 如果试验成功，则进行外观设计，撰写作品操作说明与注意事项；
11. 整理课题资料，撰写结题报告或研究报告。

学生在选择科技创新类课题时，通常要求通过"三自"发现和提炼主题，并在后续研究过程中，充分发挥聪明智慧，接受指导教师或专家各方面的指导，完成所选研究项目的作品工序。所谓"三自"指的是：

自己发现和提出。项目主题必须是由作者本人发现、提出并选择的，作者可从知识创新、技术创新、管理创新三个角度去思考、选择科技创新项目。

自己设计和研究。设计中的创造性贡献必须是由作者本人构思、完成的，主要论点的证据和数据必须是作者通过观察、考察、实验等手段亲自获得。

自己制作和撰写。作者本人必须参与作品的制作，项目研究报告必须是本人撰写。

趣味链接：

　　知识创新是指通过科学研究（包括基础研究和应用研究）获得新的基础科学和技术科学知识的过程。知识创新的目的是追求新发现、探索新规律、创立新学说、创造新方法、积累新知识。知识创新是技术创新的基础，是新技术和新发明的源泉，是促进科技进步和经济增长的革命性力量。知识创新为人类认识世界、改造世界提供新理论和新方法，为人类文明进步和社会发展提供不竭动力。

　　技术创新是指以现有的知识和物质，在特定的环境中，改进已有事物或创造新的事物（包括但不限于各种方法、元素、路径、环境等），并能获得一定有益效果的行为。技术创新包括工作方法创新、学习创新、教育创新、科技创新等。

管理创新则是指组织形成创造性思想并将其转换为有用的产品、服务或作业方法的过程。富有创造力的组织能够不断地将创造性思想转变为某种有用的结果。当管理者说要让组织更富有创造性的时候，他们通常指的就是要激发创新。

三、参与实践

当在生活中发现创新点后，学生首先要对所研究的问题进行初步设想，可以通过讨论的形式探讨解决问题的方法，获得解决问题的初步设想。其次学生要进行的活动是查证本问题是否已被前人研究，问题是否已经解决，本研究的价值性如何，解决本问题的需求量如何，这叫作科技查新。科技查新的途径有网络索引、问卷调查和高端访谈。

网络索引是通过互联网对问题的关键词进行搜索，查找相关论述与作品，如果有讨论，则看论述的观点是否与你初步设想相同。当观点相同时，则说明问题已被研究并获得解决，你的初步设想正确，应当终止本问题重复操作活动；当所论述的观点与你初步设想互异时，则你有必要进一步探索他人观点的正确性，如果发现他人的结论有问题，那么你就可以继续你的研究，这就更加证明你的设想存在一定的价值和意义。

查新索引后，学生要写出查新报告，并确定无类似研究成果，方可对研究性学习科技创新类课题进行研究。

趣味链接：

湖南省青少年科技创新大赛项目查新报告填写说明

一、查新报告

查新报告是查新者用书面形式就查新情况及其结论所做的正式陈述。

二、查新报告格式说明

本报告采用 A4 纸，每栏的大小可随内容调整。

三、打印报告内容

报告内容应当打印；签字使用钢笔或者碳素笔。

四、查新点与查新要求

查新点：需要查证的内容要点。

查新要求：

（1）通过查新，证明在所查范围内有无相同或类似研究；

（2）对查新项目分别或综合进行对比分析；

（3）对查新项目的新颖性做出判断。

五、文献检索范围及检索策略

应当列出对查新项目进行分析后所确定的手工检索的工具书、年限、主题词、分类号和计算机检索系统、数据库、文档、年限、检索词等。

六、检索结果

（1）相关文献检出情况；

（2）检索结果与查新项目的要点的比较分析；

（3）对查新项目新颖性的判断结论。

七、申报者本人、所在学校及市州大赛主办单位的查新声明

查新报告应当包括经申报者本人、所在学校及市州创新大赛主办单位签字的查新声明。声明的内容可以参考下面的内容进行撰写：

（1）报告中陈述的事实是真实和准确的；

（2）我们按照项目查新规范进行查新、文献分析和审核，并做出上述查新结论。

八、附件

附件主要包括密切相关文献的题目、出处以及原文复印件和一般相关文献的题目、出处以及文摘。

通过查新确认问题价值后，科技创新类课题组就应该就本问题进行需求调研和访谈，探讨问题的解决方法，为后续研究活动打下基础。

在调查与访谈后，课题组要整理所获信息，特别要对创新作品的工作原理进行理论探究，如物理、化学、生物、管理学、行业原理等，这一环节非常重要。

当信息整理完毕后，课题组就要进入构思设计阶段，这一阶段要力求完美，多方面考虑。一是尽可能简化程序与结构；二是尽可能美化外表与形象；三是尽可能精简数据与内容。绘制图纸时，课题小组要人尽其才，献计献策，

提高创意标准。

在设计过程结束后，课题组便要进入将图纸变为实物的过程，在这一过程中课题组全体同学要在老师与辅导员的指导或在工厂技师的支持下，按设计图纸完成样品的制作任务。

当样品制作成功后，课题研究进入了产品试验阶段，课题组所有成员都必须按要求先试验、再实验，通过实验提出修改意见，然后回到制作工厂或作坊，进行产品第二次制作，这样往返几次，必出精品。

四、展示评价

研究性学习科技创新类课题成果的展示形式多种多样，但采用最多的是作品展览展示法、实验演示展示法和展板专栏展示法。

作品展览展示法：把科技作品放在展示厅里进行实物展示。实物展示有两种形式：一是静态实物展，即作品实物加文字说明；二是动态作品展，可由主办单位制成功能介绍专题片进行电视直播，也可由主办单位专业解说员现场解说。

实验演示展示法：由创作者在展示场所里进行实验演示作品功能。

展板专栏展示法：用喷绘的形式代替传统的黑板书写、报纸宣传，能快速而清晰地传播参展作品的信息，扩大作品影响。

不论所选主题如何，研究性学习成果的评价形式基本相同，但科技创新作品通常采用情感激励性评价、学生发展性评价、问题点播性评价等。

五、拓展延伸

研究性学习科技创新类课题成果一旦完成，课题组应组织全组成员进行讨论，并从纵、横两个方向将该课题进行拓展与延伸。

纵向延伸，即在本作品完成后，思考还有哪些方面可做进一步研究。如电视机的发展过程，从收音机、黑白电视机、彩色电视机到平板彩电，步步深入；再如计算机科学研究的发展史，从电子技术、射频技术、感应技术、网络技术、人工智能、云计算技术到自动化技术，不断纵向延伸。

横向拓展，指在学校和指导教师的指导下，学生对同类产品的创新与开发进行研究。例如，以航空航天为主题的航天模型制作和发射活动研究完成后，可横向拓展为海洋深探潜水航模制作与科学实验、海洋深潜器模型的设计等。此外，以能源为主题的热能、电能、水能、风能、太阳能等可再生能源的利用和开发，都可进行拓展延伸。

六、案例参考

随着研究性学习课程的开设，科技创新进入了必修课堂，也得到了很多学校的重视。我们特选编了《岳阳县张谷英镇植物种类研究》课题研究报告，供大家学习参考。

岳阳县张谷英镇植物种类研究报告（节选）

课题组长：张芷萱
小组成员：张芷萱、刘子贤、刘依婷
指导教师：丁艳、丁群芳、卢将胜
获奖情况：第36届湖南省青少年科技创新大赛一等奖

摘　要：岳阳县张谷英镇，植被类型广泛，植物季相明显，各种林木生长繁茂，野生植物密度大，生长着许多有用的野生花卉和药用植物，终年山花烂漫，是我们山区的一大景观。我们结合本地自然生态特点，从观察植物花卉开始，对我镇植物如树木类、水果类、农作物类、田园蔬菜类、野生药材类等进行了调查和归类，拍摄了几百张花卉图片，制作了相关图鉴，形成了一定的资料积累，取得了良好的研究成果。

关键词：植物；花卉；种类；图鉴

（一）前言

2008年以来，张谷英镇中心学校组织学生开展了"家乡河流水质及污染情况调查""珍爱生命之水，呵护生态环境""张谷英镇土壤肥力特性及改良研究""节约粮食，从我做起"等综合实践活动和科学调查体验活动，并获得了全国创新大赛的一、三等奖，学校被评为2014年全国科学调查体验活动优秀活动示范单位和2015年、2016年活动推广示范单位。

（二）课题由来（略）

（三）课题研究目的及意义（略）

（四）参与师生分工及时间安排（略）

（五）研究的内容和方法（略）

（六）研究过程

1. 了解张谷英镇基本情况。

行政区划及人口：张谷英镇总面积167.34平方千米，下辖31个行政村，共有人口4.8万人（2017年）。

地理位置：张谷英镇属新墙河上游地区，位于东经113°26′10″~113°37′20″，北纬28°57′30″~29°5′20″之间，东南毗邻平江县，西部与步仙乡交接，西北与饶村乡交接，北面与公田镇交接，东北与月田镇接壤。

地貌及土壤：大部分属海拔300~500米的低山区。最高海拔在大王村与桂峰村交界的猫脚尖，海拔653.3米；最低点在大桥村、红卫村边的大坳水库，海拔101.0米。十美、张谷英、泉水等村有小块山间盆地。一般相对高差100~400米。全镇土壤由两种母岩母质发育而成，即板页岩和花岗岩。板页岩约占总面积83%，31个行政村均有分布，其上发育的土壤较肥沃，腐殖质较厚，生长的植被较丰富，适宜于楠竹、杉木、油茶生长；花岗岩约占总面积17%，其土壤由花岗岩逐渐风化侵蚀演化而成，土壤厚度30厘米~120厘米，腐殖质厚度不一，在10厘米~40厘米之间，酸碱度4.1~5.8，属红壤土，土质较肥沃，适宜多种树木和农作物生长。

气候：张谷英镇属中亚热带过渡区，气候温暖，雨量充沛，年均气温17℃。7月份气温最高，月平均气温29.2℃；1月份气温最低，月平均气温4.4℃。极端最高气温39.3℃，极端最低气温-11.8℃，年日照时数1813.8小时，年均降雨量1295.4毫米，4、5、6三个月降雨量占全年降雨量的40%~50%。

2. 按照学校安排时间节点参与活动。

3. 了解本地植被基本情况。

4. 了解本地植物简单分类知识，认识植物名称。

5. 时令节气拍摄植物花卉图片。

6. 拓展了解一些植物药用特性及价值。

7. 拓宽植物学知识，结合初高中语文知识，整合一些吟咏植物花卉的古诗词，形成一定特色。

8. 制作植物图鉴。

（七）调查结果

1. 张谷英镇植被基本情况

张谷英镇植被区属岳阳县东部山丘盆地植被区，树种以楠竹、马尾松、杉、樟、槠、栎、栲、椆、枫居多，分以下几个类型：楠竹林（毛竹），马尾松针叶林，杉木人工林纯林，常绿阔叶林，常绿、落叶阔叶混交林，落叶阔叶林，针叶、阔叶混交林，油茶林，经济林。

2. 张谷英镇的主要木本植物（含乔木、灌木）

据岳阳市林业科学研究所研究表明：岳阳市辖区内的观赏植物中，木本植物有10科109种。我们在村主任的带领下，可以说基本遍踏了张谷英的山川沟谷，初步发现和认识了部分树木。通过村主任介绍和参考《中国树木百类材质名称口诀》，我们按材质分类暂统计到33类65种，还有很多未发现的有待于我们去发掘。

表19 张谷英镇主要乔木类植物

针叶树		阔叶树				果树	
材质	树名	材质	树名	材质	树名	材质	树名
松木	马尾松 塔松 罗汉松 雪松	杜木	杜英树（岳阳市树）	栎木	碢脚栎 鹅耳栎	茶木	油茶树 山茶花 桐子树 乌桕树
		楠木	小叶楠 润楠 黑壳楠	枫木	枫香 五角枫 三角枫 梧桐	栗木	茅栗树 板栗树 尖栗树 锥栗树
柏木	扁柏 侧柏	槐木	刺槐 龙爪槐	檫木	檫树	桑木	桑树
		柳木	垂柳 鬼柳树	梓木	梓树	枣木	枣树 野酸枣树
杉木	西湖杉 刺杉 水杉 池杉	杨木	赤杨 响叶杨	槠木	槠木 米槠	梨木	梨树 李树
		樟木	香樟树	梅木	蜡梅树	枇杷木	枇杷树
		檀木	硬檀柴	榆木	榆树	桔木	柑橘树 橙子树
		槭木	鸡爪槭	柴木	女贞 杜鹃	柿木	山柿树
……	……	棕木	棕树	椿木	香椿 臭椿树	椒木	花椒树 野山椒树
			……		……	桂木	金（银）桂 丹桂
						楝木	苦楝树
						杏木	银杏树 苦杏树
						……	……

3. 张谷英镇的主要水果种类

银杏：裸子植物银杏科，品种不多，多为引种。

梨、李、桃、杏、山楂、枇杷、草莓：双子叶植物果树，蔷薇科，品种不是太多，其中杏及山楂较少，草莓开始大棚试种。

柚类、甜橙（脐橙）：双子叶植物果树，芸香科，其中柚类水果品种不是太好，甜橙多为引种。

葡萄：双子叶植物果树，葡萄科，本地葡萄多带酸，野生的较多，现寺湾村、延寿村开始引进葡萄进行大棚试种。

无花果：双子叶植物果树，桑科，本地家庭栽种不多。

猕猴桃：双子叶植物果树，猕猴桃科，野生的较多。

野核桃：双子叶植物果树，胡桃科，本地不多，仅桂峰村有。

枣、酸枣：双子叶植物果树，鼠李科。

板栗：双子叶植物果树，壳斗科，本地品种越来越少，引进品种和栽种较多，同科类还有锥栗、尖栗。

4. 张谷英镇的部分野生药用植物

生长在张谷英镇辖区内的野生药用植物有很多种，我们在这次实践考察中仅认识了56种，其他还有待于我们进一步认识、开发。

表20　张谷英镇野生药用植物

分类	野生药用植物名称
草本	百合 兰花 白术 野菊 黄柏 黄精 黄连 党参 艾草 沙参 泽泻 射干 萱草 半夏 苍术 玉竹 重楼 薄荷 车前草 鱼腥草 夏枯草 伸筋草 断肠草 牙刷草 益母草 郁金香 半边莲 半枝莲 淡竹叶 矮地茶 补骨脂 苍耳子……
藤本	茵陈 葛根 瓜蒌 血藤 钩藤 何首乌 金银花 海金沙 夜交藤 木通……
灌木	栀子 映山红 矮地茶 瑞香花……
水生	菖蒲 灯芯草 革命草 鱼须草……
寄生	菟丝子 桑寄生……
菌类	茯苓 地木耳 黑木耳 茅草菌……

这些野生药用植物，有很多经常被本地人利用治疗一些常见疾病，且药

用价值较大，疗效较高，还能节约高昂的医药费用和救急资源。如果我们认识了它们，既可传承我国宝贵的非物质文化遗产，又可服务于他人和自己。

5. 张谷英镇主要种植的农作物

水稻：张谷英镇的主要农作物，每个村都有种植，但全镇水稻作为口粮供给，基本不能自给自足，还要从外地购进不少。

红薯：全镇各村均有种植，主要作为猪食用饲料之一，但近年开始引进优良品种，加工茴粉、茴粉丝，利用张谷英镇旅游品牌，作为特产外卖，种植面积较大。

油菜：作为经济作物之一，有部分农户在收割早稻后在农田里种植，也有部分农户在菜园种植，主要作为自己家用油料来源，压榨成菜油食用，种植面积不大。

玉米、棉花、芝麻：种植农户不多，种植面积不大。

甘蔗：作为经济作物之一，经营种植的农户不多。

苎麻、烟草：原有种植农作物，现在几乎没有。

6. 张谷英镇主要种植的田园蔬菜

整体来说，张谷英镇一般家庭都种植田园蔬菜，品种也有很多。例如：十字花科，包括萝卜、白菜（含大白菜）、甘蓝、芥菜等；伞形花科，包括芹菜、胡萝卜、小茴香、芫荽等；茄科，包括番茄、茄子、辣椒等；葫芦科，包括黄瓜、南瓜、笋瓜、冬瓜、丝瓜、苦瓜、西瓜、甜瓜等；豆科，包括豇豆、豌豆、蚕豆、毛豆（即大豆）、扁豆、刀豆等；百合科，包括韭菜、大葱、洋葱、大蒜、金针菜（即黄花菜）、百合等；菊科，包括莴笋、茼蒿等；藜科，包括菠菜、甜菜等。

7. 张谷英镇的外来植物

以我们调查过程中发现的桉树种植为例，曾有村民从海南省引进种植，前几年确实生长很快，但后来因冰雪恶劣天气全部冻死。这是一个不成功的引进种植事例，建议村民今后要慎重引进物种。但目前，这里还是有从外省引进的一些物种，比如我们学校 2015 年就试种了太空种子——烟航优 3 号黄瓜和宇番 1 号、2 号番茄，效果很好。

（八）课题成果

1. 领导重视，指导活动开展，并作为特色学校向全县推广。

2. 按照活动预设方案，有条不紊开展活动，拍摄植物图片 400 余张，制作植物标本 10 多个，制作植物图鉴 120 多张。

3. 学生活动交流，精彩纷呈。

4. 项目活动获得了省科协、中国科协青少年科技中心的认可。

（九）活动开展的困惑及努力方向（略）

（十）鸣谢

本活动得到了湖南省中小学创新教育研究所研究员张胜武教师的指导。

（十一）本次活动相关附件（略）

参考文献：

[1] 尼尔森. 圣智科学教育教材 [M]. 徐满才，谢祥林，译. 长沙：湖南教育出版社，2010.

[2] 中国科协青少年科技中心. 科学教育活动案例集 [M]. 北京：科学普及出版社，2012.

[3] 潘新军，杨广文. 岳阳市园林植物资源调查与现状分析 [J]. 湖南林业科技，2005（4）.

[4] 李瑞坤，邹启文. 普通高中综合实践课程实施操作指南：研究性学习 [M]. 北京：首都师范大学出版社，2017.

[此节内容摘编于《普通高中综合实践课程实施操作指南·研究性学习》之第二单元"研究性学习活动的基本方法"的主题四"科技创新类课题"。丁群芳老师参与该册教材编写，并负责本节写稿。]

10
课题研究

"'节水在我身边'科学调查体验活动的实践研究"文献综述

丁群芳 李雨露 兰 伟

摘 要：为持续提升节水意识，强化节水能力，加速实现节水型社会模式的构建，本研究通过相应的科学调查体验活动，帮助学生等群体了解掌握水的起源、作用，明确水源保护必要性与方法。文章通过对我校组织学生开展"节水在我身边"科学调查体验活动过程中相关研究文献的综述，实现节水活动理论框架的搭建，为后续相关实践活动的开展奠定了坚实基础。

关键词：水资源；科学调查；体验活动；实践研究；文献综述

一、水的起源与作用分析

对水的起源、水的作用开展全面分析论述，有助于引导学生在思维层面形成正确的观念认知，明确水资源保护对于社会生产、生活的积极作用，对于后续科学调查体验活动的开展有着极大的裨益。

（一）水的起源

目前，学术界对于水的起源有着不同的假说，尚未形成统一的认知。部分学者提出：地球形成初期，岩浆活动异常激烈，火山喷发频繁，有些地方隆起形成山峰，有些地方下陷变成山谷；火山喷发的大量气体从地球内部高温作用下结晶水合物中离析出来，在外部环境的作用下形成水蒸气，与其他气体共同构成了"原始地球大气"；大气中的水蒸气逐渐增多，饱和后冷却成云，变成雨落在地上，不断地汇集在低洼地区，经过几十亿年的地球演变过程，最终形成如今浩瀚的大海、奔腾不息的河流、烟波浩渺的湖泊、奇形怪状的晚年冰雪，还有那地下的清泉伏流和天上的云雾雨雹。尽管水的起源尚未明确，但是作为构成生命的基本要素，水在生产生活等领域发挥着关键性的作用。

(二) 水的重大作用

1. 水是构成生命的基本要素

水是生命的源泉,任何生物形式都离不开水的参与。以人体为例,人体的含水量达到自身体重的65%,为保持新陈代谢活动的正常进行,需要持续补充水分,根据经验来看,每天摄入2500毫升水,才能维持生命的活力,如果人体损失10%以上的水分,就会导致死亡。植物体内的平均含水量为50%,竹笋、蘑菇、胡萝卜含水量超过90%,莴笋、黄瓜、菠菜等含水量超过95%。目前,全世界有21000多种鱼,其中淡水鱼8400多种,保持一个良好的水域环境是发展渔业生产的关键。

2. 水是人类社会的润滑剂

城市发展、环境美化、日常生活过程中对于水资源的需求量较大,人们每时每刻都与水保持密切关系。大气中如果湿度较小,人就会觉得太干,无法生活;没有水,人就无法洗脸、刷牙、洗头、修饰打扮、改善人体的美;没有水,街道就无法冲洗,花草就不能生长,就无法美化环境……水是生活的一部分,离开水,人类就无法生存,社会就无法发展。

水在自然界中还创造了种种奇观,把自然界打扮得绚丽多姿,给人类带来了无穷的欢乐和极大的精神享受:钱江涌潮的壮观引人入胜,香炉峰气势磅礴的瀑布以"飞流直下三千尺,疑是银河落九天"的佳言流传百世。由于水的作用而形成的奇特景观,令人陶醉……水给人类带来了快乐和享受。无论是海边观潮,还是湖中荡桨或是江河中游泳,都能陶冶人们的情操,唤起人们对锦绣河山的赞美。

如果没有密布的河网,我国江南就不会有"鱼米之乡"的美称;如果没有充足的地下水源,干旱的沙漠地区就不会出现"绿洲";如果没有暖洋流输送热量,纬度位置很高的摩尔曼斯克港就不会终年不冻……

人类利用水能发电已有100多年的历史,1980年世界水能发电量占世界总发电量的23%,发电总能力达到3.63亿千瓦。水能资源被称为蓝色的无污染资源,是最具有开发利用价值的能源。据世界能源会议的资料,全世界的水能资源理论容量为50.5亿千瓦,可能开发的水能资源估算装机容量为22.61亿千瓦。具有开发前景的,目前开发利用程度为16%。水电能的开发和利用对国民经济的发展起着举足轻重的作用。

3. 水改变了社会生活的基本形态

水是农业的命脉，植物的生长、开花结果离不开适宜的水分。土壤中有了水，万物才能土中生。早在公元6世纪，北魏时期著名农学家贾思勰编著的《齐民要术》就把土壤含水量作为土壤分类的一个指标。土壤中水分不足将影响植物发育或造成植物枯萎，甚至死亡。每种植1千克玉米需水368千克，种植1千克棉花需水648千克，种植1千克水稻需水1000千克。

水是工业的血液。世界上几乎没有一种工业不用水，日趋现代化的大工业生产更是一刻也离不开水。水在工业生产中具有多方面的用途：它可以做传导热量的介质和冷却剂；它可以作为生产工艺过程中的洗涤剂、溶剂、吸收剂和萃取剂；它还可以作为输送原料以及废弃物的介质；水还可以生产蒸汽作为动力或热源。没有水，工厂就不能开工，生产就会停止。每生产1000千瓦时（度）电需耗200吨水，生产1吨石油化工产品或1吨纸需水200～500吨，生产1吨钢需水25吨。

水是人类一切经济活动的命脉，城市发展和建设每时每刻都要用水，世界上大多数的城市都依水而建，水是经济发展不可缺少也是不可替代的自然资源。

二、水资源现状

根据水利部公布的数据，2019年我国工农业用水量高达6700亿立方米，同比增长1.34%。巨大的水资源消费体量，对于水资源的日常管理、保护提出了更高的要求。

（一）水资源空间分布不均匀

我国淡水资源总量为2.8万亿立方米，占全球水资源总量的6%，仅次于巴西、俄罗斯和加拿大，位列世界第四。但是我国的人均水资源量只有2300立方米，仅为世界平均水平的28%，是全球人均水资源贫乏的国家之一。并且由于我国幅员辽阔，东西跨越经度60多度，南北贯穿纬度50多度，水资源分布不均衡是一个突出的问题，总体呈南多北少、东多西少的分布格局。全国有缺水的地方，也有水量过剩的地方；全年有降水少的季节，也有降水丰沛的季节。从水利部2018年公布的数据中看出，湖南省水资源总量1342.9亿立方米，宁夏最少，只有14.7亿立方米；湖南省当年降雨量1363.7毫米，宁夏只有389.3毫米。

水资源空间分布的不均衡性，对常规性的管理、保护工作提出更高的要求；

同时由于受到人类社会经济发展模式、人口增长，以及自然环境的改变和破坏等方面的影响，在极端气候环境下，出现干旱、洪水的概率较大，影响水资源的正常使用。如 2011 年，湖南地区出现严重的干旱，旱情导致 66 万人饮水困难。这次旱情，导致湖南全省受旱面积达 680.7 万亩，农作物受旱面积达 383 万亩，其中重旱面积达 93 万亩，待播耕地缺水缺墒 297.6 万亩。湖南省有 66 万人、12 万头大牲畜因旱饮水困难。旱情相对较重的仍然是靠近长江流域的湖南北部地区，包括岳阳、益阳、常德、张家界、湘西州和怀化北部。又如 1997 年 7 月 15 日—9 月 11 日，58 天中岳阳市区雨量仅 24.4 毫米（其中 8 月份雨量仅 2.2 毫米）。平江、华容、岳阳、汨罗、岳阳楼、云溪、君山、钱粮湖等县（市）、区、场等受到不同程度旱灾，岳阳楼区绝大部分山塘干涸，90% 机埠"掉脚"，有 6 个村民组 960 多户人、畜饮水困难。钱粮湖农场 10.67 千公顷作物受旱，部分稻田开坼；云溪区 3000 公顷农田受旱，1600 公顷开坼，除组织抗旱外，市气象局在该区实施高炮人工降雨，旱情得到缓解。

（二）水资源利用率低

在观念认知、技术能力等因素制约下，我国大多数地区对于水资源的利用率相对较低，根据相关科研机构公布的数据，我国水资源总量约占世界的 16.7%，但是水资源的开发利用率低于欧美发达国家。较低的水资源利用率，不仅影响了正常的经济生产和社会生活，造成水资源价格的上涨，增加了生产生活成本，同时，较低的水资源利用率，对于水域生态的保护产生了极为不利的影响，水资源浪费严重程度得不到显著改善，无形之中，导致了水资源的过度开发，增加了水资源可持续利用工作开展的难度。崔修来、孙瑶以及王东在其《干旱监测预报研究综述》中提出，我国灌溉面积约占耕地面积的 40%，而生产的粮食占全国粮食总产量的 70% 左右。目前，我国农业灌溉年用水量约 4000 亿立方米，但农业用水的有效利用率很低。河渠的有效利用率只有 30%~40%，地区间也极不平衡。世界上节水农业最为先进的以色列发展滴灌、喷灌，灌溉水的有效利用率已达 70%~80%。虽然中国很难在短时期内达到以色列的水平，但如果将有效利用率提高 10%，每年就可节水 400 多亿立方米。较低的水资源利用率无疑加大了水资源缺乏程度，要求做好水资源的保护工作。

三、节水措施

为持续提升水资源利用效能，达到节水的目的，一方面应当有计划、有目的地通过新闻、报纸、网络等宣传手段进行节水宣传，引导社会公众形成正确的节水意识，使用高效节水器具，降低洗涤剂的使用频次，减少对水的污染，形成良好用水习惯。另一方面要通过学校教育的主渠道作用，教育引导学生知水、懂水、爱水、善用水、会节水，从小事做起，从身边做起，从家庭做起，影响家人，影响社会。同时还要植树造林，涵养水源，加强对全国江河湖海水域污染的治理，真正实现"绿水青山就是金山银山"。

参考文献：

［1］孙志敏. 珍爱生命之水：2011年全国青少年科学调查体验活动实验手册［M］. 天津：天津科技翻译出版公司，2011.

［2］中国科协青少年科技中心组. 知水善用：2020年青少年科学调查体验活动指南［M］. 北京：中国科学技术出版社，2020.

［3］鄂竟平. 坚持节水优先　建设幸福河湖：写在2020年世界水日和中国水周之际［J］. 水利发展研究，2020，20（3）.

［4］刘晓. 节水灌溉控制技术研究综述［J］. 电子世界，2019（1）.

［5］崔修来，孙瑶，王东. 干旱监测预报研究综述［J］. 南方农业，2019，13（20）.

《城乡中小学开展"节水在我身边"科学调查体验活动的实践研究》研究报告

摘　要：岳阳县张谷英镇中心学校开展的"城乡中小学开展'节水在我身边'科学调查体验活动的实践研究"课题，在岳阳市教科院专家教授的指导下，经过全体研究人员的共同努力，历时三年，已基本实现原定研究目标。该课题创新提出了创设实践活动的"村组建制"，采取"资源整合与互补机制"，创建实践活动"社团"的学生组织，采取通过招聘志愿者协助的新措施等组织和开展综合实践活动的新模式。总结出为引导学生熟悉家乡环境，关注乡村振兴；引导学生体验社会生活，关注社会热点；引导学生弘扬传统文化，提升道德品质开展活动的德育价值。总结出了解水情状况，树立节水观念；掌握节水方法，养成节水习惯；弘扬节水美德，参与节水实践的实践价值。还有科技实践活动主题的确定和途径、活动开展的指导策略、学校对综合实践活动课程的管理和评价等理论和推广价值。该课题研究具有教育性、实效性、推广性和借鉴作用。

关键词：科学调查体验活动；活动模式；策略；德育价值

一、问题提出

2017 年 9 月 5 日，教育部印发《中小学综合实践活动课程指导纲要》（下简称为《纲要》），要求各地要充分认识综合实践活动课程的重要意义，确保综合实践活动课程全面开设到位。要组织教师认真学习《纲要》，切实加强对综合实践活动课程的精心组织、整体设计和综合实施，不断提升课程实施水平。

《纲要》对综合实践活动的性质进行了界定：综合实践活动是从学生的真实生活和发展需要出发，从生活情境中发现问题，并将之转化为活动主题，通过探究、服务、制作、体验等方式，培养学生综合素质的跨学科实践性课程。综合实践课程是国家规定、地方指导、学校组织开发和实施的课程，是从小学三年级一直到高中连续开设的必修课，是一门走出课本、走出教室、走出传统知识传授方式的课程。它体现了国家的意志和"注重学生全面发展"的理念，能培养学生创新精神和实践能力。它有着传统学科课程无法比拟的优势，既适应了世界课程改革的整体走势，又体现了我国课程改革的现实需要，成为近年来我国基础教育课程改革实践中涌现出来的一种崭新的课程形态，是新课改中的亮点。

"青少年科学调查体验活动"是落实《全民科学素质行动规划纲要》的一项重要主题科普活动，由中国科协、教育部、国家发展改革委、中央文明办、共青团中央共同主办，活动每年根据《全民科学素质行动规划纲要》不同主题开展，主要面向小学高年级和初中学生，其实质就是引导学生关注"人与自然""人与社会""人与自我"三大关系领域。引导学生开展主题综合实践活动，旨在使青少年进一步了解我国人口众多、资源有限的基本国情，了解与学习有关能源资源的基本科学知识，掌握科学调查及节约能源资源的过程与方法，通过科学调查体验活动，培养青少年对科学研究的兴趣，增强他们节约节俭的意识和社会责任感，并通过青少年的实际行动，带动和影响其他社会人群，促进节约型社会的建设与发展。

张谷英镇中心学校从2008年组织学生开展综合实践活动以来，连续几年在湖南省、岳阳市青少年科技创新大赛上获奖。但是参与的学生、参与指导学生开展活动的老师群体不大，为了让综合实践活动开展常态化，让更多的教师参与到该项活动中来，形成一定的课例做典范，我们决定结合当年青少年科学调查体验活动的"能源资源"领域里的四个推荐活动，即"节水在我身边""节能在我身边""节约粮食从我做起""节约纸张从我做起"，确定以"节水在我身边"为主题进行综合实践活动课例研究，贴近学生生活，让他们"做中学""学中做"，"玩"中学、"错"中学，开阔学生多学科视野，提高学生体验学习等能力，提高教师研究水平。

二、课题界定

"体验"一词，《现代汉语词典》解释为：通过实践认识周围的事物；亲身经历。在《辞海》中解释为"亲身经历，以认识周围的事物"。在《教育大词典》中解释成"体验、体察、观察，在实践中认识事物"。在心理学中作为重要概念，通常表示人们以经验获得及行为变化过程中的心理感受、情感体验、认知顿悟、反省内化等心理活动。教学意义上的"体验"既是一种活动过程，也是活动的结果。作为一种活动过程，指学生亲身经历某事并获得相应的认识和情感；作为一种活动结果，指学生从其亲历中获得的认识结果和情感体验。

开展综合实践活动课例研究需将新课程改革的基本理念，特别是英特尔®未来教育基础课程、成功技能课程的基本理念，即"各技能领域的制作活动和行动计划都要求按照制订计划、动手操作、认真检查、交流分享的四个阶段进行"，贯穿于科学调查体验活动开展的始终，形成固化的四阶段教学过程，即制订计划——活动设计、动手操作——活动实施（开展）、认真检查——活动评价和反思、交流分享——活动结果发布，建构综合实践活动课例开展模式，指导师生开展综合实践活动。

三、研究综述

全国青少年科学调查体验活动从2006年开始，每年一个主题。历年开展的主题分别是"节能在我身边"（2006）、"节水在我身边"（2007）、"节粮在我身边"（2008）、"节约纸张，保护环境"（2009）、"我的低碳生活"（2010）、"珍爱生命之水"（2011）、"科学饮食，健康生活"（2012）、"节约粮食，从我做起"（2013）、"创新在我身边"（2014）、"变废为宝，从我做起"（2015）、"走近创客，体验创新"（2016）、"我爱绿色生活"（2017）。自2018年起，青少年科学调查体验活动设置固定活动主题："体验科学，快乐成长"。活动主题下设置"能源资源""生态环境""安全健康""创新创意"四个活动领域，各活动领域下设置若干推荐活动，学校及学生可以自主选择感兴趣的推荐活动参加调查体验。推荐活动不设年份限制，2018年推出的推荐活动，在后续的年份中仍然可以选择开展。"能源资源"领域里有四个推荐活动，他们分别是"节水在我身边""节能在我身边""节约粮食从我做起""节约纸张从我做起"。多年来的科学调查体验活动，使人们逐步走出传统教育的"六重六轻"的教学误区（"六重六轻"即：重智力、轻态度；重统一、轻个性；重书本、轻实践；重课内、轻课外；重灌输、轻主动；重认识、轻方法），取得了一定的效果，促进了学生全面发展。但是在一般学校，特别是农村初中，纵使一些城乡学校，迫于应试教育的影响，综合实践课程还在课表上"悬挂"、在上课时"候补"，开展综合实践活动课例研究还存在着空白现象。因此我们拟选择"节水在我身边"这一个推荐活动作为切入点进行课题研究，便有了一定的实际意义，希望能给我们城乡中小学校开展综合实践活动提供范式。

四、研究意义

综合实践活动课是新课改义务课程体系中不可缺少的一部分，但长期以来，由于学科本位主义观念影响，人们产生一种错觉，认为唯有文化学科课程才是最科学的，不少教师对综合实践活动课感到茫然，存在着认识上的"盲区"。综合实践活动中令人感到棘手的问题很多，如家长和社会的不支持，教师自己的能力和时间、精力有限，而综合实践活动课程的实施需要大量的时间。再者，目前我国还没有培养专门的综合实践活动课程教师的教育机构，综合实践活动教师多由其他教师兼任，或者由教其他科目的教师改教综合实践活动课程，综合实践活动课程实施质量无法保障。

有效的课例研究至少给学科教师提供这样的机会：认真思考一个特定内容领域的课例，认真思考面向学生的长期目标，研究最佳的现成课例，培养教学智能，培养学生合作学习的能力，培养学生观察的眼睛。由此可见，进行中小学综合实践活动课例研究，不仅有利于中小学综合实践活动课的师资建设，还有利于中小学综合实践活动的课程实施，更有利于学生在科学调查主题活动中，能面对现实，提炼主题，按"制定计划""动手操作""认真检查""交流分享"的基本过程，进行主题活动，学会思考、学会合作、学会学习、学会创造。

五、理论依据

本课题研究以中国传统教育思想和中国共产党的执政理念、奥苏伯尔的"有意义学习"理论、建构主义学习理论、现代学习观、项目式学习等为主要的理论依据。

（一）中国传统教育思想和中国共产党的执政理念

党的十八大以来，习近平总书记在多个场合提到文化自信，传递出他的文化理念和文化观，强调要弘扬中华优秀传统文化，提出要"增强文化自信和价值观自信"。中国传统教育思想强调明德至善，以德为先。《礼记》指出，"大学之道，在明明德，在亲民，在止于至善"，强调教育的目的就是培养人光明的德行。《道德经》第八章以"上善若水"开篇，指出做人要如水一样有至柔、至净、能容、能大的胸襟和气度。人生之道，莫过于此。中国传统教育思想注重修身养性、反躬内省。一方面强调"修身""正身"。《礼记·大学》指出"欲治其国者，先齐其家；欲齐其家者，先修其身"，把修养自身的品性置于首要地位。另一方面注重"省身""洁身"。《论语·学而》中曾子曰三省己身，提倡每日要多次反思自己，以完善自己的德行。崇尚节俭是中华民族的传统美德。中国共产党人既是中国先进文化的积极引领者，又是中华优秀传统文化的传承者和弘扬者，这一点不仅体现在毛泽东等无产阶级革命家的思想言行中，更体现在他们的俭朴作风中。节水、节电、节约粮食是当代公民良好素养的表现。中国传统教育思想突出道法自然、尊重规律。习近平生态文明思想是推进生态文明、建设美丽中国的强大思想武器。坚持生态兴则文明兴，坚持人与自然和谐共生，坚持绿水青山就是金山银山，坚持良好生态环境是最普惠的民生福祉。

（二）奥苏伯尔的"有意义学习"理论

"有意义学习"理论是美国教育心理学家奥苏伯尔（David Ausubel）创建的。奥苏伯尔极力主张有意义地学习，坚决反对机械地学习。奥苏伯尔认为，人类的学习有多种多样的类型，从学习的内容和学习者已有的知识经验的关系来看，可以把人类学习分成有意义学习和机械学习。有意义学习和机械学习在心理机制上有着本质的不同。机械学习的心理机制是联想，产生的条件是刺激、反应接受、重复和强化等。有意义学习的心理机制是同化。同化是新旧知识相互作用的过程的总称。他认为问题是探究的基础，探究是解决问题的途径，应创设问题情景，引发学生对知识本身发生兴趣，产生认识需要，产生一种"我要学习"的心理倾向，激发学生的动机，促使学生有意义地学习。

（三）建构主义学习理论

建构主义学习理论以学习为中心，强调学生对知识的主动探索、主动发现和对所学知识意义的主动建构。该理论不仅要求学生由外部刺激的被动接受者和知识的灌输对象转变为信息加工的主体、知识意义的主动建构者，而且要求老师由知识的传授者、灌输者变为学生主动建构意义的帮助者、促进者。建构主义者提出了许多教育改革的设想，其中一条就是通过解决问题来学习，基于问题解决来建构知识。

（四）现代学习观

习近平同志为第五批全国干部学习培训教材作序时强调："善于学习，就是善于进步。"① 同做其他事情一样,学习也有善于与不善于的问题。善于学习,就能收到事半功倍之效;不善于学习,其结果或者事倍功半,或者劳而无功,甚至会适得其反。现代学习观指出,学生的学习是一种选择性学习,是一种实践性学习,是一种社会性学习,是一种创造性学习。同时现代学习观强调学会学习。学会学习有四个标准:第一,通过学习,形成对学习的兴趣,即想学;第二,通过学习,形成独立学习的技能,即会学;第三,通过学习,构建良好的知识结构,即学得好;第四,能很好地将所学的知识应用于实践,即会学。

(五)项目式学习

项目式学习(Project Based Learning,简称PBL),是一种以学生为中心的教学方法,它提供一些关键素材构建一个环境,学生组建团队通过在此环境里解决一个开放式问题的经历来学习。项目式学习通常是在一个学习小组中进行,学生们在这个小组中有各自的角色,而这个角色会不断轮换。项目式学习过程并不关注学生可以通过一个既定的方法来解决这个问题,而是更强调学生在试图解决问题的过程中发展出来的技巧和能力。在项目式学习中学生的学习是通过自己的思考和推理来实现的,包括如何获取知识、如何计划项目以及控制项目的实施、如何加强小组沟通和合作。项目式学习这个过程赋予学习者应对未来挑战的能力。

六、研究目标

1. 推进学生对自然、社会和自我的内在联系的整体认识和体验,发展学生的创新能力、实践能力以及良好的个性品质,能为学生后续开展综合实践活动提供理论基础和持续力。

2. 转变教师教育教学观念,提升教师教育科研能力,积累综合实践活动课程教育经验,为城乡中小学综合实践课程实施做好师资建设。

3. 设计可行的教学课例,研究总结综合实践活动开展的教学设计模式,收集教师课题研究过程获奖或发表的论文、案例、课件等,提供本地城乡中小学综合实践活动开展的一些共性经验。

---

① 习近平. 第五批全国干部学习培训教材序言[EB/OL]. 中华人民共和国中央人民政府网站,2019-02-28.

七、研究内容

原课题研究主要内容设计如下：

1. 农村初中综合实践活动课例设计。包括主题提炼、情境创设、活动类型、信息技术环境和资源利用、活动方式、活动策略、活动评价等几个方面。

2. 农村小学综合实践活动课例实施有关手段及方法策略。

3. 青少年科学调查体验活动开展的范式。

八、研究方法

文献研究法。通过对期刊、网络、书籍等文献进行调研，对研究对象的概念的内涵和外延加以明确，认识了解该课题研究现状，改变教育观念，确立论文研究的理论基础。

行动研究法。根据对课例研究理论体系的理解、教学设计理念的分析，课题组教师设计综合实践教学案例并实施，校本教研，同课异构，反思课堂，领悟理论中可操作的成分，掌握第一手资料，并参与课题组成员之间的交流与合作。

课堂观察法。通过观察深入学校课堂，对教师、学生真实性表现进行观察记录，了解课例研究整个实施过程的真实情况。

经验总结法。通过设计课例、实施课例、研究评课，进行归纳与分析，使之系统化、理论化，总结为经验。

教育叙事。本课题研究中，教师对每次科学调查体验活动的组织和开展，都要撰写教育叙事，反思教学中所取得的成果，以及需要改进的地方。

九、研究过程和措施

（一）第一轮研究——准备阶段（2019年2月—2019年7月）

1. 成立组织机构；
2. 制订实践活动方案及安全防护方案；
3. 组建学生社团，组织学生开展理论学习和相关考察活动；
4. 课题申报；
5. 阶段小结，下一轮活动设计、安排。

（二）第二轮研究——实施阶段（2019年7月—2019年12月）

2019年秋季开学就绪后，对学生进行水的知识（生命之水、水的分布、水的循环、人类活动与水资源等内容）的学习。

2019年9月起，组织学生做相关探究实验1~4："生命之水""谁动了我的可乐""'伤不起'的水""节水洗衣实验"等实验。

2019年12月，课题研究资料收集及整理。

（三）第三轮研究——评价阶段（2020年2月—2022年11月）

1. 组织学生做相关探究实验5~10："自来水不是自来的""让地球妈妈也喝干净的水""地球妈妈的雨伞""把雨水留住""雾的产生""冰雹的形成"。进行校本教研、"磨"课、校本教研评价。

2. 课题组成员实验操作，信息反馈，资料积累，撰写论文，提交研究成果。

3. 2023年5月申请课题验收及结题。

（四）技术路线

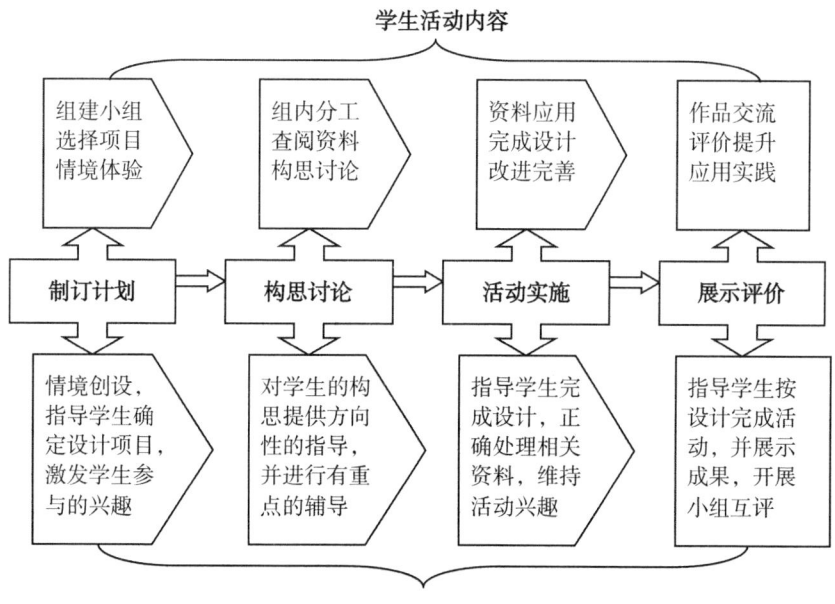

图38 "节水在我身边"科学调查体验活动技术路线图

同时，对教师进行科学调查体验活动理论知识的培训，更新其教育理念，加强其认识，整合学校各种师资力量和资源，保障科学调查体验活动按照活动手册有条不紊、循序渐进开展，完成若干个相关探究实验，提高学生交流、探究、合作能力。

十、研究成果及分析

对照本课题研究内容和目标，我们多次组织教师进行课题研究的理论学习，切实掌握课题研究的多种方法；组织学生开展项目设计的各项活动；组织教师指导学生做好规定的实验，开展教研活动，互相"磨"课，提高研究水平；设计一些量表，观察师生课堂行为变化，提高师生能力；撰写一些活动开展的经验、课堂教学设计实例、研修叙事、论文等。组织学生开展的"节水在我身边"科学调查体验活动获湖南省2020年青少年科学调查体验活动优秀学生小组，课题组成员有10篇以本课题研究为主要内容或拓展领域为题材的文章在省级以上期刊发表。教师研究水平大有长进，学生自主、合作、探究能力显著提升，圆满完成了课题研究任务。

（一）创新之处

综合实践活动的主要方式有考察探究、社会服务、设计制作、职业体验、党团队教育活动、博物馆参观等。这些活动的设计，可以有所侧重，以某种方式为主，兼顾其他方式；也可以整合方式实施，使不同活动要素彼此渗透、融会贯通。为了达到活动高效的目的，我们采取了以下这些做法。

1. 创设实践活动的"村组建制"

组织学生开展综合实践活动，我们根据因地制宜的原则，打破常规的校级、年级、班级建制界限，以村为单位，组建实践活动村组，民主产生该村组的组长、副组长、秘书长以及下设的职能小组，并聘请村领导担任村组活动的顾问。这是因为村领导具有对本村环境、资源、学生及家长非常熟悉的优势，特别是安全防护方面具有天生的保障职能，同村学生从小生活在一起，组织起来开展活动，可以由大带小，具有易组织、易集中、易交流、本土气息浓厚、责任感强等优势。这种"村组建制"，解决了农村青少年综合实践活动中的可行性、持续性、实效性、安全性等多方面的操作难题。

2. 采取"资源整合与互补机制"

"资源整合与互补机制"就是校内与校外资源整合、课堂与课外资源互补的举措。学生课堂上获得的观察、访谈、实验方法，可以在组织学生开展野外考察、社会调查、探究实验、研学旅行中得到应用。学生家庭生活中的衣食住行的体验，就是陶行知先生说的"生活即教育"，毫无疑问，"知"与"行"是青少年认识客观世界过程中密切相关的两个方面，也是我们开展好综合实践活动的双翼。

这种"资源整合与互补机制"，在目前"双减"政策落地情况下，可充分开拓各种资源的潜在效能和促学减负的效能，激发学生的主体作用，激励学生学习的主动性、探讨的积极性，实现校内、校外、课堂、课外共同提高的培养效益。

3. 创建实践活动"社团"的学生组织

主题实践活动社团是由学生倡议、自主竞聘产生的，具有协助学校组织活动、主办社刊及网页、下派记者等组织、宣传、公关的职能效应，可起到学生中的领头雁作用，在初中年龄段的青少年中，于某种条件下发挥的作用胜过老师，加之社团独立组织活动的职能和持续性，在实践活动中发挥的作用远大于"小组"。

4. 采取招聘志愿者协助的新措施

招聘回乡度假大学生志愿者，既可丰富大学生假期生活，又可给中小学生提供相关科学知识、学习方法、实践技能等方面的指导。本村家长志愿者，既可起到向导和安全助理的作用，又可起到义务宣传员和实施者的作用。

（二）主要价值

1. 德育价值

引导学生熟悉家乡环境，关注乡村振兴。多年组织学生开展科技实践活动，我们都是从学生熟悉的生活环境和家乡自然风貌、地理、动植物资源等要素中选取主题，如"为家乡的古树挂保护牌""家乡河流水质及污染情况的调查和改善""张谷英镇土壤肥力特性及改良研究""三调芭蕉扇——张谷英镇竹木资源的利用和开发"等都是从学生身边环境入手，培养学生热爱祖国首先热爱家乡的感情。

引导学生体验社会生活，关注社会热点。通过开展"垃圾是放错了地方的资源""节约粮食，从我做起""节约纸张""节水在我身边"等社会活动，让学生在亲身体验社会活动中，增长聪明才智，关注社会问题，实现环境育人、活动育人。

引导学生弘扬传统文化，提高道德品质。孔子云："水有五德，有德、有义、有道、有勇、有法，君子遇水必观。"老子云："上善若水，水利万物而不争。"水，作为一种自然资源，滋养着世界万物，成为一切生命的依托，作为一种物质元素，与人类生活乃至文明的进步有着重要联系。水作为中华民族传统文化的重要精神资源，其内涵也在持续变化和演绎着。弘扬节水美德，参与节水实践。倡导节水惜水行为，营造节水护水风尚。这就是我们坚定文化自信的底气。

2. 实践价值

地球上的储水量是很丰富的，共有13.86亿立方千米之多，但是人类真正能够利用的仅仅是江河湖泊和地下水中的一部分淡水资源（淡水是指每升含盐量低于0.5克的水），约占地球总水量的0.26%。全球淡水资源极其有限，我国是世界上水资源相对比较丰富的国家之一，仅次于巴西、俄罗斯、美国三国，水资源总量28000亿立方米，排在第四位。但是平均到每个人却仅有2300立方米，是世界平均水平的1/4，相当于美国的1/5、加拿大的1/48，在世界排名第110位，被列为全球13个人均水资源贫乏国家之一。

2015年2月，习近平总书记主持召开中央财经领导小组第九次会议时指出："保障水安全，关键要转变治水思路，按照'节水优先、空间均衡、系统治理、两手发力'的方针治水，统筹做好水灾防治、水资源节约、水生态保护修复、水环境治理。"节水优先，是针对我国国情水情，总结世界各国发展教训，着眼中华民族永续发展做出的关键选择，是新时期治水工作必须始终遵循的根本方针。本课题研究以来，"节约用水，从我身边做起"观念已经深入学生内心，并促使学生自觉践行《公民节约用水行为规范》。

（1）了解水情状况，树立节水观念，懂得水是万物之母、生命之源，知道水是战略性经济资源、控制性生态要素，明白节水即开源增效、节水即减排降损；了解当地水情水价，关注家庭用水节水；提升节水文明素养，履行节水责任义务；强化节水观念意识，争当节水模范表率；以节约用水为荣，以浪费用水为耻。

（2）掌握节水方法，养成节水习惯，按需取用饮用水，带走未尽瓶装水；洗漱间隙关闭水龙头，合理控制水量和时间；洗衣机清洗衣物宜集中，小件少量物品宜用手洗；清洗餐具前擦去油污，不用长流水解冻食材；正确使用大小水按钮，不把垃圾扔进坐便器；洗车宜用回收水，控制水量和频次；浇灌绿植要适量，多用喷灌和滴灌；适量使用洗涤用品，减少冲淋清洗水量；家中常备盛水桶，浴前冷水要收集；暖瓶剩水不放弃，其他剩水再利用；优先选用节水型产品，关注水效标识与等级；检查家庭供用水设施，更换已淘汰用水器具。

（3）弘扬节水美德，参与节水实践，宣传节水洁水理念，传播节水经验知识；倡导节水惜水行为，营造节水护水风尚；志愿参与节水活动，制止用水不良行为；发现水管漏水，及时报修；发现水表损坏，及时报告；发现水龙头未关紧，及时关闭；发现浪费水行为，及时劝阻。

3. 理论价值

本课题研究以来，我们结合多年开展综合实践和科学调查体验活动成功经验，付诸不同学科实践，进行总结和提升，发表了一些与本成果相关的代表性论文（见表21），推广我们的做法。

表21 与本成果相关的代表性论文一览表

序号	作者	题目	刊物及时间
1	彭乐新 丁群芳	创新活动模式，积极开展综合实践活动	《中小学课程辅导·综合实践活动研究》（CN14-1307/G4）2020年7-8期总第111期
2	丁群芳 彭金九 付海军	充分挖掘本土资源，创新开展综合实践活动	《爱你·教师教育》（CN43-1477/G0）2021年7期
3	丁群芳 李雨露 兰 伟	"节水在我身边科学调查体验活动的实践研究"文献综述	《明日》（CN51-1617/G0）2021年第22期
4	李聪聪 张 林 陈 银	节约粮食，我们收获满满	《发明与创新·初中生》（CN43-1401/N）2022年第1期
5	谢 斌 付海军	新课程背景下如何提高初中思想品德课教学的有效性	《青春岁月》（CN13-1035/C）2021年第8（中）期
6	吴美球 丁 艳	创新教学设计，提高小学数学课堂教学有效性	《学习方法报》（CN14-0706/F）2021年第3月版
7	李敏芳 丁群芳	基于核心素养下的小学语文古诗词教学探究	《学苑教育》（CN13-1386/G4）2023年第11期，总第383期
8	罗振意 丁群芳	关于初中生物教学与互联网相联系的思考	《中国基础教育资源库》（CN11-9124/G）2022年第29期

续表

序号	作者	题目	刊物及时间
9	罗振意 丁群芳	浅析初中生物生活化教学策略	《教育·新教育创作》（CN14-1331/G4）2022年第3期
10	李敏芳 丁群芳	捞铁牛中的详写和略写	《语文学习报》（CN22-0045）2022年8月1日第4版教师周刊第5期

（1）探索了科技实践活动主题确定的途径。科技实践活动实质就是具有一定教育目的和科普意义的群体性综合实践活动。科技实践活动的主题是活动开展的旗帜，主题恰当是活动成功的关键，我们总结了可以从三个方面确定综合实践活动的主题：一是与社会密切接触；二是日常生活处处留心；三是自然知识勤学巧补。总之，科技实践活动可以从"学生与社会""学生与人""学生与自然"三个基本线索来进行活动内容和主题的选择。一个好的科技实践主题就是研究性学习、社会服务与社会实践、劳动技术教育、信息技术素养培养的完美组合。

（2）探索了科技实践活动开展的指导策略。①开展科技实践活动，教师的指导作用是不可缺少的。②指导学生开展科技实践活动，必须根据活动开展的目的、形式，进行有效的评价，采取不同的指导策略。比如活动开展前期指导学生如何收集资料，连续开展活动如何关注过程，总结交流阶段又如何指导学生交流讨论、总结反思、汇报成果等。③指导学生开展科技实践活动，必须达到有效实用的目的。

（3）探讨了学校对综合实践课程的管理和评价。学校是综合实践活动课程开设和活动开展的总管理者和组织者，应做好如下几方面的工作：①做好宣传和动员工作，营造良好的质疑求知环境；②加强组织和管理工作；③培训指导老师，正常开展教学和活动。同时还探讨了要从五个方面关注，即关注学生主体、关注活动过程、关注活动结果、关注教师的指导作用、关注学校的责任，对综合实践活动进行评价。

（4）对有意义学习理论的思考。"有意义学习"理论自奥苏伯尔于1968年提出以来，其影响日益扩大，越来越多的教育工作者参加了有意义学习的讨论。我们关注和研究"有意义学习"理论的目的，是寻找一种高效地获得知识的学科课堂教学模式。我们认为，有意义学习的实质是关注学习主体的需求，有意义的讲解模式是达到理想课堂效果的有用工具。需要强调的是，任何一种教学模式都有它的优势和局限性，教师在选择教学模式时，要从教学目标的要求考虑，取其精华，去其不足，海纳百家，发挥特长，以实现课程体系整体优化的目标。

4. 推广价值

课题研究以来，我们继续组织学生开展科技实践活动，参加科技创新大赛获奖（见表22），组织学生开展科学调查体验活动，参加相关赛事活动获奖（见表23），取得了斐然的成绩，在岳阳市乃至湖南省都有了一些影响力，也有了一定的经验积累，相关案例可以成为后来者的借鉴和参考。

表22　项目式活动参加湖南省青少年科技创新大赛获奖情况一览表

年度	活动小组	活动主题	获奖等第	指导教师
2019	综合实践活动兴趣小组	明清古建筑群张谷英村的建筑风格及特征研究	省二等奖	李桂龙 卢将胜 丁群芳
2020	综合实践活动课题组	为张谷英镇行道树摘帽子穿裤子科学调查体验活动	省三等奖	付岳星 彭乐新 丁群芳
2021	综合实践活动课题组	张谷英镇应对自然灾害之地质和气象灾害综合实践调查体验活动	省二等奖	巫园霞 李红葵 丁群芳
2021	生物与环境兴趣小组	岳阳县县城行道树树种及现状调查	省二等奖	汪志刚 李　祥 丁　艳
2022	综合实践活动课题组	张谷英镇二十四节气日志综合实践活动	省三等奖	巫园霞 丁群芳 李添志
2022	综合实践活动调查小组	关爱留守儿童，关注身心健康	省二等奖	万　婷 陈飞艳 肖　佩

续表

年度	活动小组	活动主题	获奖等第	指导教师
2022	综合实践小组	探究传统游戏，玩转"双减"课间	省一等奖	丁 艳 彭旭红 吴 达
2023	张婷慧 丁子涵 张可欣	疫情防控下车辆进出消杀病毒智能系统	省三等奖	丁群芳 钟梓楠 易思甜
2023	科技实践活动小组	节约粮食，从我做起	省二等奖	丁 艳 肖叶芳 胡 婷
2023	科技实践活动小组	玩转交通标识，与交通安全"童"行	省一等奖	费细芳 许 娟 丁群芳

表23 参加湖南省青少年科学调查体验活动获奖情况一览表

年度	活动小组（作者）	活动主题（作品）	获奖等第	指导教师
2020	生物与环境课题组	节水在我身边科学调查体验活动调查报告	优秀学生小组	兰 伟 周 蕾 费细芳
2020	综合实践活动课题组	张谷英镇应对自然灾害之地质和气象灾害综合实践调查体验活动	优秀学生小组	巫园霞 李红葵 丁群芳
2020	综合实践活动课题组	张谷英镇二十四节气日志综合实践活动	优秀学生小组	巫园霞 丁群芳 李添志

续表

年度	活动小组（作者）	活动主题（作品）	获奖等第	指导教师
2020	岳阳县张谷英镇中心学校获评"湖南省优秀活动实施学校"			
2021	生物与环境兴趣小组	岳阳县县城行道树树种及现状调查	优秀学生小组	汪志刚 李祥 丁艳
2021	丁群芳 樊迪	基于"手机物理工坊"的玻璃水杯音阶实验报告	优秀实践活动报告	丁群芳
2021	樊迪 隋佳静	学生水杯音阶实验报告	优秀实践活动报告	
2021	肖佩 万婷	探究有效预防近视的方法	优秀实践活动报告	
2021	张婷婷 巫园霞	步态分析，行走中的科学	优秀实践活动报告	
2021	杨谦	太空种子种植活动	优秀实践活动报告	
2021	陈飞艳 隋佳静	探究怎样保护视力	优秀实践活动报告	
2021	游乐 肖思溢 陈欣蕾	步态分析，行走中的科学	优秀学生小组	游娟 付利
2021	陈建业 郭林丽 王梓涵	步态分析，行走中的科学	全国优秀学生小组	陈飞艳 肖佩
2021	岳阳县张谷英镇中心学校获评"湖南省优秀活动实施学校"			
2022	刘继贤 陆天宇 朱雪晴	节约粮食，从我做起	全国优秀学生小组	费细芳 张纤
2022	刘爽 朱语茜 赵铭伟	节约粮食，从我做起	全国优秀学生小组	费细芳 丁群芳

同时我们学校还花费十多万元，建成了科技创新教育成果（主要是综合实践活动成果）展览室，向师生和社会开放，本省一些学校及湖北部分学校都慕名来观摩和交流。2022年还被湖南省知识产权局和省教育厅联合认定为"知识产权教育试点学校"。

表24 本成果社会反响与媒体报道情况一览表

日期	活动影响（或单位获奖）
2019年4月12日	丁群芳老师被湖南省教育厅聘请担任湖南省地方教材《中小学综合实践活动课程资源包》（三年级至九年级）2019年审查专家
2020年1月14日	丁群芳老师被湖南省教科院聘请，作为张谷英镇中心学校代表参与教育部"义务教育阶段综合实践活动课程实施情况调研"活动
2020年	2020年9月，丁群芳老师被湖南理工学院聘请为该校硕士研究生指导教师；同年11月，再被湖南理工学院研究生院聘请为湖南省第十三届研究生创新论坛"自制教具与教学资源的开发与利用"分论坛专家组成员，并做典型发言
2019—2022年	课题研究以来（2019年）至2022年，张谷英镇中心学校拓展综合实践活动领域，组织师生种植太空种子，先后有43名学生获评"太空种子种植能手"，24名教师获评"优秀指导教师"，张谷英镇中心学校连续四年获评"优秀组织单位"
2022年	被湖南省知识产权局、省教育厅认定为第六批"知识产权教育试点学校"，并给予每年5万元经费扶助
2020—2021年	组织学生开展科学调查体验活动，被评为"湖南省优秀组织单位"
2023年	课题组负责人丁群芳参加湖南省科技活动周湘科普"四进"走进宜章活动，在梅田镇中学、宜章县十二中给学生讲授综合实践活动开展，反响很好，宜章县人民政府给予感谢信

十一、课题研究成果及其社会效益和反响

1. 本课题研究丰富了教师的专业知识，提高了教师的研究水平，拓展了教师的思维，促进了教师专业化成长，为学校后续综合实践活动储备了人才，年轻教师丁艳、费细芳等纷纷成长为县市级骨干教师。

2. 本课题研究达到了对学生进行教育的目标，培养了参加活动的青少年强烈的社会责任感，使之树立了"保护水资源即保护生命，节水即节能"的意识，树立了从我做起，影响家人，影响村民，影响社会，携手共建绿色家乡的整体环保行为理念。

3. 本课题研究达到了提高学生实践能力的目标，提高了学生的综合实践

能力，提高了学生发现和解决问题的能力，提高了学生获取、整合知识的能力，提高了学生收集、处理信息的能力，提高了学生进行科学探究和团结协作、互相交流的能力。近几年学生参加青少年科技创新大赛获奖是有力的佐证。

4. 本课题研究具有实效性。通过项目活动，师生整理出的有关水知识的读本，形成了我们的校本教材，其中总结出的部分节约用水小妙招非常实用，适用于各家庭和机关单位。

5. 本课题研究具有推广性。我们利用地处知名旅游景点、洞庭水系源头的独特地理优势，通过"节水在我身边"主题活动开展，宣传"保护水资源就是保护生命，节约水资源就是节约能源"的环保理念，推介水源防污、节水节能的经验，对全社会起到推广示范的作用。

6. 本课题研究具有借鉴作用。我们研究得出的对综合实践活动主题的选择、提炼、确定的方法，活动过程中的指导策略、活动模式，具有一定的特性，可为城乡中小学开展此种活动提供范式，也可为各级学校借鉴。

十二、问题讨论

我国教育学家陶行知先生主张"生活即教育"，"生活"是包括整个自然界和人类社会生活的总体，是人类一切实践活动的总称，他认为教育和生活是同一过程，教育含于生活之中，教育必须和生活结合才能产生作用。陶先生又说"社会即学校"，这样可以使教育的材料、教育的方法、教育的工具、教育的环境的范围大大地扩展，打通学校和社会的联系，创办人民所需要的学校，培养社会所需要的人才。陈鹤琴先生也曾说："活的乡村教育，要用活的教材，不用死的书本。"如何利用"社会"这所大学校，用好"活"的教材，办好"活"的乡村教育，实现"生活即教育"的目标；尽管我们以"城乡中小学开展'节水在我身边'科学调查体验活动的实践研究"作为课题研究的切入点，但是如何更好地让学生在自然资源中勤学巧补，让学生在社会活动中亲密接触，让学生在人文环境中践行传承，让学生在体验探究中感悟提升；如何通过实践活动提升学生核心素养和综合能力，如何在"双减"活动中让学生体验和获得更多的快乐，还将是我们任重道远的任务和目标。

参考文献：

[1] 青少年科学调查体验活动组委会. 青少年科学调查体验活动指导手

册［M］．北京：科学普及出版社，2016．

［2］牛灵江．水知识读本［M］．北京：中国科学技术出版社，2008．

［3］吴普特．看不见的水［M］．北京：中国科学技术出版社，2020．

［4］上海市师资培训中心．气候变化与环境保护［M］．上海：上海教育出版社，2020．

［5］中华人民共和国水利部．中国水资源公报2021［M］．北京：中国水利水电出版社，2022．

［6］中国科协青少年科技中心．知水善用：2020年青少年科学调查体验活动指南［M］．北京：科学普及出版社，2020．

［7］潘奎生，丁长春．水资源保护与管理［M］．长春：吉林科学技术出版社，2019．

［8］孙国强，陈梦九，丁群芳．如何确立科技实践活动主题［J］．发明与创新，2012（7）．

［9］蒲丽萍．论奥苏伯尔有意义的学习理论及其应用［J］．太原师范学院学报（社会科学版），2013，12（6）．

［10］雷莉，李雪静，骆新华．中国传统教育思想精华对新时期深化教育改革的启示［J］．文化创新比较研究，2021，5（1）．

11
汉语言文字

管窥汉字特殊构字现象

丁群芳

摘 要：汉字是世界上最古老的文字之一，也是优秀的表意文字，在几千年的演变和发展过程中，出现了一些构字特殊的现象，这主要表现为上下一样的重合汉字、左右一样的并体汉字、三足鼎立的品字形汉字。它们集中体现了汉字的美学特征：美在于客观事物的均衡、对称、和谐、多样统一以及黄金分割等形式，追求"成双成对""比翼齐飞""齐头并进""并行不悖"等美的现象。

关键字：汉字；特殊结构；美学特征

世界上现在保存下来的比较完整的最古老的文字有三种，即距今5000年出现的埃及文字、苏美尔文字及距今3400年左右的中国的甲骨文和金文。汉字起源于图画和契刻。我国还有一种观点，认为文字也起源于"结绳"。《易经》上说："上古结绳而治，后世圣人易之以书契。"唐代李鼎祚在他的《周易集解》中引《九家易》说："古者无文字，其有约誓之事，事大大其绳，事小小其绳。结之多少，随物众寡，各执以相考，亦足以相治也。"但这种说法很难考证。这足以说明我国汉字起源早，源远流长。正因为这样，研究汉字的文字学早在2000多年前的东汉就诞生了。许慎所著的《说文解字》就是最早的代表性著作，他在这部著作的《叙》中，对当时关于汉字造字的"六书"理论做了详尽的解释："一曰指事，指事者，视而可识，察而见意，上下是也；二曰象形，象形者，画成其物，随体诘诎，日月是也；三曰形声，形声者，以事为名，取譬相成，江河是也；四曰会意，会意者，比类合谊，以见指挥，武信是也；五曰转注，转注者，建类一首，同意相受，考老是也；六曰假借，假借者，本无其字，依声托事，令长是也。"正因为有六种这样的造字方法，所以汉字出现了"单纯字符"的汉字——独体汉字，以及"复合字符"的汉字——合体汉字，并且在合体汉字中还出现了偏旁，表意的是形旁，表音的是声旁。这样每个汉字各种笔画的长短粗细，每一组成部分的搭配都必须有一定的规矩，这就是汉字的结构问题。汉字结构的基本形式有（1）独体结构；（2）左右结构（含左中右）；（3）上下结构（含上中下）；（4）包围结构（分半包围和全包围）；（5）品字结构。其中又有一种特殊的构字现象，即构成汉字的部件或合体汉字中的独体字都是一样的，因此有些汉字学家又称其为叠体汉字。叠体汉字的主要表现形式是左右一样的并体汉字、上下一样的重合汉字、三足鼎立的品字形汉字。为什么会有这种现象呢？这大概与我们祖先的审美观念有关。他们认为美在于客观事物的均衡、对称、和谐、多样统一以及黄金分割等形式，并看重"成双成对""比翼齐飞""齐头并进"及"并行不悖"等美的现象，于是在造字过程中就造出了一些叠体汉字。这些汉字尽管现在大部分或是废除不用了，或是成了某些汉字的繁体字、异体字、别体字，但是散见于一些古籍和作品。《康熙字典》《说文解字》《辞海》（1979年版）对这些字有收录。现从以上字词典和《新编汉语字典》《新编汉语词典》（湖南出版社，邓家智主编）以及计算机 WPS2000 全拼法和汉典网（www.zdic.net）等网页上摘录于下，以见笑于语言文字学家和同仁。

一、重合结构

● 昌：chāng。

● 芻 chú 《说文》：刈艸也。简体字：刍。

● 多：duō。

● 圭：guī。

● 戔 jiān 同"戋"，《说文》：贼也。

● 畺 jiāng 《说文》：比田也。古同"疆"。

● 朤 lǎng 《字汇补》：音义与朗同。

● 吕 lǚ 《说文》：骨也。象形。

● 亖 sì 清段玉裁《说文解字注》：籀文四。此筭法之二二如四也。

● 夲 tào 《篇海类编》：与套同。

● 孨 yòu 《玉篇》：古文友字。

二、并体结构

- 爻 yáo 《说文》：交也。象《易》六爻头交也。
- 皕 bái 又 jiǎo《集韵》：音帛。又《广韵》音皎。
- 从 bǐ《说文》：密也。二人为从，反从为比。古文比。
- 比 bǐ 会意。甲骨文字形，像两人步调一致，比肩而行。与"从"字同形，只是方向相反。本义：并列；并排。
- 皕 bì 《说文》：二百也。
- 辡 biàn 《说文》：辠（同"罪"）人相与讼也。古同"辩"。
- 豩 bīn 《说文》：二豕也。
- 竝 bìng 《说文》：并也。同"并"。
- 艸 cǎo 《说文》：百卉也。同"草"。
- 棘 cáo 又 zhá《说文》：二东，曹从此。
- 雔 chóu 《说文》：双鸟也。读若酬。
- 鹑 chún 《字汇补》：同鹑。出《释典》。
- 踀 chuò 《集韵》：音蠿。局踀。
- 从 cóng 又 zòng 清代陈昌治刻本《说文解字》：相听也。
- 龖 dá 《说文》：飞龙也。读若沓。
- 畐 fù 《康熙字典》：音覆贰也。
- 赫 hè 《说文》：火赤皃。
- 棘 jí 《说文》：小枣丛生者。
- 开 jiān《说文》：平也。徐铉曰："开但像物平，无音义也。"①中国羌族的分支；②姓。《正字通》：宋有四川漕使开度。
- 弜 jiàng《说文》：强也。弓强劲有力。
- 兢 jīng 《说文》：竞也。兢兢，坚强貌。
- 竞 jìng 简体字：竞。《说文》：强语也。
- 競 jìng《篇海》：与竞同。
- 誩 jìng《说文》：竞言也。读若竞。
- 珏 jué 《说文》：二玉相合为一珏。
- 巜 kuài 《说文》：水流浍浍也。方百里为巜，广二寻，深二仞。

古同"浍"，田间水沟。

- 砳 lè《六书略》：二石相击成声。
- 从 liǎng《说文》：二人也。两字从此。
- 厸 lín《集韵》：邻古作厸。古同"邻"。
- 林 lín 㮣清陈昌治刻本《说文解字》：平土有丛木曰林。
- 槑 méi《玉篇》：古文梅字。
- 奻 nuán 㚚《说文》：讼也。①争吵；②愚。
- 嶤 qiáo "翘"的别体字，指纸、木板等变形不平。
- 眗 qú 又 jù 䀠《说文》：左右视也。
- 歰 sè 㰦《说文》：不滑也。从四止。《字汇补》：歮与涩同。
- 屾 shēn 屾《说文》：二山也。
- 甡 shēn 甡《说文》：众生并立之貌。《诗》曰："甡甡其鹿。"
- 㲋 shēn《说文》：进也，锐意进取。
- 祘 suàn 祘《说文》：明视以筭之。《逸周书》曰："士分民之祘。均分以祘之也。"
- 聑 tiē 䎶《说文》：安也。①安适；②耳垂。又 zhé，耳朵竖起来的样子。
- 囍 xǐ 双喜。多用于婚嫁等喜庆场合。
- 孖 xù《集韵》：音序。
- 吅 xuān 吅《说文》：惊呼也。古同"喧"，大声呼叫。
- 昍 xuān《集韵》：音暄。明也。
- 炏 yán，古同"炎"。《康熙字典》：炽火盛也。
- 虤 yán 虤《说文》：虎怒也。
- 牪 yàn《玉篇》：音彦。
- 覞 yào 覞《说文》：竝视也。饶炯《部首订》："并视，非二人同视一物，谓二人相对为视也。"
- 斦 yín 斦《说文》：二斤也。
- 賏 yīng 賏《说文》：颈饰也。颈项上的装饰物。
- 幺幺 yōu《说文》：微也。
- 羽 yǔ 羽《说文》：鸟长毛也。象形。
- 喆 zhé《玉篇》：同哲，多用于人名。
- 臸 zhī 臸《说文》：到也。①到达；②如一。
- 沝 zhuǐ 沝《说文》：二水也。另，滩碛聚集的地方。

● 孖①zī 双生子；② mā 方言，成对的，双：~仔（双生子）。

三、品字形结构

● 犇 bēn 《康熙字典》：牛惊。
● 贔（贔）bì ①用力的样子；②~屭（xì）传说中的一种动物，像龟。
● 猋 biāo 《说文》：犬走皃。
● 驫（驫）biāo，众马奔腾的样子。
● 蟲 chóng 简体字：虫。《说文》：有足谓之虫，无足谓之豸。
● 矗 chù，直立，高耸。~立。
● 麤 cū，同"粗"。《说文》：行超远也。
● 毳 cuì 《说文》：兽细毛也。
● 龘 dá，古同"龖"，龙腾飞的样子。
● 靐 bìng 《广韵》：音凭。靐靐，雷声。
● 靐 duì 又 zhuì 《玉篇》：音憝。云貌。
● 飝 fēi 《字汇补》：音非。义未详。
● 轰 hōng 轟《说文》：群车声也。见"轰"。
● 譶 huà 《字汇》：同话。
● 姦 jiān 《说文》：私也。简体字：奸。
● 晶 jīng 《说文》：精光也。
● 厽 lěi 《说文》：絫（lěi 古同"累"）；坺（fá，古同"垡"）土为墙壁。象形。
● 畾 léi 《康熙字典》：音雷。①古代一种藤制的筐子；②古同"雷"；③古同"垒"；④田间的土地。
● 磊 lěi 《说文》：众石也。
● 劦 lí 《康熙字典》：音梨。姓也。
● 淼 miǎo 《说文》：大水也。同"渺"。
● 厸 mó 《字汇补》：古文么字。
● 瞐 mò 《玉篇》：美目也。又《类篇》：目深也。
● 孒 nǎi 《字汇补》：籀文乃字。
● 聶 niè 《说文》：附耳私小语也。简体字：聂。
● 森 sēn。

- 惢 suǒ 《说文》：心疑也。
- 掱 pá 掱（扒）手，俗称扒手为三只手，故写作"掱"。
- 品 pǐn，清陈昌治刻本《说文解字》：众庶也。
- 众 qí《广韵》：音岐。参差也。
- 灥 ①xún《说文》：三泉也；②quán，古同"泉"；③quàn，下雨而泉水出。
- 歮 sè，《字汇补》：与涩同。
- 森 sēn 清陈昌治刻本《说文解字》：木多皃。
- 羴 shān《说文》：羊臭也。①古同"膻"；② 群羊；③鼻烟品目之一。
- 䇯 tà《说文解字》：疾言也。读若沓。
- 鱻 xiān 古同"鲜"。《说文》：新鱼精也。
- 晶 xiǎo 又 jiǎo《说文》：显也。读若皎。
- 劦 ①xié《说文》：同力也；②liè，用力不停。
- 鑫 xīn 商店字号及人名常用字，取金多兴盛的意思。
- 馫 xīn，古同"馨"。《字汇补》：音兴。香气也。
- 飍 xiū，《玉篇》：惊走貌。
- 焱 yàn《说文》：火华也。
- 垚 yáo 古同"尧"。《说文》：土高也。
- 驫 yuán《康熙字典》：同源。
- 雥 zá《说文》：群鸟也。
- 嚞 zhé《玉篇》：古文哲字。
- 孨 zhuǎn《说文》：谨也。从三子。①谨慎。② 弱，懦弱。③ 孤儿。
- 众（衆），zhòng《说文》：多也。
- 壵 zhuàng《字汇补》：同壮。见《藏经字义》。

综观以上三种叠体结构的汉字，不难发现，它们还是有一些规律的。

1. 以人及人体器官来构字，如从、众、品、掱、聑、聶、惢、畾等。

2. 以动物名称来构字，如猋、麤、赑、骉、犇、羴、猋、雥、鱻、麤、龘、贔、蟲等。

3. 以自然物及自然现象来构字，如昌、晶、淼、屾、砳、磊、晶、劦、飍、雷、靐等。

4. 以五行汉字来构字，如鑫、森、淼、焱、垚。

12
德育活动案例

赓续孝友家风，厚植家国情怀

丁群芳　周余庆

摘　要：家风是一个家族代代相传沿袭下来的体现家族成员精神风貌、道德品质、审美格调和整体气质的家族文化风格。家训是家族、家庭对族人、家人立身处世、治家治业的训示和教诲。2015年8月，中央纪委国家监委网站《中国传统中的家规》栏目以"耕读继世，孝友传家"为题，推介了湖南省岳阳县张谷英村古代家训，并高度概括为"孝""和""勤""廉"四点。岳阳县张谷英镇中心学校多年来因地制宜、因时而异，在区域范围内组织学生宣传和弘扬张氏优良家风，加强思想道德养成教育，形成良好的行为规范，取得了一定的成果。他们的主要做法是挖掘好家风内核，赓续好传统家风，学习好时代典型，厚植好家国情怀。

关键词：家风；家训；挖掘；赓续

　　家风是一个家族代代相传沿袭下来的体现家族成员精神风貌、道德品质、审美格调和整体气质的家族文化风格。家训是家族、家庭对族人、家人立身处世、治家治业的训示和教诲。习近平总书记在2015年春节团拜会上说："家庭是社会的基本细胞，是人生的第一所学校。不论时代发生多大变化，不论生活格局发生多大变化，我们都要重视家庭建设，注重家庭、注重家教、注重家风，紧密结合培育和弘扬社会主义核心价值观，发扬光大中华民族传统家庭美德，促进家庭和睦，促进亲人相亲相爱，促进下一代健康成长，促进老年人老有所养，使千千万万个家庭成为国家发展、民族进步、社会和谐的重要基点。"中国历史上的任何一个时期都不曾像今天这样注重家风建设，家风与政风、党风一起构成了当下中国的社会风气。

　　2015年8月，中央纪委国家监委网站《中国传统中的家规》栏目以"耕读继世，孝友传家"为题，推介了湖南省岳阳县张谷英村古代家训。于是，张谷英村古代家风又与其"古代建筑群""天下第一村"一样，焕发出异彩！

为了深入学习贯彻习近平总书记关于注重家庭家教家风建设的重要论述，培育和践行社会主义核心价值观，岳阳县张谷英镇中心学校多年来因地制宜、因时而异，在区域范围内组织学生宣传和弘扬张氏优良家风，加强思想道德养成教育，形成良好的行为规范，取得了一定的成果。我们的主要做法是挖掘好家风内核，赓续好传统家风，学习好时代典型，厚植好家国情怀。

一、挖掘好家风内核

岳阳县张谷英镇因其辖区内的"张谷英村古建筑群"而得名，以"张谷英"人名置换了原"渭洞"的地名。张谷英（1335—1407），据族谱墓志记载原籍江西，曾任明指挥使，于明洪武年间放弃指挥使军职，由吴入楚，沿幕阜山西行，归隐于岳阳县渭洞笔架山麓。张谷英的子孙后代就在这里依山建起了绵延一里多的大屋场。这就是今天的张谷英村，至今繁衍27代，9000余人，其中仍有2700多人同处于一片屋檐之下，聚而不散，天下罕见。这"绵延一里多的大屋场"，也就是张谷英村古建筑群，它具有明、清时期古庄园建筑特色，历经数百年沧桑，至今仍保有房屋1700多间、天井206个、巷道60多条、石桥58座、厅堂237个，总建筑面积5.1万平方米，每栋建筑门庭严谨、高墙耸立、屋宇绵亘、檐廊衔接。2001年获评"全国重点文物保护单位"，2003年获评"第一批中国历史文化名村"，2009年获评"全国生态文化村"。现在每天都有不少的游客来参观、体验古建筑结构、特色，感受古民俗文化传承、熏陶带来的心灵震撼。

张谷英因深受儒家文化影响，深知勤耕苦读乃家庭、家族兴旺必经之道，因此常常谆谆教诲后人，殷切希望子孙贤达，传世百代。后世子孙据其理念，迫切感受到必须建立一套众人皆尊崇的行为规范，于是在历次修订族谱的基础上，不断地延续、充实、完善，编订了《张氏家训》16条：孝父母、友兄弟、端闺化、择婚姻、睦族姓、正蒙养、存心地、修行检、襄职业、循本分、崇廉洁、慎言语、尚节俭、存忍让、恤贫寡、供赋役；族戒五条：戒酗酒、戒健讼、戒多事、戒浮荡、戒贪忌。这些家训族戒涉及家庭家族、子女教育、道德修养、个人言行等诸多方面，家国情怀跃然纸上，体现了孝字当先的儒家思想，也是维系着张氏家族传承、壮大、发展600多年的深刻原因。

2015年8月，中央纪委国家监委网站《中国传统中的家规》专栏，对张谷英村"耕读继世，孝友传家"的家风，概括为"孝""和""勤""廉"四点。一是孝当先：孝顺父母、友爱兄弟、爱国爱家；二是和为贵：严于律己、宽以待人、处事方圆；三是勤耕读：自强不息、爱岗敬业、知书明理；四是崇廉洁：尊崇廉洁、修身养德、立命之本。

二、赓续好传统家风

家是最小国，国是千万家。家风醇正，则国运可兴矣！家国情怀，千百年来，已成为中华民族最纯朴的气质。在家尽孝、为国尽忠是中华民族的优良传统，也体现了"爱家"与"爱国"的一体性。张谷英村绵延繁衍600多年，涌现了很多的"孝""和""勤""廉"的优秀人物，他们是张氏家族中为人津津乐道的先贤、子孙后辈推崇的典范。

张锦山行孝侍母，感恩吟咏《劝孝歌》。清朝嘉庆年间，张氏后裔张五楼，三十岁了，成家多年还没有孩子，大病将亡，临终之时，他劝妻子谢氏改嫁。谢氏说，要我改嫁可以，但必须给你立个后（办承继）。于是，族里公议了三天，便把侄子张锦山承继过来。侄子承继过来后，谢氏就更不改嫁了，而是含辛茹苦地抚育这个继子，苦守坚贞60年，88岁去世。张锦山长大成人后深感母亲劬劳，极为孝顺，为了感恩母亲，写下了一首催人泪下、字字真情的《劝孝歌》，告诫儿孙"堂前父母大如天，须知万善孝为先"。后人称其"绘影绘声之笔，呕心呕血之文，岂独传家之宝？实为度世金针！"。

张绪彬家族和睦共处，百口之家跨五世。清朝嘉庆年间，谷英公第十六世孙绪彬、绪栋兄弟和睦，全家跨了五代，一个大家庭共有一百多人而没有分家。全家规定按时作息、按时开餐，家务农耕，统一调度。婴儿一同放堂屋里照料，哪个小孩饥饿了，有乳的妇人就先喂哪个婴儿……这一百口不分家的故事，流传至今，为人称道，是典型的家"和"万事兴！

张渥潜教育兴乡，鼎新学校育桃李。张渥潜（1887—1951）是张谷英第十九世孙，是近代境内颇有名气的文化人。1910年，他遵祖母之命协助张月舫创办了渭洞山区第一所新式学校——鼎新学校，后继任校长，传授儒家经典，教育兴乡，不收报酬。张渥潜还是个与时俱进的开明士绅，他积极支持新生事物，曾掩护过不少共产党员，保释过一些倾向革命的人士，并告诫其在国民党任职的儿子，要以国家民族为重。1944年，王震率南下支队转战到渭洞时，与张渥潜相见甚欢，促膝长谈，并在其家住了十天。

张国信奖励捕蝗，家徒四壁心坦然。张瑶，字国信，明嘉靖二年（1523）进士，官至刑部主事。他是张谷英村旧时功名最高的人，也是读书、为政者的标杆。张瑶为官清廉，遭人陷害而贬至太平守后，当地大旱，飞蝗蔽日。张瑶想出一个办法，给捕捉蝗虫的人奖励粮食，于是百姓争抢着捕蝗，很快就抑制了蝗灾。蝗灾后回乡，尽管家徒四壁，但他自守清贫，自得其乐。现在张谷英村是湖南省纪委创建的清廉教育基地。

三、学习好时代典型

张谷英村的孝友文化传统，成了数百年来的精神营养，滋润着一代代的张谷英村人。进入新时期以后，这种孝友传统依旧在默默地传递，涌现的先进人物是我们学习的榜样。

孝友之星徐岳华。徐岳华是张谷英村的媳妇，她的丈夫是一名乡镇干部，因工作需要调到了县城。徐岳华没有跟随丈夫居住，而是选择了留在村里一直照料年迈的双亲。她的婆婆在80岁时瘫痪了，徐岳华悉心照料。婆婆爱干净，脾气古怪，洗头发拒绝用洗发水，徐岳华就只好按她的要求用稻草灰给她洗头发，往往一洗就是好半天。婆婆88岁去世时，仍是满头青鸟，白发寥寥。徐岳华的公公90岁成了个半痴呆的老人，徐岳华每餐要用温毛巾抹净公公落在胸前的残汤饭粒，每天要为他擦无数次乱吐在鞋子上、衫袖上或裤管上的浓痰。老人大小便不能自理，经常把裤子弄脏，洗澡也需要人料理，徐岳华都无怨无悔地照料……2016年，徐岳华被评为岳阳县首届"孝友之星"。

道德模范张志雄。张志雄是张谷英第二十四代孙，做点小木材生意，自己天天要锯木，像个小工一样做事，晒得浑身漆黑，家境并不富裕。但他一直默默无闻地热心公益，尊老爱幼，帮困济贫，为人低调，长年坚持春节前去镇敬老院看望孤寡老人，从未间断过。2008年，他包了一块林场加工木材，因为市场动荡，蚀本了，要借息钱运转，但是这一年的大年三十下午，他还是从朋友处借得二千元钱送到了敬老院老人手里。2010年，一学生初中刚毕业，骑摩托撞人至死，家里很困难，无力承担巨额赔偿。张志雄觉得这孩子也是大意造成了大祸，便送了二千元给他家，帮其减轻赔偿的压力……2014年，张志雄被评为岳阳县第二届"道德模范"。

孝心少年张海标。张海标是张谷英的第二十三代孙，家庭贫困，爷爷奶奶早年离世，父亲患白癜风和腰椎间盘突出，母亲因严重哮喘病常年卧病在床，姐姐求学在外，七岁的弟弟就读小学二年级。全家仅依靠父亲打零工和耕种三亩水田维持生计。从八岁开始，张海标就帮父亲一同挑起了照顾卧病在床的母亲和年幼弟弟的重担，晨起打扫卫生、做饭煎药，放学回家洗碗、洗衣，睡前给母亲按摩，农忙时节下田做农活。五年里，他亲手帮母亲熬制了上千服中药，稚嫩的双手无数次在煎药过程中烫伤。他是邻居眼中乖巧懂事、乐于助人的好孩子，老师眼中学习认真、遵守纪律的好学生，同学眼中的好榜样。他孝老爱亲的感人事迹在当地传为佳话。2014年被评为湖南省"最美孝心少年"。

四、厚植好家国情怀

《孝经》说："夫孝，天之经也，地之义也，民之行也。"孝是人生八德（孝悌忠信礼义廉耻）之首，是做人的根本。政治家以孝德治国平天下。孝往上延，就是忠。古代是忠于皇帝，忠于朝廷；现代是忠于人民，忠于国家，忠于事业。忠孝相生，忠臣必出孝子家。"岳母刺字"，精忠报国；共和国勋章获得者黄旭华隐姓埋名为国家造核潜艇；许世友将军"生前为国尽忠，死后为母守孝"。这些都是最好的注释。

《礼记》云："孝有三：大孝尊亲，其次弗辱，其下能养。"弗辱就是不给父母带来耻辱。"廉"是为官者操守，清廉不会给父母带来耻辱，不会让祖宗蒙羞；所以说，忠孝相生，孝廉一体，孝是根本。张谷英村传统家训第一条"孝父母"就源于此。我们就着力在"孝"字上面做文章，引导学生赓续孝友文化，厚植师生家国情怀。

孝友文化进课堂。一是在张谷英小学、中心小学试点，教学生唱《劝孝歌》，并校园播放；进行黑板报宣传、举行手抄报竞赛；排演文化节目，进行宣传活动。二是在张谷英中学开设"传承孝友文化"知识讲堂，定期进行知识讲座。邀请徐岳华、张志雄等道德模范在课堂上与学生面对面交流，形式多样，生动活泼，孩子们乐于接受，气氛浓郁。三是在学生之间比对"湖南省最美孝心少年"张海标就读条件和对父母的孝心，激励同学们个个听父母的话，做父母的好孩子。2016年学生节目《劝孝歌》通过湖南卫视进行了展播。2018年，以"张谷英村孝友文化传承研究"为主题的综合实践活动获第39届湖南省青少年科技创新大赛一等奖。

孝友传承见行动。纸上得来终觉浅，绝知此事要躬行。道德与价值观的形成，更多地得益于具体的生活与活动实践。我们组织了丰富多彩的孝友活动，走进张谷英村，走进社区里巷，延伸到学生家庭。作为国家首批历史文化名村的张谷英村，其孝友文化的遗存非常之多。我们带领学生实地去看、去读、去体验、去感悟；我们组织学生采访张谷英村的孝友人士，让学生充当小记者，进村入户采访张谷英村的孝友典型，孩子们也饶有兴趣，意犹未尽；我们还组织成立学生爱心小分队为鳏寡孤独老人送温暖，为他们捶肩洗脚，打扫庭院卫生。特别是我们举行中规中矩的加冠礼，让孩子们体验束发、拜师、授戒尺……仪式感满满！多家媒体进行了宣传报道。

核心价值润心田。传承、弘扬优良家风的关键，是要做到知行合一，内化于心，外化于行。张锦山所作的《劝孝歌》，以手抄本在张谷英村男女老少中广为传颂，就发生了潜移默化的作用。张谷英家风集中体现的"孝""和""勤""廉"，高度吻合社会主义核心价值观公民基本道德规范：爱国、敬业、诚信、友善。全国道德模范和"中国好人"的评选中，"助人为乐""见义勇为""诚实守信""敬业奉献"和"孝老爱亲"优秀人物纷纷涌现于各行各业。我们加强学生思想道德课堂主阵地教育，向学生宣传全国道德模范、"中国好人"事迹，也注意组织学生开展社会活动，从传统文化中积聚道德力量。随风潜入夜，润物细无声。我们正在探索着把孝友传统的种子，努力播撒到学生的心灵深处，让其生根发芽，谱写生命的芳华。

千百年来，中华民族之所以能够历经磨难而不衰、饱尝艰辛而不屈，就是源于千千万万个小家，他们沿袭良好的家风、遵循良好的家训，舍小家、顾大家、为国家，为了民族的觉醒、民族的复兴、国家的富强，拥有植根于民族文化血脉深处的家国情怀！

当前，全党全国各族人民正在习近平新时代中国特色社会主义思想指引下，意气风发向着全面建成社会主义现代化强国的第二个百年奋斗目标迈进，我们每个人都要营造良好的家风，把爱家和爱国统一起来，把实现家庭梦融入民族梦之中，心往一处想，劲往一处使，为实现中华民族伟大复兴中国梦贡献自己的力量。

参考文献：

［1］李桂龙，李聪聪.民间有个张谷英［M］.长沙：湖南地图出版社，2018.

［2］湖南岳阳张谷英村：耕读继世 孝友传家［EB/OL］.中央纪委监察部网站，2015-08-11.

13

班主任工作经验

班主任工作的"情"与"勤"

陈梦九　丁群芳

一、班主任要有一个"情"字

教师与学生的关系具有三重性：学生既是我们的晚辈，或年龄小一些，因而有亲子或兄妹之情；又是我们的学生，因而具有师生之情；还具有独立人格，因而有平等的友人之情。所以班主任在与学生共处时，要与学生建立感情，看重交情和友情。

首先当学生的父母，有父子父女情深。高尔基曾经说过："谁最爱孩子，孩子就爱他，只有爱孩子的人，他才可以教育孩子。"班主任要手心手背都是肉，能将心比心，自己的孩子是孩子，家长交给我们的学生更是孩子。"养不教，父之过；教不严，师之惰"，严厉的背后要有慈祥，要看重他们，真正做到时时处处事事关心他们，天热了提醒脱衣，天冷了嘱咐加衣，一句知心的问候，一个关怀的眼神，一个细微的动作都可体现爱意。这样，学生就会"亲其师，信其道"，教育也就成功了一半。

其次当学生的老师。这无疑是最重要的，也真正体现了教师的本职——传道、授业、解惑。新课程理念要求我们，教师要从教学中的主角转向"平等中的首席"，要求教师走下讲台，成为学生学习的促进者、指导者、合作者。班主任对学生的学习教育，主要是培养激发学生正确的学习动机，提高其学习自觉性和积极性，指导学生在学习中的自我管理，如制订学习计划、作息时间，养成良好的学习习惯和风格。说到底就是要教育学生努力学习，提高全班成绩，协调学生各学科的发展水平，构筑和谐的师生关系、生生关系、学习氛围，完成规定的教学内容，提高教学质量。

最后再与学生交朋友。陶行知先生说得好，我们必须会变成小孩子，才配做小孩子的先生。学生也是重感情的人，只要你真正对他好，他就会理解你、尊重你、敬佩你，从而喜欢你的。这样就会达到以心灵感受心灵、以感情赢得感情的目的。教育家魏书的教育理念就是，我以我心换童心。实践证明，要想从一切方面教育人，就必须从一切方面了解人，班主任走进学生的生活，与学生交朋友，有利于了解学生的家庭状况、思想面貌、个性特征、兴趣爱好等，进而实行因人而异的教育及管理。

二、班主任更应有一个"勤"字

班主任难当，但只要肯下功夫，就一定会有收获。

要勤抓班级管理和学生到校。班主任要密切注意学生到校的情况，早晚自习、中休、课堂、就寝都要经常检查，发现有学生缺勤现象，要多教育学生，多与家长联系，尽量减少及杜绝学生在校外打牌、上网、逗留，甚至出走的现象。

要勤抓卫生打扫。卫生打扫不能放松，班主任要经常督促，率先垂范，不在于如何教，而在于如何做，要用行动做出榜样，使学生"耳濡"和"目染"。你如果看见一片纸屑，一些剩馒头渣，你躬腰拣一次，扫一次，学生就会"观其行"，会扫百次，产生良好的教育效果。

要勤管学生学习。这当然是最重要的，教好自己任教的课程，那是责无旁贷的。但同时，班主任不能因自己教某科，就多管学生某一科，要多与科任教师沟通，了解学生厌倦某科、偏重某科，再多加辅导，促进学生各科平衡发展。

要勤管学生食宿。学生要有良好的学习环境，也更应有一个好的生活住宿环境。班主任要经常到寝室走走，督促学生遵守纪律，早睡眠，不偷盗；要经常到食堂、餐厅看看，了解学生食堂纪律，告诫他们不多吃多占，要讲仁义、讲人情、讲友情，共同生活要和睦相处。

要勤与家长联系。学生教育少不了家庭教育这一环。班主任不要只因学生在校犯错误才与家长联系，通知来校处理，而要有事无事地多与家长联系，腿脚要勤快，多家访，多打电话，与学生家长互通情况，促进学生校内校外同步发展。

要勤与学生交流。教师只有尊重学生，才能与学生建立良好的信任关系，才能打开师生情感交流的渠道。从了解学生父母情况可教育学生忠孝，从了解学生交友情况可教育学生诚信，从处理学生违纪现象可教育学生宽容和明耻……这些要花费班主任课后很多时间，但收到明显的效果，也是值得的！

总之，班主任难当，班主任当好难。但恰恰是烦琐、平凡的工作中出现了很多的教育专家和优秀班主任。让我们以先进为榜样，在各自的班主任工作中尽最大的努力，当一名优秀的班主任，构筑和谐的班集体，为社会培养更多的有用之才吧。

14
远程教育

远程教育给教育教学带来的活力

丁群芳　陈　俊

信息技术所引起的第三次浪潮推动着人类社会从工业社会进入信息社会，在社会发展对人才知识需要的推动下，在信息技术强大功能的支持下，远程教育应运而生。我国"现代远程教育"自1999年教育部启动至今开展得如火如荼，给教育教学带来了巨大的活力。

一、远程教育为教师的学习提供了平台

知识是正确观点产生的源泉。教师的发展，促进学生的发展。一般地说，一个教师从学校毕业参加工作开始，就松懈了学习，忙于工作，忙于事业，忙于爱情，忙于应酬，缺乏了那种为升学、为就业的朝气，缺乏了必要的教育新思想、新理论、新理念的学习和培训，追求文凭、晋级、升迁，还偶尔要走捷径。说一句实话，教师拿一份钱去买教育理论书籍，订教育理论报纸、杂志的还真少。这时学校就必须组织教师借助远程教育手段学习课程改革理念，观看优质课等实录光盘、课件，上网浏览资源，努力占有资料，给教师"充电"，促进教师向研究者发展。教师成为研究者的核心是具有研究意识和研究能力，必须经常反思教学工作，不断提高自身的业务素质，提高教学水平，赋予教学以生命力。邓小平同志指出："一个学校能不能为社会主义建设培养合格人才，培养德智体全面发展、有社会主义觉悟的有文化的劳动者，关键在教师。"所以教师必须利用远程教育手段，积极学习，并且坚持终身学习。教师发展是学校发展的内在动力和源泉，只有教师发展了，才能形成教师发展学校的良好局面。

二、远程教育改变了教师的教育理念

以人为本、全面协调可持续发展的科学发展观，是我们党从新世纪新阶段党和国家事业发展全局出发提出的重大战略思想。贯穿这一思想到教育教学中，就是要坚持以人为本的教学思想。以人为本是指时时处处从人的需要出发，不断追求人的发展与进步，一切都是为了人的利益而服务。教师应有强烈的学生中心意识，必须时刻牢记着学生是学校的中心，一切工作思路都必须围绕着如何把学生培养成才，一切为了学生，为了一切学生，为了学生的一切。因为教育的作用，不言而喻，使劳动者增加了知识、技能，提高了劳动者素质，成为"最强大的生产力"，是社会的"阿基米德"支点。教师必须利用远程教育手段，用最大的"动力"资源，通过"杠杆平衡原理"，使学生最轻松地（减少学习的"阻力"）学会认知——了解周围的世界，保持有尊严的生活，发展自己的能力；学会做事——将所学的知识运用于实践；学会共同生活——处理复杂的社会关系，与人和睦、和谐共处；学会生存。

三、远程教育改变了教师与学生的教学行为

教学是在教育目的规划下，教师的教与学生的学共同组成的一种教育活动。新课程强调教师是教学的指导者、组织者、合作者，学生是探索者、创造者，教学是科学家、师生之间通过师生互动、生生互动，形成一个"学习共同体"，实现一种"共振"。这种统一的实质是交往、互动。

教师的舞台在课堂，一堂课的教学就是一次艺术活动。教师是导演，又是主持人；学生是演员，又是观众。师生共同完成演出。要借助多媒体、现代教育手段，师生互动，选择"一个切入点"（导入课堂的方式），解决好"两个着眼点"（学生的接受和创造），保持"三个兴奋点"（一堂课的开头、中间和结尾），上好一堂课，提高教学质量。

网络教室中，教师与学生可共同学习，共同探索，共同占有资料。教师与学生友好、平等交流，虚心听取他们的意见、建议，从学生给自己的提问、质疑中发现自己教学的不足，善于发现学生的长处、闪光点。宽容学生的幼稚、天真和失误，"攻人之恶毋太严，要思其堪受；教人以善毋过高，当使其可从"（明·洪应明），改善"师道尊严""一朝为师，终身为父"的师生关系，形成新的兄弟姐妹、父子母女情怀，构筑和谐的师生关系。

四、远程教育改变了教师的教学手段

一切教学手段都是为了促学生提高。教师在教学中要充分发掘学生潜能，坚持启发教学，改变"填鸭式""注入式"，不要对学生为达到教学目的而"满堂灌"，可积极与学生共同探究，同欢共喜、同忧共乐，忙得"满堂转"。要充分占有网上资源，为我所用，坚持研究性学习与教学；坚持发现学生的多元智能，进行建构性教学；坚持协同性教学，达到 1+1>2 的效应。要教会学生"捕鱼"和"舀水"，让学生自主探究，因为"最有用的知识是关于方法的知识"（爱因斯坦）。要充分利用现代教学手段（音频、视频、网络），改变过去的"一支粉笔一本书，教师一嘴讲到底"的现状，尽最大可能让学生获得个性的飞扬，做到"不当一个奉送真理的差教师，而当一个教人发现真理的好教师"（德国近代教育家·第斯多惠）。

五、远程教育为教学质量的提高增添了翅膀

现代远程教育资源具有全方位、大容量、立体、零距离和共享性的优势，对我们提高教学效果和效率发挥着重大的作用。

第一，可以把远程教育资源和课堂教学密切结合，可以大量有取舍地利用网上课程、积件、示范课等进行教学。

第二，可以大胆改进或改造资源，将已有资源、网页作为自己制作乡土教材网络网页的超链接的对象而加以利用。

第三，可以进行学科资源的有效整合。如将现代信息技术整合到物理教学中，是充分利用教学资源的重要途径。教师可以通过信息技术，呈现社会、自然情景等，激发学生学习的兴趣，提高学生的观察思考能力。特别是在科学探究学习中，可以通过信息技术创设的平时不易得到的实验环境，让学生在创设的实验环境中实际操作、观察现象、科学分析，培养学生的研究态度和能力，帮助其掌握科学探究方法和途径等。如可利用资源《日月食的成因》解决"光的直线传播"问题，使教学棘手问题迎刃而解，提高教学质量。

远程教育的春风吹绿了新一轮课改

丁群芳

摘　要：信息技术的发展，结束了教育单一的纸质资源时代，"现代远程教育"极大地丰富了我们的精神生活，拓展了教师教学中获取信息和资料的渠道，有利于教师知识的更新和教学水平的提高，促进了新一轮课改的稳步推进，新的教育教学理念的全面落实和深化，给教育教学带来了巨大的活力。

关键词：远程教育；课程改革；教师素质

信息技术的发展，结束了教育单一的纸质资源时代，"现代远程教育"极大地丰富了我们的精神生活，拓展了教师教学中获取信息和资料的渠道，有利于教师知识的更新和教学水平的提高，促进了新一轮课改的稳步推进，新的教育教学理念的全面落实和深化，给教育教学带来了巨大的活力。

一、远程教育为教师自身素质提高提供了学习的方便

邓小平同志指出："一个学校能不能为社会主义建设培养合格人才，培养德智体全面发展、有社会主义觉悟的有文化的劳动者，关键在教师。"学校的发展在于不断地完善和创新，而学校的完善和创新关键在于教师，新一轮课改是办学思想和教育教学理念的完善与创新，真正落实到日常教学工作管理和课堂教学中去，关键在于教师，在于教师自身素质的高低。也就是说新一轮课改对教师们的知识和能力提出了更高的要求。老、少、边、贫困山区教师配额数严重不足，教师老龄化、教学任务重、缺乏学习进取和刻苦钻研精神；地域经济欠发达，学校图书资料相对贫乏，学校订阅的教辅资料和报纸杂志极为有限；教师经济收入相对比较低，很少掏钱去买教学参考书和业务、理论学习方面的书籍；通过有限时间的集中培训学习是很难全面接收、理解

新一轮课改的教育新思想和教学新理念的。政府专项投入建设的"现代远程教育"网络设备，极大地丰富了学校开展教育教学的资源，给学校广大教师提供了自身学习和提高的平台，学校组织教师经常性地开展对新一轮课改教育新思想和教学新理念的学习，观看优质课实录光盘、课件，借助因特网资源，观看异地现场教育、教学理论讲座和现场优质课，适时地督促教师学习和接受教育教学的新思想和新观念，通过不断地给教师"充电"，促进了教师由"教书匠"向教育教学研究者的发展。通过对教育教学的新思想和新观念的学习，结合教师自身的教育教学工作进行反思，教师不断提高自身的管理能力、知识水平和业务素质，提高教学水平，赋予教学以新的生命力。事实说明，新一轮课改对教师的培养的提高，形成学校目前教研教改的良好局面，很大程度得力于"现代远程教育"的"源头活水"。

二、远程教育结合新一轮课改，完善了教师的教育教学理念

新一轮课改呼唤着教师更新教育教学理念，而远程教育的开展完善了教师的教育教学理念。

1. 树立了正确的学习观。教师要向学生释放知识的能量，首先自己要有丰富的库藏；要散布阳光到别人心内，自己心中必须先有一轮太阳。教师单一的学科知识结构，已不适应新课改的需要。新课程理念要求我们改变学科本位的观念，注意学科渗透，鼓励将信息技术渗透于各学科的教学中。因此在新一轮课改中，教师运用远程教育手段必不可少，如最基本的 Word 文档的录入及编辑，PowerPoint 幻灯片的制作，Excel 电子表格的使用，E-mail 邮箱、QQ 工具等的使用。缺少信息技术的各科教学，谈不上现代化教学，不坚持终身学习的教师必将落伍。

2. 树立了正确的教学观。新课程理念要求教师从教学的主角转向"平等中的首席"，不再只传授现成的教科书上的知识，而要从讲台上走下来，指导学生如何获取自己所需要的知识、掌握获取知识的工具、如何根据需要处理各种信息，当好学生学习的指导者、促进者、合作者。教学重心是促进学生学，实现"教是为了不教"的目的。

3. 树立了正确的学生观。教师与学生的关系具有三重性：学生既是我们的晚辈，或年龄小一些，因而有亲子或兄妹之情；又是我们的学生，因而具有师生之情；还具有独立人格，因而有平等的友人之情。教师与学生是友好的、平等的，学生是学校工作的中心。"一切为了学生，为了学生的一切"是新课程的最高宗旨和核心理念。其要求我们从"师道尊严""一日为师，终身为父"的观念下走出来，当学生的父母关爱他们，当学生的朋友，特别是对那些"足将进而趑趄，口将言而嗫嚅"的性格内向和胆子小的学生，利用电子邮箱通信交谈和QQ现场聊天，多与他们交流，解除他们的心理压力，促使他们轻松前行，构筑和谐的师生关系，使他们"亲其师，信其道"，这样教育就成功了一半。

三、远程教育结合新一轮课改，改变了教与学的行为

教学是在教育目的规划下，教师的教与学生的学共同组成的一种教育活动。传统的教学系统由教师、学生、教材三要素构成，教师通过讲授、板书把教学内容（教材）传递给学生或灌输给学生。在这种模式下，学生是被动的灌输对象，成了前人知识和经验的存储器，以致大多数学生养成了不爱问、不想问也不知道问什么的局面。远程教育的出现，增加了一个多媒体要素，它使教与学的行为有了多种形式的可能。如教《走进信息时代》（沪科版物理九年级第十八章）时，我是这样安排的：教学设在网络教室，先组织好学生，保持好的课堂纪律，保证课堂活动有序进行；然后就是学生在自主中学习，他们有的按章节顺序循序渐进，有的抽取其中的某一节先睹为快；学生在探究中学习，他们探究出人们传递信息的方法除书上介绍的烽火、驿马、信鸽外，还有旗帜、灯光（如交通中的红绿黄灯）、特殊约定的信号（如电影中一些地下工作者的接头方式）等；学生在合作中学习，他们分成若干小组，小组内又分工，每位学生负责一个知识点，如信息的记录方式、电报与电话的发明史、电磁波的特征等，进行搜索，再相互交流、讨论，体验合作，体会获取知识的愉悦；学生在实践中学习，有些学生按课后提供的中国国家博物馆网址直接在网上遨游。这样的教学，体现了新课程强调的教师是教学的指导者、组织者、合作者，学生是探索者、创造者的精神。

四、远程教育结合新一轮课改，促成了教学形式的多样化

一切教学手段都是为了促进学生提高。为达到教学最优化，使学生获得最佳的学习效果，教师的主导作用必不可少，尤其在中小学阶段，既要有利于教师组织、管理和控制课堂教学进程，但同时又要考虑体现学生的主体作

用，来构建新型的教学模式——"双主模式"。教师要从知识的传授者转变为学生学习的组织者、指导者、帮助者和促进者。教师必须在深刻钻研、领会教材的基础上，必要地突出重点、突破难点，由教学向导学转变，组织和指导学生共同探究。如在教授物理《水资源的危机与节约用水》时，就可利用网络资源，让学生上网，充分搜索、浏览网页，占有资料，了解水资源的危机、水的污染及原因、水的净化方法，让学生感到物理课有点化学课的味道，物理知识与生活息息相关。事实上，这就是课程资源整合的效果。课后还可安排学生做一些社会实践调查活动，让学生感到"书本是科学的世界，但世界更是科学的书本"。这样的教学体现了"从生活走向物理，从物理走向生活"的课程理念。

五、远程教育结合新一轮课改，极大地提高了教学质量

第一，多媒体技术的出现，能为教学提供各种所需的资源，包括文字、声音、图像，能够节省教师课堂内口授和板书的时间，增加课堂信息量，使学生在有限的时间内，获取更多的信息，开阔视野，拓宽知识面，能够最大限度地调动学生的积极性，激发他们的学习热情和动机，学生有了浓厚的兴趣，教学也就有了成功的基础。

第二，实验心理学家赤瑞特拉（Treicher）通过大量的实验证实：人类获取的信息1%来自味觉，1.5%来自触觉，3.5%来自嗅觉，而11%来自听觉，83%来自视觉；人一般能记住自己阅读内容的10%，自己听到内容的20%，自己看到内容的30%，自己看到和听到内容的50%，在交流过程中自己所说内容的70%。这足可说明，多媒体技术教学既能让学生听到，又能让其看到，还能让其进行语言交流，有利于知识的获取，有利于知识的保持。[①]

第三，因特网是世界上最大的知识库、资源库，拥有最丰富的信息资源。它的出现，突破了传统的"课堂、教师、书本"三中心，特别适合于学生"自主发现，自主探索"学习，能提供培养学生发散思维、创新思维和创新能力的肥沃土壤，使学生乐意改变学习方式，并有更多的精力进行自主学习和自主探究，提高学习效率，提高学习质量。

---

① 赤瑞特拉．chek rhett pull（Treicher）-心理学空间，http：//www.psychspace.com/psych/category-592.

后 记

作为岳阳县基础教育教学成果之一,《新时代创新教育案例赏析——基于教学经验》一书出版了。该书精选了不同学科已经发表的教学论文十多篇,科技创新教育不同领域(科技实践活动、科创方案、创新作品、科幻绘画作品等)的成果案例十多个,综合(科技)实践活动开展的经验文章多篇,及部分课堂教学实录、课题研究报告、班主任工作经验、德育活动案例等,汇集了岳阳县张谷英镇中心学校、岳阳县荣湾湖小学、岳阳县明德小学、岳阳县城南小学等学校多年来开展中小学科技创新教育的宝贵经验和做法,是学校、一线教师和学生科技创新教育成果的反映和体现,是几十名教育工作者集体智慧的结晶。我作为该书的编辑者之一,为本书的出版感到由衷的高兴,表示由衷的祝贺,我们教育工作者的梦想正在逐步实现,感谢我们这个伟大的时代!

"文章合为时而著,歌诗合为事而作。"教育教学论文是教师把握时代脉搏、把握教材标准、把握课堂生成,贴近师生现实、贴近课例事实写成的经验文章。该书精选的部分文章,均是一线教师的智慧体现,既然呈现在我们眼前,相信大家开卷有益!

科技创新教育是实施素质教育的重要途径,是素质教育的具体体现,旨在提高青少年的素质能力,培养青少年独立思考、创新思维能力,引导他们关注周围环境,增强社会责任感,也是目前各学科课程标准所倡导的核心素养的体现。中小学校是科技创新教育的重要阵地,张谷英镇中心学校是岳阳县区域内的先行者,从2007年开始,就组织学生开展科技实践活动、科学调查体验活动,进行研究性学习,组织开展小发明、小制作活动,组织开展劳动实践活动,17年不辍,参与师生达3000多人,学校获得了全国科学调查体验活动示范单位、推广示范单位,湖南省十佳创新教育学校奖等多项荣誉,

后 记

更是成就了师生的发展，师生教学相长，师生相得益彰！

朱永新教授认为，如果特级教师影响的是一个课堂，班主任影响的是一间教室，校长影响的是一所学校的话，那么局长影响的是一个区域。张谷英镇中心学校组织学生开展科技创新教育以来，我们欣喜地看到：学生课堂上学到的本领在应用，养成的习惯成素养；教室里走出来的学生又在影响一间教室；历任校长欧阳群明、陈梦九、袁雪峰、周炎新、李雨露、李官印、龚劲不仅大力支持科技创新教育的开展，还亲自参与活动，如今更是在更高岗位倡导和力行；岳阳县历任教育局长李有根、李君梅、王敏、李林等领导的关心和鼓励，真正影响和促成了岳阳县科技创新教育的蓬勃发展！

《孟子·离娄下》云"盈科而后进，放乎四海"，意思是泉水遇到坑洼，要充满之后才继续向前流，比喻要想进步、提高，必须打好坚实的基础。《颜氏家训·文章》又云"钝学累功，不妨精熟"，意思是愚笨的人只要刻苦学习，也能取得成就。我曾将这两句连在一起，即"盈科而进，钝学累功"，作为我连续两年主持的小学科学工作坊的口号，今天移过来，还是适合，希望我们科技创新教育工作者，坚定一往无前的方向，坚持循序渐进地学习，坚决不离不弃地相伴，坚信一树百获的收获！

本书的出版，得益于张谷英镇中心学校历年开展科技创新教育成果的积淀，因此我们滋生了将历年教育教学经验、科技创新教育成果集结出版的动力。为了使该书更能适合中小学教师阅读，为了在科技创新教育中发挥更大范围的参考和借鉴作用，我们增添了县域内创新教育成果岳阳县一中龚培森同学的作品《"高压射流式批量切削旧砖附着物"清理机》、荣家湾镇新长征小学的科技实践活动作品《探究传统游戏，玩转"双减"课间》、长湖乡方慧敏同学的科幻绘画作品《中华号能量储备器》等，对此深表感谢。

本书的编校过程中，丁群芳老师负责统稿和策划，赵庆军、丁艳、李敏芳、张玉红、袁雪辉、刘大华等老师进行了多次校对，付出了大量的心血和辛勤的劳动；岳阳市教科院副院长祝宇，教研员李安迪、陶沫芷及岳阳市十五中教师李朝霞共同对相关文章进行了审核；岳阳市科技馆耿长征对科技创新教育案例入选进行了指导，岳阳市君山区采桑湖中学王文武对本书学科多样化提出了好的建议并提供稿源，岳阳楼区学院路小学陈俊对本书设计提出了好的建议，在此一并致谢！

感谢光明日报出版社为我们提供了一个好的出版发行平台，感谢编辑为该书不辞辛劳审核稿件、出版付出大量的心血和汗水！

特别要感谢的是岳阳县教育和体育局党委副书记、常务副局长袁雪峰拨冗作序，他的作序是对本书和我们科技创新教育工作者的充分肯定和鼓励。

感谢所有对本书出版曾给予关心、支持和鼓励的各界人士。

由于我们的水平有限，本书肯定会有很多错误和不足，敬请大家批评指导，共同为提高中小学科技创新教育的水平做出贡献和努力。